監修 **みおりん**（勉強法デザイナー）　監修 **玉田久文**（スタディサプリ講師）

ポイント整理でテストの 点数 超アップ！

STUDY NOTES ON
JUNIOR HIGH SCHOOL HISTORY

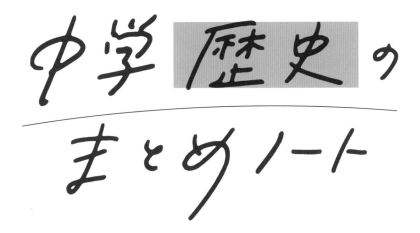

中学 歴史 の
まとめノート

JN039626

※この本には、「赤色チェックシート」がついています。

KADOKAWA

解きなおしPDF
無料ダウンロード方法

本書をご購入いただいた方への特典として、

まとめページ+確認テスト　解きなおしPDF

を無料でダウンロードいただけます。
記載されている注意事項をよくお読みになり、ダウンロードページへお進みください。

https://www.kadokawa.co.jp/product/323302000968/

[ユーザー名] **matome-rekishi**
[パスワード] **note-h298**

上記のURLへアクセスいただくと、データを無料ダウンロードできます。
「ダウンロードはこちら」という一文をクリックして、ユーザー名とパスワード
をご入力のうえダウンロードし、ご利用ください。

【注意事項】
- ●ダウンロードはパソコンからのみとなります。携帯電話・スマートフォンからのダウンロードはできません。
- ●ダウンロードページへのアクセスがうまくいかない場合は、お使いのブラウザが最新であるかどうかご確認ください。また、ダウンロードする前に、パソコンに十分な空き容量があることをご確認ください。
- ●フォルダは圧縮されていますので、解凍したうえでご利用ください。
- ●なお、本サービスは予告なく終了する場合がございます。あらかじめご了承ください。

ブックデザイン／chichols　執筆協力／エデュ・プラニング　イラスト／アベカサネ
図版／アート工房、佐藤百合子　DTP・図版／フォレスト　校正／マイプラン、鷗来堂　編集／平井榛花

POINT!

みおりん流
まとめノート

５つの掟（おきて）

見やすく何度も読み返したくなるノート作りには、いくつかのポイントがあります。
そこで、東大卒で勉強法デザイナーとして活躍中のみおりんが、
キレイにまとまるノート術・５つの掟を伝授します！

1 「見出し+箇条書き」でまとめる

情報は文章で書くのではなく、
箇条書きで要点だけをまとめよう！
「大見出し」「中見出し」
「小見出し」のデザインをそれぞれ
そろえると、見やすくなるよ。

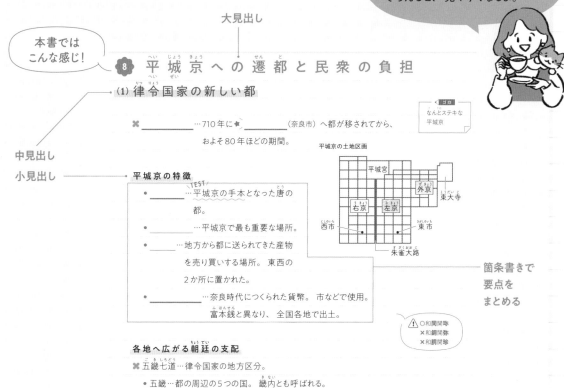

本書では
こんな感じ！

大見出し

⑧ 平城京（へいじょうきょう）への遷都（せんと）と民衆の負担

(1) 律令（りつりょう）国家の新しい都

中見出し
小見出し

✕ ＿＿＿＿＿＿…710年に ＿＿＿＿＿＿（奈良市）へ都が移されてから、
およそ80年ほどの期間。

＜ゴロ＞
なんとステキな
平城京

平城京の土地区画

平城京の特徴

TEST

- ＿＿＿＿＿…平城京の手本となった唐の都。
- ＿＿＿＿＿…平城京で最も重要な場所。
- ＿＿＿＿＿…地方から都に送られてきた産物を売り買いする場所。東西の2か所に置かれた。
- ＿＿＿＿＿…奈良時代につくられた貨幣。市などで使用。富本銭（ふほんせん）と異なり、全国各地で出土。

箇条書きで
要点を
まとめる

⚠ ○和同開珎
✕和銅開弥
✕和銅開珍

各地へ広がる朝廷（ちょうてい）の支配

✕ 五畿七道（ごきしちどう）…律令国家の地方区分。

- 五畿…都の周辺の５つの国。畿内（きない）とも呼ばれる。

2 色のルールを決める

ごちゃごちゃしたノートにしないためには、色の数を増やしすぎないことが大切!あらかじめ色のルールを決めておくと、カラフルになりすぎるのを防げるよ。

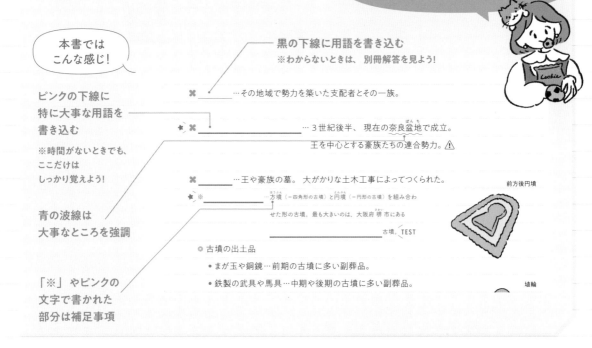

本書では
こんな感じ!

ピンクの下線に
特に大事な用語を
書き込む
※時間がないときでも、
ここだけは
しっかり覚えよう!

青の波線は
大事なところを強調

「※」やピンクの
文字で書かれた
部分は補足事項

黒の下線に用語を書き込む
※わからないときは、別冊解答を見よう!

✖ ＿＿＿＿＿…その地域で勢力を築いた支配者とその一族。

★ ✖ ＿＿＿＿＿… 3世紀後半、現在の奈良盆地で成立。
王を中心とする豪族たちの連合勢力。⚠

✖ ＿＿＿＿＿…王や豪族の墓。大がかりな土木工事によってつくられた。

★ ※＿＿＿＿＿…方墳（＝四角形の古墳）と円墳（＝円形の古墳）を組み合わ
せた形の古墳。最も大きいのは、大阪府堺市にある
＿＿＿＿＿古墳。TEST

○古墳の出土品
• まが玉や銅鏡…前期の古墳に多い副葬品。
• 鉄製の武具や馬具…中期や後期の古墳に多い副葬品。

前方後円墳

埴輪

3 略記号を決める

ノートをすっきりシンプルに書くために、特定の意味を表す記号を決めておくのも効果的。ノートを書くスピードもアップさせることができるよ!

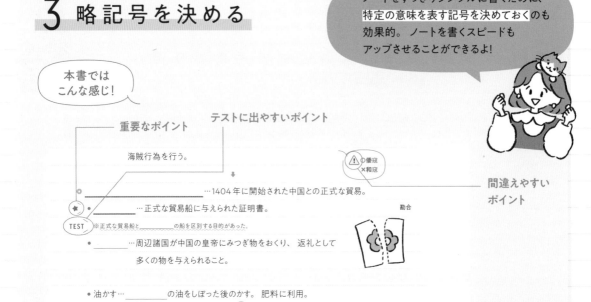

本書では
こんな感じ!

重要なポイント　　テストに出やすいポイント

海賊行為を行う。

○＿＿＿＿＿…1404年に開始された中国との正式な貿易。

★ •＿＿＿＿＿…正式な貿易船に与えられた証明書。

TEST ※正式な貿易船と＿＿＿＿＿の船を区別する目的があった。

•＿＿＿＿＿…周辺諸国が中国の皇帝にみつぎ物をおくり、返礼として
多くの物を与えられること。

⚠○の懐寇 ✖和寇

間違えやすい
ポイント

勘合

• 油かす…＿＿＿＿＿の油をしぼった後のかす。肥料に利用。

生産力を高めた百姓は年貢米以外にも、地域の風土に合った特産物を栽培。
➡ 都市に売って貨幣を得る＿＿＿＿＿の生産が拡大。ex 木綿、菜種

結果・経過
※横矢印も同じ
意味!

例

4 図やイラストを活用する

文字だけだと覚えづらいことも、図やイラストを使うことで一気に頭に入りやすくなるよ。自分で描けないものはコピーを取って貼るのでもOK!

本書では
こんな感じ!

イラストでわかりやすく!

※＿＿＿＿＿…年貢の軽減や不正な役人の交代などを求めて、城下におし寄せた百姓たちの集団行動。

＊＿＿＿＿＿一揆の参加者の連帯責任を示す文書。

※一揆の中心人物が分からないようにするため円形に署名。

※＿＿＿＿＿…都市の貧しい人々などの集団行動。米を買い占めた商人の店や住宅を破壊した。

地図を入れることでわかりやすく!

大航海時代の航路

グラフ化することでわかりやすく!

江戸時代の人口割合

差別された人々 約1.5
公家、神官・僧侶、その他 約1.5
町人 約5
武士 約7
総人口 約3200万人（推定値）
百姓 約85%

日清戦争・日露戦争の比較

	5	10万人
死 者	約1.4	約8.5

	5 10 15	20億円
戦 費	約2.3	約18.3

	1 2 3	4億円
賠償金	0	約3.1

日清戦争
日露戦争

（「日本長期統計総覧」他より作成）

5 自分なりのメモを書く

覚え方や先生が話していた豆知識、自分の思ったことなどをメモしておくと、そのメモから芋づる式に学習内容を思い出しやすくなるんだよ。あとからでもメモを書き込めるよう、余白を多めにとっておこう。

本書では
こんな感じ!

覚えやすくなるひとこと
知識やゴロ合わせが
書かれている

MEMO
中国地方の大内氏など複数の国を支配した守護大名もいた。

ゴロ
いざみやこで室町幕府を開くぞ!
1 3 3 8

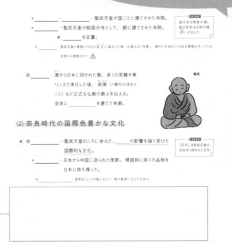

なるべく余白を残し、自分なりの
メモを書きやすくなっている

タイプ別 本書のおすすめの使い方

本書のおすすめの使い方を
4つ紹介します。
用途に合わせて、
うまく使い分けましょう!

タイプ A コツコツじっくり派の人には…

普段

授業の予習・復習のときに
オレンジ色などの色ペンで穴埋め

テスト前

テスト勉強のときに
赤シートで隠して用語を暗記!

別冊解答を
見ながらでもOK!

→

タイプ B テスト前に集中学習! 派の人には…

テスト前

ミニテスト感覚で穴埋め

丸つけをし、間違えたところを
しっかり復習

→

赤シートで隠すときは、
オレンジ色や黄色が
隠れやすくて、 おすすめ!

タイプ C 「一気におさらいしたい!」派の人には…

長期休み

春休みや夏休み、 冬休みなどの長期休暇の総復習に使おう!

赤シート勉強
でも

ミニテスト勉強
でもOK!

タイプ D 「苦手分野だけ勉強したい!」効率派の人には…

受験勉強にも!

不安な単元だけ集中的に取り組み、 苦手克服に活用しよう!

赤シート勉強
でも

ミニテスト勉強
でもOK!

第3章 武家政権と世界の動き

第4章 近代国家への歩みと現代の日本

1 人類の出現と進化

(1) 年代の表し方

✖ ＿＿＿＿…＿＿＿＿＿＿が生まれたと考えられている年を紀元1年として数え始める方法。

紀元1年より前は＿＿＿＿○○年と書き表す。

※紀元前は＿＿＿＿、紀元（紀元後）は＿＿＿＿と表す方法もある。

> MEMO
> 現在では、キリストが生まれたのは紀元1年より数年前と考えられている。

✖ ＿＿＿＿…西暦を＿＿＿＿年ごとに区切る方法。

西暦年の最後の数字が、1年から100年までが一区切り。

➡ 紀元2000年は＿＿＿世紀、紀元2001年は＿＿＿世紀。

✖ ＿＿＿＿…中国から日本に伝わった年代の表し方。

※日本で最初に定められた元号は＿＿＿＿。

現在は＿＿＿＿一代につき一つの元号を用いると定められている。

✖ ＿＿＿＿…古代中国で生まれた年代などの数え方。＿＿＿＿という10個の漢字と、＿＿＿＿＿という12個の漢字を順番に組み合わせ、＿＿＿年で一回りする仕組み。

> MEMO
> 子年＝ねずみ年というように、十二支を生まれ年の動物に割り当てることは、日本人にもなじみ深い！

十干	きのえ 甲 コウ	きのと 乙 オツ（イツ）	ひのえ 丙 ヘイ	ひのと 丁 テイ	つちのえ 戊 ボ	
	つちのと 己 キ	かのえ 庚 コウ	かのと 辛 シン	みずのえ 壬 ジン	みずのと 癸 キ	
十二支	ね 子 シ	うし 丑 チュウ	とら 寅 イン	う 卯 ボウ	たつ 辰 シン	み 巳 シ
	うま 午 ゴ	ひつじ 未 ビ	さる 申 シン	とり 酉 ユウ	いぬ 戌 ジュツ	い 亥 ガイ

(2) 時代の表し方

✖ それぞれの時代の特徴をとらえた命名法

- 縄文（じょうもん）時代、弥生（やよい）時代など…人々が使った＿＿＿＿の名前にもとづく。
- 鎌倉（かまくら）時代、江戸（えど）時代など…＿＿＿＿の中心が置かれた地名にもとづく。
- 明治（めいじ）時代、昭和（しょうわ）時代など…＿＿＿＿にもとづく。

✖ 社会の仕組みの特徴から時代を大きくとらえる方法

- 古代 ➡ ＿＿＿＿ ➡ 近世 ➡ ＿＿＿＿ ➡ 現代

(3) 人類の出現

- 最古の人類…およそ700~600万年前に＿＿＿＿＿＿大陸に出現。
- ★ ＿＿＿＿…猿(さる)と共通の祖先から進化した人類。

  2本の足で＿＿＿＿＿＿。

  ➡ 空いている手で石などを＿＿＿＿として使う。

  ➡ ＿＿＿が発達して知能が高まる。

(4) 人類の進化

- ＿＿＿＿＿＿…およそ260~250万年前に始まった地球が寒冷化する時代。厳しい寒さが続く＿＿＿＿と、暖かくなる＿＿＿＿＿のくり返しの中で人類が進化。
- ＿＿＿＿＿＿…猿人から進化した人類。防寒や食べ物の加工のために＿＿＿を使い、仲間どうしの意思疎通のための＿＿＿＿が発達。
- ＿＿＿＿＿＿＿＿＿＿＿＿＿…現在の人類の直接の祖先。精神活動が豊かになり、フランスのラスコー洞窟(どうくつ)などに＿＿＿＿を描いたり、死者を副葬品とともに＿＿＿＿したりした。

(5) 道具の使用と進化

- ★ ＿＿＿＿＿＿＿…石を打ち欠いてつくった石器。
- ＿＿＿＿＿＿＿…人類が打製石器を使って、狩りや採集をしながら生活した時代。
- ＿＿＿＿＿＿＿…石をみがいてつくった石器。
- ＿＿＿＿＿＿＿…人類が磨製石器を使ったり、食べ物の調理や保存のために粘土(ねんど)から＿＿＿＿をつくったりするようになった時代。

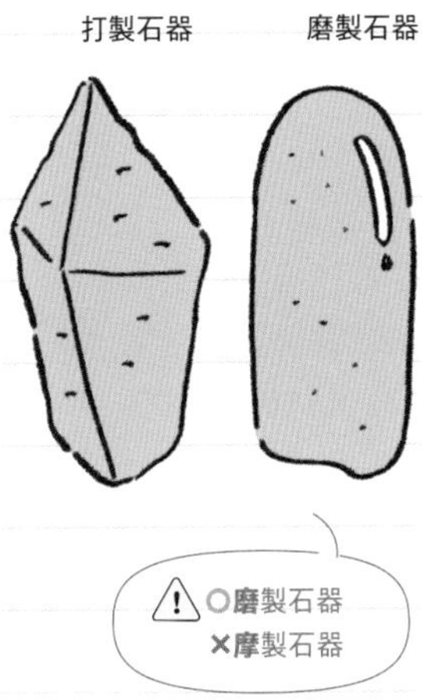

❷ おもな古代文明

(1) メソポタミア文明

❋ _____…ヨーロッパから見た「太陽の昇る土地」。

※メソポタミアやエジプトなど、最も早く文明がおこった地域のこと。

❋ メソポタミア文明…_____とユーフラテス川にはさまれた地域である

_____の古代文明。

- 金属器…_____が使われる。 紀元前1000年ごろから_____の使用が広まる。

★ ・_____…「目には目を、歯には歯
を」の考え方を示した

_____

などを記録した文字。

くさび形文字

- 暦法…月の満ち欠けを基準にした_____を使用。 時間を計るための方法として

_____が考え出され、 1週間を_____日と定めた。⚠

(2) エジプト文明

❋ _____…定期的にはんらんしてエジプトに養分の多い土をもたらす大河。

紀元前3100～3000年ごろ、 流域で統一王国が誕生。

- _____…エジプトの王の墓。 神の子である王の権力を示すため、巨大な建造物
としてつくられた。

★ ・_____…エジプト文明で使われた、 物の形をかたどる文字。 神聖_{しんせい}文字。

- 暦法…太陽の動きを基準にして、1年を365日として12か月に分ける_____が使われ
る。 ※ナイル川のはんらんの予測や農業に利用。

(3) インダス文明

❋ _____…現在のパキスタンを南北に流れる大河。

紀元前2500～2300年ごろ、 流域でインダス文明がおこる。

- _____…インダス文明の都市遺跡。 計画的な都市建設が行われたあとが
残る。 ※道路や水路（上下水道）、公衆浴場などの公共施設を完備！

- _____…インダス文明の文字。 未解読。

(4) 中国文明

❈ 2つの大河…中国の北部を流れる＿＿＿＿＿＿の流域であわやきびの栽培、中部を流れる＿＿＿＿＿＿

の流域で稲作が始まり、農耕文明が誕生。

❈ ＿＿＿＿＿＿＿…紀元前1600年ごろ、黄河流域におこった国。

・＿＿＿＿＿器…祭りの道具などに使用。優れた技術でつくられた。

★・＿＿＿＿＿＿＿…亀の甲や牛や鹿の骨に刻まれた文字。

政治の方向を決める占いの結果を記録するために発明。

TEST ➡ 現在の＿＿＿＿＿＿の原形。

甲骨文字

人	牛

おもな古代文明の場所

メソポタミア文明
ナイル川
アラビア半島
ギーザ
ユーフラテス川
チグリス川
バビロン
ウル
インダス文明
インダス川
モヘンジョ=ダロ
ガンジス川
黄河
長江
長安(西安)
殷墟
中国文明
エジプト文明

❈ ＿＿＿＿＿＿＿＿＿…紀元前8〜3世紀。

殷を滅ぼした＿＿＿＿＿の力が弱まり、各国が争った時代。

・＿＿＿＿＿＿…紀元前6世紀ごろの思想家。＿＿＿＿＿＿＿＿＿の祖となる。

・＿＿＿＿＿＿…紀元前4世紀ごろから普及。農具や武具などに使用。

❈ ＿＿＿＿＿…紀元前3世紀後半に中国を統一した国。秦の王は「皇帝」という称号を初めて使う

＝＿＿＿＿＿＿と名乗る。

・始皇帝の政策…貨幣や文字、長さ・容積・重さの基準を統一し、北方の遊牧民の侵入を

防ぐために＿＿＿＿＿＿＿を築く。

・兵馬俑…始皇帝の墓のそばに並べられた、等身大の兵士や馬の焼き物。

❈ ＿＿＿＿＿＿…秦が滅んだ後、紀元前3世紀末に中国を統一。

★・＿＿＿＿＿＿＿＿＿＿…中国と西方諸国との交通路。

TEST

※中国からはおもに＿＿＿＿＿＿を輸出。

・大帝国の建設…朝鮮半島に楽浪郡を設置して支配。

・紙…1世紀ごろ、より質の良い紙の製法が発明される。

③ ギリシャ・ローマの文明と宗教のおこり

(1) ギリシャの古代文明

★ ✖ _____ …紀元前8世紀ごろから、ギリシャ各地につくられた都市国家。

※都市国家の中心は、防衛の義務を担う成人男子の市民。⚠

アテネのアクロポリスに建てられたパルテノン神殿

出典：アフロ

- _____ …古代ギリシャで最も有力なポリス。

- _____ 戦争（_____ 戦争）
  …紀元前5世紀にオリエントを統一した大帝国
  がギリシャを攻撃(こうげき)して開戦。
  ➡ アテネや_____ などのポリスの連合
  がペルシア軍を撃退。

- _____ …すべての成人男子市民が参加する民会を中心とする政治。
  アテネで完成。 ➡ 現代の民主主義の起源。

(2) ヘレニズム

✖ _____ …ギリシャの北方の王国。 紀元前4世紀にギリシャを征服。

- _____ 大王…ペルシアを征服したマケドニアの王。 オリエントや西アジア
  など広い地域を支配。

※ _____ …アレクサンドロス大王の遠征によって、ギリシャ文明が東方に広まったこと。

◀ MEMO ▶
ヘレニズムはシルクロードなどを伝わって、
インドや中国、日本にも影響を与えた。

(3) ローマの古代文明

✖ ローマ…地中海一帯を支配した、_____ 半島の都市国家。

- _____ 政…紀元前6世紀に王政を廃止し
  て成立。 政治の中心は貴族。

- _____ 政…内乱の後、 紀元前1世紀から
  皇帝による政治に移行。

ローマ帝国の
最大領域

大西洋

黒海

地中海

ローマ

アテネ

エルサレム

◎ ローマの文化

- 実用的な文化…広大な領土を結ぶ道路や、
  都市へ水を効率よく送る水道を建設。

- _____ …東地中海地域やギリシャで発達し、 ローマ帝国の支配とともにラ
  テン文字（ローマ字）として広まった文字。

(4) 仏教のおこりと発展

✖ ＿＿＿＿＿＿＿＿＿＿＿＿…紀元前1500年ごろ、インドに進出した民族。

➡ 神官を頂点とする身分制度をつくる。

◀ **MEMO**
アーリア人がつくった身分
制度が、のちにカースト制
度となった。

★ ✖ ＿＿＿＿＿＿＿＿…紀元前6~5世紀ごろのインドで仏教を開く。

◎ 仏教の教え

• 生まれによる＿＿＿＿＿はよくないことであり、人はみな＿＿＿＿＿である。

• 悟りを開いて＿＿＿＿＿＿＿になれば、世の中の苦しみから救われる。

※インドでは＿＿＿＿＿＿＿教が広まり、仏教の勢力が弱まった。⚠

(5) キリスト教のおこりと発展

✖ ＿＿＿＿＿教…西アジアの＿＿＿＿＿＿＿地方で信仰されていた宗教。唯一の神
＿＿＿＿＿＿に従う人々だけが救われるという教え。

★ ✖ ＿＿＿＿＿＿…弟子たちにより教えがまとめられ、1世紀にキリスト教が開かれる。

◎ キリスト教の教え

• ユダヤ教の教えは正しいものではなく、神の前ではみな＿＿＿＿＿である。

◎ キリスト教の発展

• ＿＿＿＿＿＿＿＿＿＿…イエスの弟子たちがまとめた聖典。

• ＿＿＿＿＿＿＿＿帝国…キリスト教を迫害したが、4世紀末に帝国の＿＿＿＿＿に定めた。⚠

(6) イスラム教のおこりと発展

★ ✖ ＿＿＿＿＿＿＿…7世紀の＿＿＿＿＿＿半島でイスラム教を開く。

◎ イスラム教の教え…ユダヤ教や＿＿＿＿＿＿教に影響を受ける。

• 唯一の神＿＿＿＿＿＿＿＿＿＿の教えのみを信じる。

• 神の姿を描いたり、神の像を拝んだりすることを＿＿＿＿＿する。

• 1日に5回、聖地＿＿＿＿＿の方向に礼拝をささげる。

◎ イスラム教の発展

• ＿＿＿＿＿＿＿＿…イスラム教の聖典。
政治や経済活動、信者の生活を定める＿＿＿＿＿としての役割も持つ。

4 日本列島の形成と人々の暮らし

(1) 旧石器時代

✖ 氷河時代の日本列島…現在よりも海面が低いため大陸と陸続きの状態。

➡ 大陸から大型の動物が移動。 ex マンモス、 ナウマンゾウ、 オオツノジカ

➡ 動物を追いかけて＿＿＿＿＿＿＿＿が日本列島に移動。

• ＿＿＿＿＿…旧石器時代の人々が使っていた石器。

日本では、 群馬県の＿＿＿＿遺跡で初めて発見。 TEST

✖ 最後の氷期…およそ＿＿＿万年前に終わる。

➡ 陸地の氷がとけて、 海面（海水面）が上昇。 ➡ 日本列島の形成。

(2) 縄文（じょうもん）時代

縄文土器

✖ 縄文時代…表面に縄目のような文様がある＿＿＿＿＿が使われた時代。

※縄文土器の特徴…＿＿＿＿でもろい。⚠

縄文時代の人々の暮らし

> MEMO
> 旧石器時代の人々は移動しながら生活していたが、 縄文時代の人々は定住するようになった。

★ ◎ ＿＿＿＿＿＿…地面を掘り下げ柱を立て、 その上に屋根をかけた住居。

◎ ＿＿＿＿…食べ終わったあとの貝殻や魚の骨などが捨てられた場所。

※縄文時代の人々の暮らしを調べる重要な手がかり。

土偶

◎ ＿＿＿＿…土でつくられた人形。

※豊かな実りへの祈りや、まじないなどに使ったと考えられる。

◎ ＿＿＿＿＿遺跡（青森県）…縄文時代の集落の遺跡。

※巨大な建物のあとや、遠い地域との交易で得ていた＿＿＿＿＿（＝石器の材料）やヒスイ（＝装飾品の材料）などが見つかる。

弥生土器

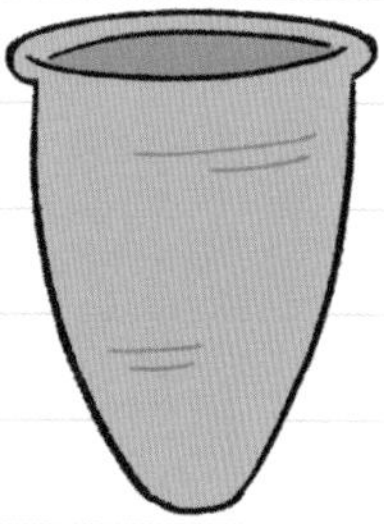

(3) 弥生（やよい）時代

✖ 弥生時代…縄文土器よりも薄手でかたい＿＿＿＿＿が使われた時代。

大陸から九州北部に＿＿＿＿が伝えられた。 ★

➡ ＿＿＿の保存や煮炊きに適した形の弥生土器がつくられた。

弥生時代の人々の暮らし

- ◎ ＿＿＿＿＿＿…栽培した稲の穂先をつみとる石製の道具。
- ★◎ ＿＿＿＿＿＿…収穫した稲をたくわえる倉庫。＿＿＿＿＿＿の侵入や湿気を防ぐため、ゆか を高くする工夫がほどこされる。

銅鐸

- ◎ ＿＿＿＿＿＿…稲作とともに大陸から伝わった道具。
  - ● ＿＿＿＿＿＿…おもに祭りの宝物として使用。⚠
    ex 銅鏡、銅鐸、銅剣
  - ● ＿＿＿＿＿＿…おもに武器や工具、農具として使用。⚠
- ◎ ＿＿＿＿＿＿遺跡（佐賀県）…弥生時代の集落の遺跡。
  - ※ ＿＿＿＿＿＿どうしがまとまって＿＿＿＿＿＿になる過程が残る。
  - ● 戦いへの備え…＿＿＿＿＿＿で敵を見張り、ムラを柵や深い＿＿＿＿＿で囲む。

（4）大陸との交流

- ✖ ＿＿＿＿…中国の歴史書などに記された、日本の呼び名。

> **史料**
> 紀元前1世紀ごろの日本には＿＿＿＿余りのクニ（国）があった。
> 『漢書』地理志（部分要約）

金印「漢委奴国王」（斜め）／福岡市博物館

- ✖ ＿＿＿＿＿＿…現在の福岡県にあったとされる国。

> **史料**
> ・57年、奴国が中国に使者を送った。
> ・漢（後漢）の皇帝は「＿＿＿＿＿＿＿」と刻まれた＿＿を使者に与えた。
> 『後漢書』東夷伝（部分要約）

TEST

金印「漢委奴国王」（印面）／福岡市博物館

出典：福岡市博物館所蔵
画像提供：福岡市博物館／DNPartcom（2点ともに）

- ★✖ ＿＿＿＿＿＿…3世紀ごろの国。近畿地方にあったか、九州地方にあったかで論争が続く。

> **史料**
> ・女王＿＿＿＿＿のもとで＿＿＿＿ほどの国を治めていた。
> ・邪馬台国の人々の間には＿＿＿＿の差があった。
> ・＿＿年、卑弥呼は中国に使者を送って、＿＿＿＿をした。
> ・魏の皇帝は「＿＿＿＿＿」と刻まれた金印や銅鏡を使者に与えた。
> 『三国志』の「魏志倭人伝」（部分要約）

⚠ ○邪馬台国 ✕耶馬大国
○卑弥呼 ✕卑弥子

MEMO
卑弥呼が与えられた金印や
銅鏡は未発見！

017

5 古墳の出現と東アジア世界

(1) 古墳時代

- ______…その地域で勢力を築いた支配者とその一族。

- ★ ______…３世紀後半、現在の奈良盆地で成立。
  王を中心とする豪族たちの連合勢力。⚠

- ______…王や豪族の墓。大がかりな土木工事によってつくられた。

★ ※______…方墳（＝四角形の古墳）と円墳（＝円形の古墳）を組み合わせた形の古墳。最も大きいのは、大阪府堺市にある______古墳。TEST

前方後円墳

◎ 古墳の出土品

- まが玉や銅鏡…前期の古墳に多い副葬品。
- 鉄製の武具や馬具…中期や後期の古墳に多い副葬品。
  ______とのつながりが深まったことの影響。
- ______…古墳の表面に並べられた焼き物。
  人間や動物、建物、円筒などさまざまな形のものがある。

埴輪

◎ 古墳の分布…大和政権の______の拡大を示すものさし。
奈良盆地を中心とする近畿地方から全国各地に広がる。

TEST ※５世紀後半、大和政権は______地方の南部から______地方までの有力な豪族を従えていた。⚠

- ______…日本の大部分を支配するようになった大和政権の王の呼び名。

※______…５世紀後半の大王。______県の稲荷山古墳と______県の江田船山古墳から、「獲加多支鹵大王」と刻まれた鉄剣や鉄刀が出土。

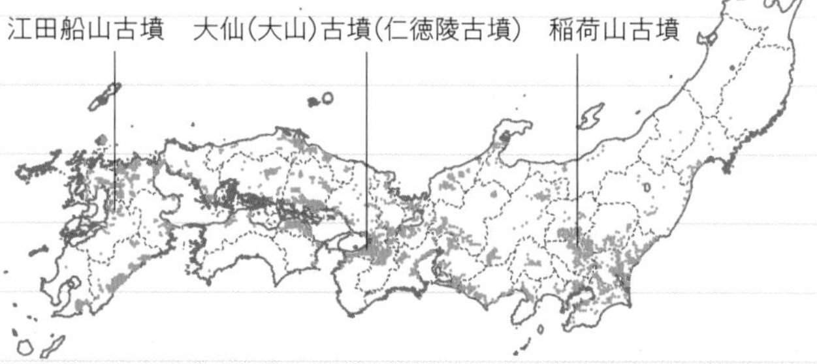

おもな前方後円墳の分布

(2) 東アジア世界との交流

5世紀の東アジア

❌ 朝鮮半島の情勢

- _____…中国の東北部から朝鮮半島北部までを支配した国。

- _____…朝鮮半島の南東部の国。大和政権と敵対することが多かった。

- _____…朝鮮半島の南西部の国。大和政権に友好的だった。

- _____…朝鮮半島の南端の地域。いくつかの小国に分かれていた。大和政権と関係が深く、_____の延べ板(のべいた)などを輸出。

❌ 中国の情勢…5~6世紀は、北朝と南朝が対立する_____。

- _____…中国の南朝に朝貢(ちょうこう)した5人の大和政権の大王。南朝の宋(そう)に使いを送った_____はワカタケル大王と同一人物とされる。

┏━━━━━━━━━ 史料 ━━━━━━━━━┓
- 私の_____はみずから戦って、多くの国を従えました。
- 私が宋の皇帝に朝貢しようとすると、_____がじゃまをします。
- 高句麗を破るため、私に高い地位を与えて、はげまして下さい。

『宋書(そうじょ)』倭国伝(わこくでん)に収められている倭王武の手紙(部分要約)
┗━━━━━━━━━━━━━━━━━━━━┛

- ★ ❌ _____…戦乱をさけて中国や朝鮮半島から日本に一族で移り住んできた人々。

- _____…渡来人が伝えた土器。登り窯(のぼりがま)を使って_____で焼くため、かたくて丈夫。

- _____…渡来人が伝えた文字。大和政権の書類の作成など担当する渡来人も多かった。

- 仏教や_____…渡来人が伝えた宗教や道徳。

  ※仏教は、6世紀半ばに_____から日本へ正式に伝えられた。

地図内: 高句麗 / 北魏(北朝)(ほくぎ) / 百済 / 新羅 / 倭 / 伽耶(任那) / 宋(南朝)

人類の出現～古墳時代

- 約700~600万年前　最古の人類の（　　　　　）がアフリカ大陸に現れる。

- 約260~200万年前　火や言葉を使う（　　　　　）が現れる。

- 約20万年前　現在の人類につながる（　　　　　　　　）が現れる。

- 約1万年前　最後の氷期が終わり、（　　　　　　）が形成される。

- 紀元前3500~3000年ごろ　チグリス川とユーフラテス川にはさまれた地域で（　　　　　　　　）がおこる。

- 紀元前3100~3000年ごろ　ナイル川の流域で（　　　　　）がおこる。

- 紀元前2500~2300年ごろ　インダス川の流域で（　　　　　）がおこる。

- 紀元前1600年ごろ　中国の黄河の流域で（　　　　　）という国がおこる。

- 紀元前8世紀ごろ　ギリシャの各地に（　　　　　）という都市国家がつくられる。

- 紀元前6~5世紀　シャカが（　　　　）を開く。

- 紀元前3世紀　（　　　　）の始皇帝が中国を統一する。

- 紀元前2世紀　（　　　　）が楽浪郡を設置して、朝鮮半島を支配する。

- 紀元前1世紀　（　　　　　）が共和政から帝政に移行する。

- 1世紀　イエスの教えが弟子によってまとめられ（　　　　　　）が開かれる。

- 57年　（　　　　　）が中国に使者を送って、皇帝から金印を与えられる。

- 239年　（　　　　　　）の卑弥呼が中国に使者を送って、皇帝から金印や銅鏡を与えられる。

- 3世紀後半　奈良盆地で（　　　　　　）という王と豪族の連合勢力が成立する。

- 4世紀　（　　　　　）の好太王(広開土王)が、朝鮮半島にわたってきた倭の軍と戦う。

- 5世紀後半　日本の大部分を支配した大和政権の王が（　　　　）と呼ばれる。

- 6世紀　（　　　　）から日本へ、正式に仏教が伝えられる。

- 7世紀　ムハンマドが（　　　　　）を開く。

月　　日（　）

確認テスト①

/ **50**点

次の問いに答えましょう（5点×10）。

(1) 次の問いに答えなさい。

　❶2023年は、何という年代の表し方によるものですか。　　　（　　　　）

　❷令和は、何という年代の表し方によるものですか。　　　　（　　　　）

(2) 次の文で説明されている文字の名前をそれぞれ答えなさい。

　❶メソポタミア文明で使われ、ハンムラビ法典などを記録した文字。

　　　　　　　　　　　　　　　　　　　　　　　（　　　　　　　　）

　❷エジプト文明で使われた、物の形をかたどる文字。　（　　　　　　　　）

　❸中国文明の殷で使われた、現在の漢字の原形となった文字。おもに亀の甲や動物の
　　骨に刻まれた。

　　　　　　　　　　　　　　　　　　　　　　　（　　　　　　　　）

(3) 次の❶～❸は日本のある時代を代表するものです。それぞれの同じ時代に当てはまる
　ものを、あとの**ア～オ**から❶・❷は2つずつ、❸は1つ選び、それぞれ記号で答えなさ
　い。

❶ 　　❷ 　　❸

ア 貝塚　**イ** 高床倉庫　**ウ** 土偶　**エ** 埴輪　**オ** 吉野ヶ里遺跡

❶（　　　）（　　　）　❷（　　　）（　　　）　❸（　　　）

おつかれさま！　世界と日本のできごとを学習したけど、ちゃんと理
解できたかな？　今回は範囲が広かったから、年表や地図を見な
がら、習ったことを確認しておこう。
これからしばらくは日本のできごとを中心にやっていくよ。

⑥ 東アジアの変化・聖徳太子の政治

(1) 東アジアの情勢

✖ 朝鮮半島…＿＿＿＿＿や百済が南部で勢力を拡大。

➡ 南端部の＿＿＿＿＿＿＿＿＿＿＿＿＿＿＿＿＿

　が滅亡。

　➡ 日本は朝鮮半島への影響力を失う。

7世紀初めの東アジア

（地図：高句麗、新羅、百済、日本（倭）、隋）

✖ 中国…6世紀末、＿＿＿＿＿が南北朝を統一し、

　大帝国に発展。

　• ＿＿＿＿＿＿＿…隋が整備した法律。

　• ＿＿＿＿＿＿＿…人々を登録した記録。 登録された人々に土地を分け与える代わりに税

　　や兵役を負担させる。

　• ＿＿＿＿＿＿＿…隋に従わなかったので攻撃された国。

(2) 日本の情勢

✖ ＿＿＿＿＿＿＿＿＿…大和政権の中心が、 奈良盆地南部の飛鳥地方に置かれていた時代。

　およそ6世紀末から8世紀初めまでの期間。

✖ ＿＿＿＿＿＿＿の伝来…6世紀半ば、＿＿＿＿＿＿＿から正式に伝えられる。

　➡ 仏教の受け入れに賛成する＿＿＿＿＿＿＿と反対する＿＿＿＿＿＿＿が対立し、

　豪族どうしの戦いが起こる。⚠

　　➡ ＿＿＿＿＿＿＿の知識や技術を活用した蘇我氏が物部氏を滅ぼし、仏教

　　の信仰が広まる。

✖ ＿＿＿＿＿＿＿…実力者となった＿＿＿＿＿＿＿＿の後押しで、 6世紀末に即位。

　日本で初めての女性の天皇。

★ ✖ ＿＿＿＿＿＿＿＿＿＿＿＿＿＿…推古天皇のおいに当たる人物。 ＿＿＿＿＿＿を務めた。

　➡ 蘇我馬子と協力して、＿＿＿＿＿＿＿＿＿＿＿を中心とする政治の仕組みをつくることを目指す。

　※摂政…女性または幼少の天皇に代わって、政治を行う地位。

(3) 聖徳太子の政治

✖ ＿＿＿＿＿＿の制度…かんむりの色などで地位を表す制度。

TEST ➡ 家柄にとらわれることなく、才能や功績がある人物を＿＿＿＿に
取り立てた。 ⟷ 氏姓制度（大和政権）

★✖ ＿＿＿＿＿＿…17か条にわたって＿＿＿＿＿＿＿＿を示した法令。
＿＿＿＿＿＿や儒教の考え方を反映。

史料

① ＿＿＿＿を大切にして、人と争わないようにすることを第一に考えよ。
② ＿＿＿＿（＝仏・仏教の教え・僧）をあつくうやまえ。
③ ＿＿＿＿（＝天皇の命令）をうけたまわったら、必ずつつしんで守れ。
十七条の憲法の最初の3か条（要約）

✖ ＿＿＿＿…聖徳太子が隋に送った使節。使者となった＿＿＿＿＿＿に多くの留学生や留
学僧が同行。

TEST ➡ 隋と正式な＿＿＿＿を開いて、先進的な＿＿＿＿＿＿＿を日本に取り入れた。

史料

「日出づる処の天子、書を日没する処の天子に致す。つつがなきや。」
（太陽が昇る国である日本の＿＿＿＿＿＿が、太陽が沈む国である
隋の＿＿＿＿に手紙を送ります。お変わりありませんか。）
『隋書』倭国伝に収められている聖徳太子の手紙（部分要約）

(4) 聖徳太子のころの文化

✖ ＿＿＿＿＿＿…飛鳥地方を中心に栄えた日本で最初の仏教文化。

★• ＿＿＿＿＿＿…聖徳太子が飛鳥地方に建てた寺院。
8世紀初めまでに再建された金堂や五重塔などは、
現存する＿＿＿＿＿＿の木造建築。⚠

• ＿＿＿＿＿＿…法隆寺の金堂に安置されている3体の仏像。

法隆寺
出典：アフロ

❼ 東アジアの緊張・律令国家の成立

(1) 大化の改新

- ✖ ＿＿＿＿＿＿＿＿…聖徳太子の死後に独断的な政治を行った豪族。
- ★ ✖ ＿＿＿＿＿＿＿＿…皇族の＿＿＿＿＿＿＿＿が中心となり、＿＿＿＿＿＿＿＿たちの協力を得て、新
  しい国家の仕組みをつくった改革。
  - ◎ **645年** 中大兄皇子たちが＿＿＿＿＿＿と＿＿＿＿＿＿の親子を滅ぼす。
    - ➡ ＿＿＿＿＿＿という元号を定めて改革を開始。
    - • ＿＿＿＿＿＿＿＿…豪族が支配していた土地と人々を国家
      の直接支配にする方針を示す。⚠

> ◀ゴロ▶
> 無事故で改革しよう、
> 大化の改新

(2) 東アジアの緊張

- ✖ ＿＿＿＿＿＿…7世紀初めに隋が滅んだ後、中国を統一。
  - ➡ 倭（日本）は ★ ＿＿＿＿＿＿を送って、中国から政治の制度や文化を取り入れる。
- ✖ ＿＿＿＿＿＿…7世紀半ばに唐と結んで＿＿＿＿＿＿を滅ぼす。

⬇

- ◎ **663年** ＿＿＿＿＿＿＿＿…百済を助けるために朝鮮半島へ送られた倭の軍が、唐・新羅
  の連合軍に敗れる。⚠

⬇

- ◎ **7世紀後半** 新羅が＿＿＿＿＿＿を滅ぼし、唐を退けて朝鮮半島を統一。

白村江の戦いの後の日本

✖ 唐や新羅の侵攻に備えて、守りを固める。

- • ＿＿＿＿＿＿…九州の政治や防衛を
  担当する役所。
- • ＿＿＿＿＿＿…大宰府を守るためにつく
  られた堀と土塁。
- • ＿＿＿＿＿＿…朝鮮式の山城。
- • ＿＿＿＿＿＿（滋賀県）…政治の中心を内陸に移
  動。大津で、中大兄皇子が＿＿＿＿＿＿として即位。
- • ＿＿＿＿＿＿…全国の人々を調べるために天智天皇が作成を命令。

7世紀の東アジア

⛰ ＝朝鮮式の山城

新羅
白村江の戦い
百済
大津
難波
大野城
大宰府

> ◀MEMO▶
> 中臣鎌足は臨終の際、天智天皇から藤原の姓を与えられ、藤原氏の祖になった。

(3) 天皇中心の国づくり

✖ ＿＿＿＿＿＿…672年に起こった天智天皇のあと継ぎをめぐる争い。

➡ 天智天皇の弟が勝利し、＿＿＿＿＿＿として即位。⚠

◎ 天武天皇の政治…皇帝が支配する唐にならって、天皇に権力を集中。

- ＿＿＿＿＿という法律の制定や歴史書の編集を命令。

- 政治の中心を大津から＿＿＿＿＿＿にもどす。

- 日本最初の貨幣として＿＿＿＿＿をつくる。

✖ ＿＿＿＿＿＿…天武天皇の死後、皇后（こうごう）が即位して政治を行う。

- ＿＿＿＿＿…日本で最初の本格的な都。中国の都にならって、飛鳥地方に造営された。

(4) 律令国家の成立

★ ✖ ＿＿＿＿＿＿…701年、律令国家の仕組みを定める法律が完成。

※律は＿＿＿＿＿の決まり。令は＿＿＿＿＿の決まり。

中央の仕組み

✖ ＿＿＿＿＿…中央政府。天皇を頂点として、太政官（だいじょうかん）が政策を決定し、8つの省が実施。

地方の仕組み

✖ ＿＿＿＿…地方の行政単位。その下に＿＿＿＿と＿＿＿＿が置かれる。

- ＿＿＿＿＿…国を統治する役人。中央から貴族を派遣。

- ＿＿＿＿＿…国の役所。

- ＿＿＿＿＿…郡を統治する役人。おもに地方の豪族を任命。

- ＿＿＿＿＿…里を統治する役人。おもに地方の豪族や有力な農民を任命。

- ＿＿＿＿＿…現在の福岡県に置かれた、九州の政治・外交・防衛を担当する役所。

律令による役所の仕組み

天皇

五衛府（ごえふ）（都の警備）

太政官

神祇官（じんぎかん）（祭りの儀式）

太政大臣
左大臣
右大臣
大納言（だいなごん）ほか

〈中央：八省〉

〈九州〉大宰府 → 国 → 郡 → 里

〈地方〉国司 → 郡司 → 里長

地方 国 → 郡 → 里

宮内省（くない）（宮中の一般事務など）（いっぱん）

大蔵省（おおくら）（税の管理など）

刑部省（ぎょうぶ）（刑罰など）（けいばつ）

兵部省（ひょうぶ）（武官の人事など）

民部省（みんぶ）（戸籍の管理、課税など）（こせき）

治部省（じぶ）（外交・仏事など）

式部省（しきぶ）（文官の人事や学校など）

中務省（なかつかさ）（天皇の側近事務など）

◀**MEMO**▶

⚠ ○朝廷 ✕朝延 ✕朝庭
○**大宰府** ✕**太**宰府
大宰府は律令国家の役所の名前。
太宰府は現在の地名。

8 平城京への遷都と民衆の負担

(1) 律令国家の新しい都

ゴロ
なんとステキな平城京

✖ ＿＿＿＿…710年に＿＿＿＿（奈良市）へ都が移されてから、およそ80年ほどの期間。

平城京の特徴

- ＿＿＿＿…平城京の手本となった唐の都。
- ＿＿＿＿…平城京で最も重要な場所。
- ＿＿＿…地方から都に送られてきた産物を売り買いする場所。東西の2か所に置かれた。
- ＿＿＿＿…奈良時代につくられた貨幣。市などで使用。富本銭と異なり、全国各地で出土。

平城京の土地区画

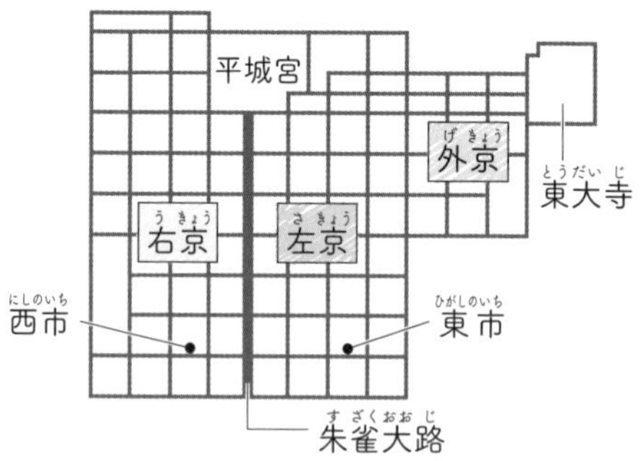

⚠ ○和同開珎
×和銅開弥
×和胴開珍

各地へ広がる朝廷の支配

✖ 五畿七道…律令国家の地方区分。

- 五畿…都の周辺の5つの国。畿内とも呼ばれる。

※畿内と周辺地域をあわせた＿＿＿＿地方の由来。

✖ ＿＿＿＿…奈良時代に、東北地方の政治や軍事を担当する役所が置かれた。現在の宮城県にあった。

(2) 律令国家の人々の暮らし

✖ 戸籍…＿＿＿年ごとに作成。人々の姓名や性別、年齢などを記録。

✖ ＿＿＿＿…戸籍に登録された＿＿＿歳以上の人々に＿＿＿＿を与え、その人が死ぬと国に返させた制度。

※男子は＿＿＿段（＝約2300㎡）の口分田、女子は男子の＿＿＿分の＿＿＿の面積の口分田が与えられた。

★ ✖ 農民の義務…性別や年齢に応じた税や労役、兵役などを負担。

- ＿＿＿＿…収穫した稲のおよそ＿＿＿%。 } 男女とも負担 ⟶ 地方へ納める
- ＿＿＿＿…地方の＿＿＿＿＿など。 } ⟶ 都へ納める
- ＿＿＿＿…労役の代わりとしての＿＿＿。
- ＿＿＿＿…国司のもとでの年間60日以内の労役。 } ＿＿＿＿のみ負担
- ＿＿＿＿…都で1年間警備に当たる兵役。
- ＿＿＿＿…九州北部で3年間警備に当たる兵役。
- 出挙（すいこ）…強制的に貸し付けられた稲を、高い利息とともに返す。

✖ ＿＿＿＿…奈良時代の記録手段として使われた、木の札。 ⟶

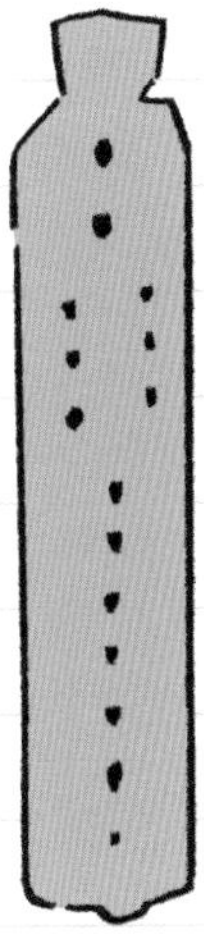

奈良時代の農民は、調や庸として課された品物を、自分たちで＿＿＿＿＿＿＿＿まで運んで納める必要があった。⚠

➡ このような重い負担を避けて、＿＿＿＿に登録する年齢や性別を偽ったり、居住地から＿＿＿＿したりする農民が増加。

土地制度の変化

◎ 人口増加や自然災害のために＿＿＿＿＿が不足。

⬇

◎ 723年 ＿＿＿＿＿＿＿…新しく土地を開墾（かいこん）すれば、一定期間（3代など）の制限つきで私有を認める法令。

⬇

★ ◎ 743年 ＿＿＿＿＿＿＿＿＿…新しい開墾地の私有を永遠に認める法令。

⬇

◎ 貴族や寺社が、現地の国司・郡司と協力して開墾に力を入れる。

➡ 貴族や寺社が独占した私有地が、のちに＿＿＿＿と呼ばれる。

➡ 大化の改新で示された＿＿＿＿＿＿＿の原則が崩れる。

ゴロ
期間の制限なんて
なしさ（7 4 3）！ 墾田永年私財法

❾ 聖武天皇の政治と天平文化

(1) 国家と仏教のつながり

★ ✖ _____…8世紀前半の天皇。 当時は全国的な伝染病の流行や、 自然災害によるききんの発生が相次いで、 社会に不安が広がる。

↓

TEST _____ の力で国家を守り、 人々の不安を取りのぞくため、 さまざまな政策を行う。

※ _____…貴族の藤原氏の出身の女性。聖武天皇の皇后となり、多くの人々を助ける。

• _____ ・ _____…聖武天皇が国ごとに建てさせた寺院。

• _____…聖武天皇が総国分寺として、 都に建てさせた寺院。

★ _____ を安置。

> **MEMO**
> 国分寺は男性の僧、
> 国分尼寺は女性の僧
> (尼) が住んだ。

※ _____…聖武天皇の要請で大仏の造立に協力した僧。仏教を広く布教し、橋やため池をつくる社会事業を行ったため、民衆から信頼された。⚠️

✖ _____…唐から日本に招かれた僧。 多くの苦難を乗りこえて来日した後、 戒律 (=修行の決まりごと) など正式な仏教の教えを伝える。

奈良に _____ を建てて布教。

鑑真

(2) 奈良時代の国際色豊かな文化

★ ✖ _____…聖武天皇のころに栄えた、 _____ の影響を強く受けた国際的な文化。

> **MEMO**
> 「天平」は聖武天皇の
> 在位中に使われた元号。

• _____…日本から中国に送られた使節。 帰国時に多くの品物を日本に持ち帰った。

※ _____…留学生として中国にわたり、唐の皇帝に仕えた日本人。

- _____…東大寺につくられた倉庫。三角形の木材を組み上げた_____という建築
  様式で、聖武天皇が使った品物などを宝物として保管。

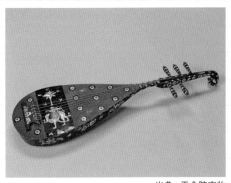

←インドが起源とされる

螺鈿紫檀五絃琵琶。

_____

（=現在のイラン）でつくられたガラス
に、中国製の銀のあしを付けたと
される瑠璃坏→

出典：正倉院宝物

出典：正倉院宝物

(3) さまざまな書物の編集

✖ 歴史書…日本という国のおこりや、_____が日本を治めるようになったいきさつを説明すること
　が目的。さまざまな神話も収録。

- 『_____』…稗田阿礼という人物が暗記していた日本の歴史を、貴族の太安万侶が
  書き記した歴史書。

- 『_____』…天皇の命令で作成された正式な日本の歴史書。

  ⚠ ○日本書紀
  ✖日本書記

✖ 地理書…国ごとに自然や産物、地名の由来、伝承などをまとめた『_____』を編集。

✖ 和歌集…8世紀後半に、貴族の大伴家持がまとめたとされる『_____』が完成。
　天皇から農民まで、多くの人々がよんだ約4500首の和歌を収録。

- 柿本人麻呂…『万葉集』を代表する歌人。

- _____…地方の民衆の苦しい暮らしぶりをよんだ「貧窮問答歌」が有名。

> **史料**
>
> 「唐衣　すそに取りつき　泣く子らを　置きてぞ来ぬや　母なしにして」
>
> 　　　　　　　　　　『万葉集』に収められた和歌

※九州北部の警備におもむくため、母がいない泣いている子どもたちを置いてきた_____の悲しみをよんだ和歌。

実際の『万葉集』には、漢字を使って日本語の音を表す_____で書かれた。

⑩ 平安京への遷都と摂関政治

(1) 平安時代初期の政治

* ★ ✖ _____ …8世紀後半に即位した天皇。貴族と_____の争いで混乱した政治

    の立て直しを目指す。

* _____（京都府）…784年、桓武天皇が都を移したが異変が相次ぐ。

  ◀ゴロ
  （７９４）
  鳴くよウグイス
  平安京

* _____（京都市）…794年、長岡京から都が移される。

    ※ _____ …平安京に都が移されてから、武家政権が成立するまでの、およそ400年ほどの期間。

* _____ …律令国家の支配が及ばない東北地方の人々の呼び名。

    ➡ 桓武天皇は_____を_____に任命して、東北へ大軍を

      派遣。

        ➡ 蝦夷の指導者_____が降伏。

政治の立て直し

* _____ …地方の国を統治する役人。 ➡ 不正が多かったの

    で監督を強化。

* _____ …国司のもとでの労役。 ➡ 日数を短縮。

* _____ …戸籍に登録された人々に口分田を与える

  （=班田）制度。 ➡ 班田の期間を延長。 ➡ しかし、戸籍に登

  録する内容を偽ったり、戸籍に登録された土地から逃げたりす

  る人が多くなったため、次第に行われなくなる。

◀MEMO
10世紀初めの周防国（現在
の山口県）の戸籍
住民の総人数：339人
うち男子：90人
うち女子：249人
※女子の割合が非常に大きい
ので、戸籍の偽りがあった
ことが明らか。

(2) 東アジアの変化

◀ゴロ
遣唐使（８９４）
検討して派遣を白紙に
もどしたぞ
⚠ ○菅原道真
✖管原道真

* ✖中国…8世紀以降、国内で反乱が続いたために_____が弱体化。

* TEST ➡ 894年、_____の提案で_____の派遣を停止。

    ※菅原道真…藤原氏によって大宰府に左遷された貴族。彼の

      死後に天変地異が相次いだため、京都の北野天満宮に

      _____としてまつられる。

    ⬇

10世紀初めに唐が滅亡。

➡ 10世紀後半に_____が中国を統一。

* ✖朝鮮半島…10世紀前半に_____が新羅を

    滅ぼして、朝鮮半島を統一。⚠

11世紀の東アジア

(3) 藤原氏の繁栄

✖ 藤原氏…＿＿＿＿＿＿＿＿＿＿＿＿を祖とする一族。

平安時代に藤原氏が繁栄した理由

- 菅原道真のような他の有力＿＿＿＿＿を次々に退けた。
- 一族で＿＿＿＿＿＿＿＿の重要な役職を独占した。
- 多くの＿＿＿＿を持つようになって、 経済力が大きくなった。

★ ✖ ＿＿＿＿政治…藤原氏は、 娘を天皇のきさきにして、 生まれた皇子を天皇に即位させ、 幼い時は政治を代行する＿＿＿＿、 成人後は政治を補佐する＿＿＿＿という地位について実権をにぎった。

- ＿＿＿＿＿…11世紀前半、 子の＿＿＿＿＿とともに摂関政治の全盛期を築く。

```
━━━━━━━ 史料 ━━━━━━━
「この世をば　わが世とぞ思う　＿＿＿＿＿の
欠けたることも　無しと思えば」
(この世の中は自分のためにあるのだと思う。 満月が欠けて
いないように、 自分の権力も完全なものだから。)
                    藤原道長が自らの繁栄をほこった和歌
```

道長（みちなが）

② 三条 ＝ 妍子（けんし）　彰子（しょうし） ＝ ① 一条

④ 後朱雀（ごすざく）　③ 後一条

注　○内の数字は天皇の即位順を、 二重線 (＝) は夫婦関係を、 それぞれ表している。

(4) 地方の変化

✖ 税制の変化

◇ ＿＿＿＿＿＿＿が行われなくなり、 租（そ）・調（ちょう）・庸（よう）の取り立てが難しくなる。

⬇

◇ 実際に耕している田の面積に応じた＿＿＿＿を納めさせる仕組みが広まる。

✖ 国司の変化

◇ 地方の政治の立て直しのため、 朝廷が国司の権限を強化。

⬇

◇ 地方の政治や、 税の取り立てを任された国司を希望する貴族が増加。

➡ 不正を行う国司も増加。

※ ＿＿＿＿＿＿…10世紀末に尾張国（おわりのくに）（現在の愛知県）の国司に任命された貴族。

暴政を行ったため、 郡司（ぐんじ）や民衆から訴えられて解任。

⬇

◇ 地方の政治が乱れるようになり、 土地などをめぐる争いが多発。

11 平安(へいあん)時代の仏教と国風文化

(1) 平安時代初期の新しい仏教

✖ ＿＿＿＿…遣唐使(けんとうし)の船で中国にわたり、多くの経典を日本に持ち帰った僧。

※＿＿＿＿…最澄が開いた仏教の宗派。＿＿＿＿（京都府・滋賀県）の＿＿＿＿を中心に布教を行う。⚠

✖ ＿＿＿＿…最澄と同じく遣唐使の船で中国にわたり、密教(みっきょう)（仏教の奥深い教え）を中心に学んだ僧。

※＿＿＿＿…空海が開いた仏教の宗派。＿＿＿＿（和歌山県）の＿＿＿＿を中心に布教を行う。⚠

新しい仏教の特徴

✖ 山奥で厳しい＿＿＿＿を積むことや学問に専念することを重視。

※平城京(へいじょうきょう)の寺院や僧が、政治に深く関わったことを批判。

✖ 病気や災いを取りのぞくための祈(き)とうやまじないを取り入れる。

➡ 天皇や貴族たちに広く信仰される。

(2) 摂関政治の時期の文化

✖ **平安時代の初期** 唐風(とうふう)の文化が好まれ、漢詩文がさかんにつくられる。

⬇

✖ **平安時代の中期** 唐風の文化を基礎にしながら、日本の風土や生活、日本人の感情に合った＿＿＿＿文化が生まれる。

- ＿＿＿＿＿＿＿＿…漢字を変形させてつくられた日本独自の文字。

  安→安→あ　阿→ア

- 『＿＿＿＿』…＿＿＿＿たちが編集した和歌集。平仮名(ひらがな)（ひらがな）を使用。
- 『＿＿＿＿』…＿＿＿＿が著した長編小説。
- 『＿＿＿＿』…＿＿＿＿が著した随筆(ずいひつ)。

※紫式部と清少納言は＿＿＿＿氏出身の天皇のきさきに仕えた女性。

- ＿＿＿＿…日本の風景や季節の移り変わりなどを描いた、日本独自の絵画。
- ＿＿＿＿…季節ごとに行われる行事。日本が発祥のものや、中国から伝わってきたものなどさまざま。

- ＿＿＿＿＿＿…貴族の住居の建築様式。多くの建物が
  廊下で結ばれ、池を備えた広い庭園を
  設けた。

- 服装…唐風から日本風に変わり、貴族の男性は
  ＿＿＿＿＿＿、女性は＿＿＿＿＿＿＿＿＿＿が
  正装になる。

（3）仏教の信仰の変化

空也上人

❌ 末法（まっぽう）…仏教の力が衰えた時代。

➡ 仏教を開いた＿＿＿＿＿＿＿＿＿＿が死んでから2千年後に
始まると考えられた。

➡ 日本では、平安時代半ばの1052年が末法の始まりとされ、
人々の間に不安が広がる。

❌ ＿＿＿＿＿＿…阿弥陀仏（あみだぶつ）（阿弥陀如来（にょらい））にすがり、死後に
＿＿＿＿＿＿へ生まれ変わることを願う信仰。

- ＿＿＿＿＿＿…「南無阿弥陀仏（なむあみだぶつ）」と唱える＿＿＿＿＿＿を広めて、
  「市聖（いちのひじり）」と呼ばれた僧。

- ＿＿＿＿＿＿…父の道長とともに摂関（せっかん）政治の全盛期を築いた貴族。
  阿弥陀仏をまつる阿弥陀堂（あみだどう）として、宇治（うじ）（京都府）に
  ＿＿＿＿＿＿を建立（こんりゅう）。

⚠ ○藤原頼通
　×藤原頼道

➡ 浄土信仰は地方に広まっていき、各地で阿弥陀如来像や阿弥陀堂がつ
くられる。

平等院鳳凰堂　©平等院

飛鳥時代～平安時代

- **589 年** （　　　　　）が中国を統一する。

- **592 年** 日本最初の女性の天皇として（　　　　　　　）が即位する。

- **628 年** （　　　　　）が中国を統一する。

- **645 年** 中大兄皇子たちが蘇我氏を滅ぼして（　　　　　　　）を始める。

- **646 年** 土地と人々を国家が直接支配する（　　　　　　　）の原則が実施。

- **663 年** 百済の救援に向かった倭の軍が（　　　　　　　）で敗れる。

- **664～5 年** 九州の（　　　　　　　）を守る水城や大野城が築かれる。

- **668 年** 中大兄皇子が大津宮で即位して（　　　　　　）となる。

- **672 年** 天智天皇のあと継ぎをめぐる（　　　　　）が起こる。
  - ➡ 勝利した天智天皇の弟が即位して（　　　　　　）となる。

- **676 年** （　　　　　）が朝鮮半島を統一する。

- **694 年** 持統天皇が（　　　　　）という本格的な都をつくって、都を移す。

- **701 年** 律令国家の仕組みを定めた（　　　　　　）が完成する。

- **710 年** 都が（　　　　　）に移されて、奈良時代が始まる。

- **741 年** （　　　　　　）が国分寺・国分尼寺を建てさせる 詔 を出す。

- **743 年** 新しい開墾地の永久私有を認める（　　　　　　　）が発令。

- **759 年** 唐僧の（　　　　）が奈良に唐招提寺を建てる。

- **794 年** 桓武天皇が都を（　　　　　）に移す。

- **797 年** 桓武天皇が（　　　　　　）を征夷大将軍に任命する。

- **894 年** 菅原道真の提案によって（　　　　　）の派遣が停止される。

- **936 年** （　　　　　　）が朝鮮半島を統一する。

- **979 年** （　　　　）が中国を統一する。

- **1016 年** 摂関政治の全盛期を築いた（　　　　　　）が摂政になる。

- **1053 年** 藤原頼通が宇治に（　　　　　　）を建てさせる。

月　日（　）

確認テスト②

/50点

次の問いに答えましょう（5点×10、⑴はそれぞれ完答）。

★　⑴ 次の問いに答えなさい。

❶奈良時代に編集された歴史書を2つ書きなさい。

（　　　　　）（　　　　　）

❷平安時代に藤原氏が政治の実権をにぎるために利用した地位を2つ書きなさい。

（　　　　　）（　　　　　）

❸藤原氏出身の天皇のきさきに仕え、仮名文字を使って文学作品をつくった女性の名

前を2人あげなさい。（　　　　　）（　　　　　）

★　⑵ 飛鳥時代に政治を行った聖徳太子について、次の下線部の内容が正しい場合は〇を書

き、そうでない場合は誤っている語句を正しい語句に直しなさい。

❶役人の心得を示すため、仏教や儒教の考え方を取りこんで、十七条の憲法を定めた。

（　　　　　）

❷中国の先進的な制度や文化を日本に取り入れるため、阿倍仲麻呂を遣隋使として派

遣した。（　　　　　）

❸豪族の蘇我氏とともに仏教をあつく信仰し、現存する最古の木造建築がある東大寺

を建立した。（　　　　　）

⑶ 次の会話文の❶〜❹に当てはまる語句をそれぞれ答えなさい。

太郎さん：律令国家での民衆の暮らしは大変だったみたいだね。

花子さん：収穫した稲を納める（　❶　）の負担は他に比べて大きくなかったらしいよ。

太郎さん：地方の特産物を納める（　❷　）の負担はどうだったんだろう？

花子さん：労役の代わりの布を納める庸とあわせて（　❸　）まで自分で運んでいかな

ければならなかったのは大きな負担だったそうだよ。

太郎さん：負担が重すぎたら、民衆は（　❹　）を偽って負担が少ない女子で登録した

り、逃亡したりしてしまうよね。

花子さん：そうそう。それで班田収授法を行うのが難しくなって、❶や❷を納めさせ

る税制そのものが崩れてしまったんだね。

❶（　　　　　）❷（　　　　　）❸（　　　　　）❹（　　　　　）

今回は律令国家の成り立ちと、それが崩れていく様子を学習したよ。
政治の中心が、天皇から貴族に移り変わったことはちゃんと理解で
きたかな？　次からは、新しい勢力が政治を行うようになっていくよ。
その前に、ちょっと休憩を取ってリフレッシュしよう！

12 武士のおこりと平氏政権

(1) 武士の成長

�֍ _____…武芸を身につけた都の武官（天皇の住まいを守る役人）や地方の豪族。

朝廷や国府の警備、犯罪の取り締まりなどを担当。

➡ 都と地方を行き来しながら実力や地位を高める。

➡ 一族とその家来・従者がまとまって_____を形成。

• 惣領…武士団を率いる一族の長。

• 棟梁…大きな武士団を率いた天皇・貴族の子孫。桓武天皇の子孫に当たる_____と、清和天皇の子孫に当たる_____が有力。

• _____…939年に、関東地方で反乱を起こした武士。「新皇」と名乗ったが、朝廷側の武士団に討たれる。

• _____…939年に、瀬戸内地方で海賊などを率いて反乱を起こした武士。大宰府を攻撃したが、朝廷側の武士団に討たれる。

• _____…11世紀後半に東北地方の豪族の勢力争いから起こった_____と_____で活躍した源氏の棟梁。源氏の勢力を東日本に広げる。⚠

⭐ • _____…源氏に協力し、東北地方を支配した武士の一族。金や馬の交易で繁栄。本拠地の_____（岩手県）に_____という阿弥陀堂を建立。

(2) 土地制度の変化

✖ 荘園

…地方の有力者が、開発した土地を貴族や寺社に_____（＝寄付）。

✖ 公領

…国司が支配する土地。支配を任された、地方の有力者の影響が強くなる。

荘園の仕組み

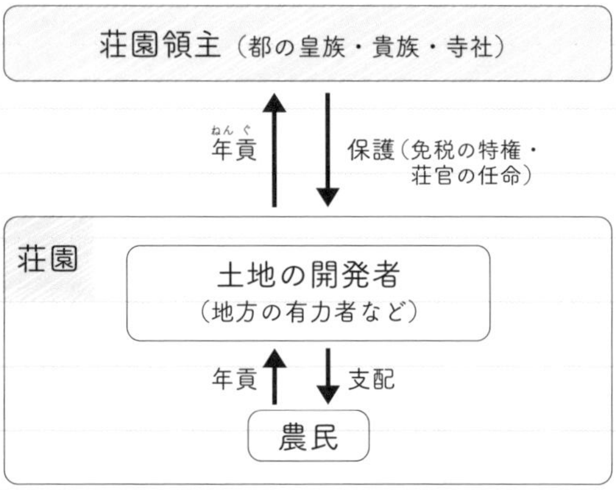

```
荘園領主（都の皇族・貴族・寺社）
       ↑年貢    ↓保護（免税の特権・荘官の任命）
荘園
   土地の開発者
   （地方の有力者など）
       ↑年貢    ↓支配
   農民
```

(3) 上皇(じょうこう)による政治

✖ ＿＿＿＿＿＿…11世紀後半に即位した天皇。藤原氏との関係が薄かったため、天皇中心の政治や荘園の整理を行う。

★ ✖ ＿＿＿＿…天皇の位を譲(ゆず)った後も＿＿＿＿として行う政治。1086年に＿＿＿＿＿＿が開始。

院政の特徴

- ＿＿＿…上皇とその住まいのこと。院政の中心。
- 寺社…上皇の保護を受けて多くの＿＿＿＿を所有。さらに＿＿＿＿という武装した僧の集団を、都へ押しかけさせて強訴(ごうそ)を行う。

ゴロ
上皇になったから
院政でも何でも
一応(1086)やろう

(4) 平氏政権の成立と崩壊

- **1156年** 政治の実権をめぐり、＿＿＿＿＿が起こる。
  ➡ 武士の協力を得た後白河(ごしらかわ)天皇が、崇徳(すとく)上皇に勝利。
- **1159年** 後白河上皇の政権内の対立から、＿＿＿＿＿が起こる。
  ➡ 武士の＿＿＿＿が＿＿＿＿を破る。
- **1167年** 平清盛が武士として初めて＿＿＿＿＿に就任。TEST

平氏政権の特徴

✖ 朝廷との関係…平清盛の娘(むすめ)が天皇の＿＿＿＿＿となり、生まれた皇子が＿＿＿＿に即位。

✖ 平氏一族…朝廷の重要な役職を独占し、多くの＿＿＿＿と公領を支配。

平氏一族（一部）

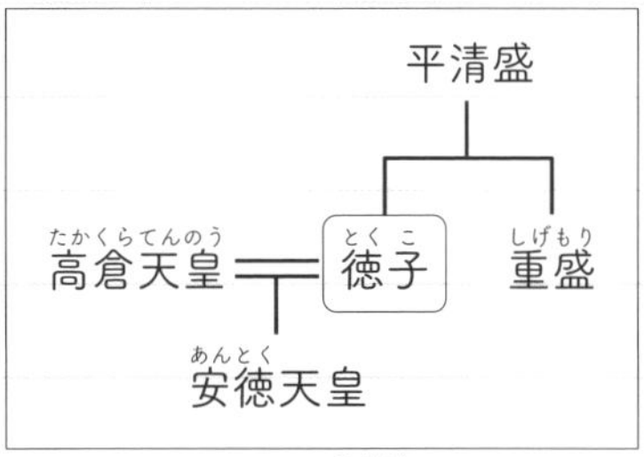

平清盛
高倉天皇(たかくらてんのう)
徳子(とくこ)
重盛(しげもり)
安徳天皇(あんとく)

※ □は女性、＝は婚姻(こんいん)関係を表す。

✖ ＿＿＿＿貿易…＿＿＿＿＿＿＿＿＿＿を整備して中国と貿易を行い、大きな利益を得る。TEST
➡ 平清盛は瀬戸内海(せとないかい)の航路を整備し、＿＿＿＿＿＿（広島県）に航海の安全を祈願。

厳島神社　写真提供：広島県

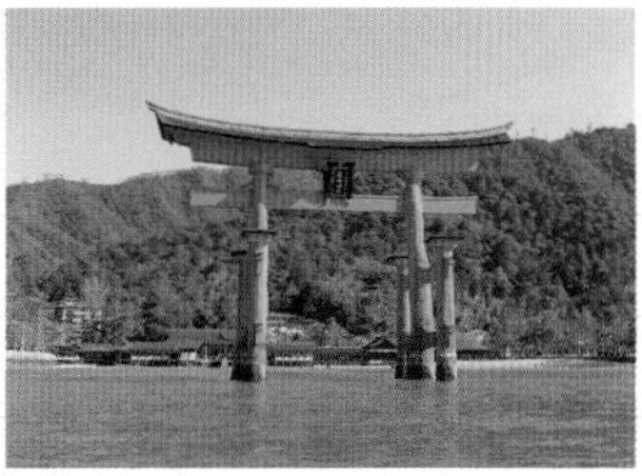

平氏の滅亡

✖ 平清盛が後白河上皇の院政を停止すると、平氏に不満を持つ武士が挙兵。

- ＿＿＿＿＿…平治の乱の後、伊豆(いず)（静岡県）に追放。挙兵後、東日本で勢力を拡大。
- ＿＿＿＿＿…源頼朝の弟。1185年の＿＿＿＿＿＿＿（山口県）に勝利して平氏を滅ぼす。

⓲ 鎌倉幕府の成立と執権政治

(1) 本格的な武家政権

★ ✖ _____幕府…_____がつくった武家政権。

TEST ○ **1185年** 国ごとに_____、荘園や公領ごとに_____を設置。

○ **1189年** 源義経をかくまった_____を滅ぼして東北を支配。

○ **1192年** 源頼朝が_____に就任。

- _____…鎌倉幕府の将軍の家来。

- _____
  …将軍が御家人に_____を新しく与えたり保護したりすることや、御家人を守護・地頭に任命すること。

  ※御家人は自分の財産であり生活の基盤となる領地を命がけで守ろうとしたため、_____という言葉が生まれる。

- _____
  …御家人が将軍のために戦うことや、_____の天皇の住まいや_____を警備する義務を負うこと。

御恩と奉公

```
         将　軍
  ↑奉公          ↓御恩 （領地）
将軍のた
めの戦闘
や警備
         御　家　人
```

鎌倉幕府の仕組み

- _____
  …御家人の統制や軍事・警察を担う役所。

- _____
  …一般の政務や財政を担う役所。

- _____
  …裁判を行う役所。

⚠ ○問注所　✖門柱所

鎌倉幕府の仕組み

```
              将　軍　評定
        〈地方〉 評定衆　執権 〈中央〉
  地頭 守護 六波羅    問注所 政所 侍所
            探題
  警察 国内 京都    （裁判）（幕府 （御家
  年貢 の軍 の警         の財 人の
  の取 事・ 備         政な 統率）
  り立 警察 朝廷         ど）
  て  御家 の監視
     人の 西日本の武士の統率
     管理
     荘園
     や公
     領の
```

(2) 武士の生活と荘園・公領

✖ _____…荘園・公領の管理や年貢の取り立てを行う武士の役職。

ゴロ
1 1 8 5
いい箱つくろう
鎌倉幕府

MEMO
鎌倉時代の女性は相続権を持っていたため、女性が地頭になることもあった。

（3）産業の発達

❊ 農業…草木の_____を肥料に使い、_____や馬を耕作に利用し、同じ耕地で米と麦を交互につくる_____を始めたため、生産力が向上。

❊ 商業…寺社の門前や交通の便利な場所で_____が月に3回開かれ、さまざまな品物を売買。

（4）北条氏による政治

○ **1202年** 源頼朝が死去し、若い源頼家が2代将軍に就任。

  ➡ 有力な御家人の_____が幕府の実権をにぎる。

○ **1203年** 源頼家の弟の_____が3代将軍に就任。

  ➡ 北条時政が_____という将軍を補佐する役職に就任。

○ **1219年** 源実朝が暗殺され、_____の将軍が途絶える。

1221年 _____が朝廷の勢力を回復するため、鎌倉幕府を倒す兵を挙げる。

  ➡ ★_____の始まり

  ⬇

源頼朝の妻の_____が御家人たちを結束させて、朝廷の軍を破る。

> ━━ 史料 ━━
>
> 「みなの者、よく聞きなさい。これが最後の言葉である。亡き頼朝公が朝廷の敵（=平氏）を倒し、幕府を開いてから、官位といい土地といい、その恩は山よりも高く、海よりも深いものである。この恩に感謝して報いたいという志が、どうして浅いものであろうか。」
>
> 『吾妻鏡』に収められている北条政子の演説（部分要約）

> **MEMO**
>
> 源実朝の暗殺後、鎌倉幕府は京都から皇族や貴族を招いて将軍にした。

○ **1232年** 執権の_____が ★_____を制定。

御成敗式目の特徴

• 内容…武士の社会の慣習をまとめたもの。⚠

• 目的…政治の判断や公正な_____の基準をつくること。

  ➡ のちの武家政治や、武士の法律の見本となる。

承久の乱の後の幕府の動き

• _____…京都に朝廷を監視するための役所を設置。

• 後鳥羽上皇…承久の乱の責任を問われて_____（島根県）へ流される。

• 上皇に味方した公家や武士…幕府が領地を取り上げ、御家人に恩賞として与える。 TEST

  ➡ 幕府の支配が_____にも広がる。

鎌倉文化と宗教

(1) 鎌倉文化

鎌倉文化の特徴

…貴族（公家）の文化を受け継ぎながら、新たな支配者の＿＿＿＿＿の気風に合った写実的で＿＿＿＿＿文化。

✖ 建築・彫刻

- ＿＿＿＿＿＿＿…源平の争乱で焼失。鎌倉時代に再建。＿＿＿＿の新しい建築様式を取り入れた雄大な建築物となる。

- ＿＿＿＿＿＿＿…＿＿＿＿＿や快慶などの仏師が制作した２体の彫刻作品。東大寺南大門の両脇に安置。

金剛力士像（阿形）　　　東大寺南大門　　　金剛力士像（吽形）

出典：東大寺（3点ともに）

- ＿＿＿＿＿＿＿…鎌倉に建てられた臨済宗の寺院の建築物。宋から伝わった禅宗様式の整った美しさが特徴。

✖ 文学・絵画

- 『＿＿＿＿＿＿』…源平の争乱を題材とした文学作品。＿＿＿＿＿＿が各地で弾き語りをしたので、文字が読めない人々にも広まる。

※　＿＿＿＿＿…武士の活躍や戦いの描写が中心となった、文学作品の総称。

- 『＿＿＿＿＿＿』…後鳥羽上皇の命令で、公家の＿＿＿＿＿＿が編集した和歌集。
- 『＿＿＿＿』…＿＿＿＿＿の随筆。人生のはかなさや無常をつづる。
- 『＿＿＿＿』…＿＿＿＿＿の随筆。民衆の生き方などを観察。
- ＿＿＿＿＿…大和絵から発達した写実的な肖像画。

(2) 鎌倉時代の宗教

✖ 新しい仏教の宗派が広まった理由 ⚠

- 平安時代の末期から戦乱や自然災害が相次ぎ、人々が救いを求めた。

- 分かりやすい教えを説いたため、人々が理解しやすかった。

- 厳しい＿＿＿＿＿を必要としなかったので、人々が受け入れやすかった。

✖ 念仏を重んじる宗派

- ＿＿＿＿＿＿＿…浄土信仰を受け継いだ＿＿＿＿＿が、一心に念仏を唱えれば誰でも極楽浄
土に生まれ変わることができると説く。

- ＿＿＿＿＿＿…法然の弟子の＿＿＿＿＿が、自分の罪を自覚した
悪人こそが救われると説く。一心一向に阿弥陀如
来の救いを信じる心を強調したことから
＿＿＿＿＿＿とも呼ばれる。

  > ⚠ ○親鸞　✖新鸞
  > ○一遍　✖一編
  > ○日蓮　✖日連

- ＿＿＿＿＿…人々に念仏の札を配った＿＿＿＿＿が開く。大勢で念仏を唱えながら踊る
＿＿＿＿＿＿＿を行って教えを広める。

✖ 題目を重んじる宗派

- ＿＿＿＿＿＿＿＿…＿＿＿＿＿が『法華経』の題目の「南無妙法蓮華経」を唱えれ
ば、国も人も救われると説く。

✖ 禅宗

- …＿＿＿＿＿で心を落ち着かせ、自力で悟りを得ることを目指す宗派。

- ＿＿＿＿＿…宋に留学した＿＿＿＿＿が伝え、鎌倉幕府に保護される。宋から持ち帰っ
た＿＿＿＿＿の栽培も日本に広めた。

- ＿＿＿＿＿…宋に留学した＿＿＿＿＿が伝える。帰国後、越前国（福井県）に移って
＿＿＿＿＿＿を建立。

鎌倉時代の宗教まとめ

宗派	浄土宗	浄土真宗（一向宗）	時宗	日蓮宗（法華宗）	臨済宗	曹洞宗
開祖	法然	親鸞	一遍	日蓮	栄西	道元
中心寺院	知恩院	本願寺	清浄光寺	久遠寺	建仁寺	永平寺
特徴	「南無阿弥陀仏」と念仏を唱えることを重視。		踊り念仏（踊念仏）で広める。	「南無妙法蓮華経」と題目を唱える。	座禅によって自らで悟りを開こうとする。	

15 モンゴルの襲来と鎌倉幕府の滅亡

(1) ユーラシア大陸の動き

✖ _____ …13世紀初めにモンゴル高原の遊牧民を統一

して _____ を建国。

➡ 歴代のハンが領土を広げて、ユーラシア大陸の東西にまたがる

大帝国に発展。

✖ _____ …モンゴル帝国の5代皇帝。都を _____

（現在の北京）に移し、国号を _____ に変

更。➡ 朝鮮半島の _____ を従属させ、

中国南部の _____ を滅ぼす。

• _____ …フビライ・ハンに仕えたイタリアの商人。

帰国後に『_____』という旅行記を著す。

➡ 日本を「黄金の国 _____」として紹介。

> **MEMO**
> 「ハン」は遊牧民が用いた君主の称号。

フビライ・ハン

(2) モンゴルの襲来とその影響

✖ _____ …13世紀後半の鎌倉幕府の執権。

日本の朝貢や従属を求めるフビライ・ハンの要求を拒否。

⬇

★ ✖ _____ … _____ 年に元軍が対馬・壱岐を攻撃した後、九州北部の _____

（福岡県）に上陸。

• _____ …元軍の戦い方。一騎ずつで戦う日本軍に不利。

•「てつはう」… _____ を使って爆発させる武器。日本軍が苦戦。

➡ 元軍は短期間で退却したが、日本側に大きな衝撃を与える。

⚠ ○文永の役
✖文栄の役
○弘安の役
✖公安の役
○元寇
✖元冠

文永の役の様子（蒙古襲来絵詞・模本）　　　　　出典：アフロ

★ ✖ _____ … _____ 年に元軍が再び九州北部を攻撃。

   ● _____ …文永の役の後、鎌倉幕府の指示で博多湾岸に築かれる。

      弘安の役で元軍の上陸をはばむ効果。

● 暴風雨…元軍に大きな損害を与える。

  ➡ 元軍が退却して戦いが終わる。

  ※ _____ …2度にわたる元軍との戦い。

御家人の不満

● 元寇に勝っても領土は増えず。

  ➡ 御家人の恩賞となる領地が不足。

● 元が3度目の日本攻撃を計画。

● 分割相続のくり返し。

  ➡ 御家人の領地が小さくなって生活が困難に。

         ➡

● _____ …1297年に鎌倉幕府が出した法令。

> ─ 史料 ─
> ・領地を借金のかたとして質屋に取られたり、売買したりすることは、御家人の生活が苦しくなるもとなので、今後は禁止する。
> ・御家人ではない武士や庶民が買った御家人の領地については、何年前のものであっても関係なく返すようにせよ。
> 徳政令の内容（部分要約）

         ➡

徳政令の効果は一時的なものだったので、御家人の不満が高まった。⚠

（3）鎌倉幕府の滅亡

✖ _____ …鎌倉幕府や荘園領主に従わない武士。

★ ✖ _____ …14世紀前半に即位した天皇。

政治の実権を朝廷に取りもどすため、倒幕を計画。

  ➡ 計画が露見して_____（島根県）へ流される。

    ➡ 隠岐を脱出した後、幕府に不満を持つ悪党や御家人に呼びかけて、倒幕を実現。

● _____ …河内国（大阪府）の悪党。

● _____ …有力な御家人。後醍醐天皇の呼びかけに応じて、六波羅探題を攻撃。

● _____ …有力な御家人。後醍醐天皇の呼びかけに応じて、

      _____ 年に鎌倉幕府を滅ぼす。

⑯ 南北朝時代と室町幕府の成立

(1) 後醍醐天皇の政治

✦ ✖ ＿＿＿＿＿＿＿＿…1334年に後醍醐天皇が始めた天皇中心の政治。

　　　　➡ これまでのしきたりを無視して新しい政策を行ったため、武士などの不満

　　　　　が高まる。⚠

　　• 二条河原＿＿＿＿＿＿…建武の新政による混乱を風刺した文章。

　　　　　　　　　　　　　⬇

✖ ＿＿＿＿＿＿＿＿…武家政権の復活を目指して挙兵。

　　　➡ 新田義貞や楠木正成を破って、京都を占領。

　　　➡ わずか＿＿＿＿年ほどで建武の新政が崩壊。

(2) 南北朝の動乱

✖ ＿＿＿＿＿＿＿…足利尊氏が＿＿＿＿＿＿で新しい天皇を即位させてつくった朝廷。

✖ ＿＿＿＿＿＿＿…＿＿＿＿＿＿（奈良県）に移った後醍醐天皇がつくった朝廷。

　➡ 北朝と南朝が、互いに正統性を主張して争う＿＿＿＿＿＿＿時代へ。

　　➡ 全国の武士が2つの勢力に分かれて、約＿＿＿＿＿＿年間戦う。

南北朝時代の地方の動き

✖ ＿＿＿＿＿＿＿…鎌倉時代に国内の軍事・警察を担当した役職。

　➡ 国内の武士をまとめあげて、＿＿＿＿＿＿＿に代わり一国を支配するよう

　　になった守護が＿＿＿＿＿＿＿＿となる。

> **MEMO**
> 中国地方の大内氏など複数の国を支配した守護大名もいた。

(3) 室町幕府の成立と仕組み

> **ゴロ**
> 1 3 3 8
> いざみやこで室町幕府を開くぞ!

✖ ＿＿＿＿＿＿＿＿…1338年、北朝の天皇から＿＿＿＿＿＿＿＿＿に任命され

　　た足利尊氏が＿＿＿＿＿＿につくった武家政権。

> ⚠ ○管領
> ✖菅領
> ✖官領

　• ＿＿＿＿＿＿…将軍の補佐役。有力な＿＿＿＿＿＿＿＿

　　を任命。

　• ＿＿＿＿＿＿＿…関東地方に置かれた地方機関。長官

　　の＿＿＿＿＿＿＿＿は足利氏の一族が任

　　じられ、＿＿＿＿＿＿＿＿が補佐。

室町幕府の仕組み

〈中央〉─ 将軍 ─ 管領 ─ 侍所（武士の統率 京都の警備）
　　　　　　　　　　　政所（幕府の財政）
　　　　　　　　　　　問注所（記録・裁判）

〈地方〉─ 鎌倉府（関東8か国と伊豆、甲斐の支配）長官は鎌倉公方、補佐は関東管領
　　　　　守護・地頭

◎ 室町幕府の収入

- 営業税…金融業者を保護して税を徴収。

    - _____…質入れした品物を保管する倉庫を持った金融業者。

    - _____…金融業を兼業していた酒類の製造・販売業者。

- 通行税…交通の要所に_____を設けて、通行者から税を徴収。

(4) 南北朝の統一と朝貢貿易

★ ✖ _____…室町幕府の3代将軍。守護大名の力をおさえて、

幕府の全国支配を確立。

足利義満

足利義満の内政

◎ _____…京都の室町につくられた将軍家の邸宅。

➡ _____という名前の由来。

◎ 南北朝の統一…_____年、足利義満の仲介で、南朝の天皇が北

朝の天皇に位をゆずることによって実現。

> **ゴロ**
> 南北朝の統一で、
> いざ国を1つに!

◎ 太政大臣の就任…足利義満は_____にも勢力を広げて、さまざまな

権限を取得。

足利義満の外交

◎ _____…14世紀後半、漢民族が元の勢力を北へ追い払って建国。

◎ _____…中国や朝鮮半島の沿岸で活動した海賊。日本人や中国人、朝鮮人が密貿易や

海賊行為を行う。

> ⚠ ○倭寇
> ✖和寇

↓

◎ _____…1404年に開始された中国との正式な貿易。

★ • _____…正式な貿易船に与えられた証明書。

勘合

TEST ※正式な貿易船と_____の船を区別する目的があった。

- _____…周辺諸国が中国の皇帝にみつぎ物をおくり、返礼として

多くの物を与えられること。

※足利義満は明から「日本国王」に任じられ、明の皇帝の臣下として貿易を行った。

- 日本の輸入品…品物の売買に使う_____が多かった。

- 貿易の実権…15世紀後半、_____（大阪府）の商人と結んだ細川氏や、_____（福岡県）

の商人と結んだ大内氏など、守護大名がにぎる。

17 室町時代の東アジアと産業・民衆

(1) 交易で結ばれる東アジア

✳ ＿＿＿＿＿＿＿＿…14世紀末に＿＿＿＿＿＿が高麗を滅ぼして建国。

・＿＿＿＿＿＿…朝鮮でつくられた独自の文字。

・日朝貿易…日本は＿＿＿＿＿＿＿＿や仏教の経典などを輸入。

➡ のちに、対馬の守護大名の宗氏が日朝貿易を独占。

✳ ＿＿＿＿＿＿＿…15世紀初めに沖縄島を統一した中山王の尚氏が建国。都は＿＿＿＿＿。

・＿＿＿＿＿貿易…琉球の立地を生かして日本・中国・朝鮮・東南アジアに船を送り、各地の産物をやり取りすることで利益を得る貿易。

中継貿易の交易路

✳ ＿＿＿＿＿＿…室町時代の北海道の呼び名。狩りや漁を営む＿＿＿＿＿民族（＿＿＿＿＿の人々）が＿＿＿＿＿文化を形成。

・コシャマイン…和人（本州の人々）との交易をめぐって、15世紀半ばに戦いを起こしたアイヌ民族の首長。

⚠ ○琉球
× 流求
○和人
× 倭人

(2) 室町時代の産業の発達

✳ 農業…＿＿＿＿＿＿が西日本を中心に広がり、＿＿＿＿＿＿を利用したかんがいが行われるようになったため、さらに生産力が向上。

✳ 手工業…職人の種類が増加。

・＿＿＿＿＿（京都市）・＿＿＿＿＿（福岡市）…絹織物。

・＿＿＿＿＿（愛知県）…陶器。

✳ 商業…＿＿＿＿＿＿が開かれる日数が月6回に増え、品物の売買に明の「洪武通宝」や「永楽通宝」などの＿＿＿＿＿＿＿＿を使用。

★ ・＿＿＿＿＿…商人や手工業者の同業者団体。公家や寺社などに税を納め、その代わりに営業を独占する権利を認められる。 TEST

❊ 流通業…商業の発達とともに、 品物の輸送を専門とする人々が活躍。

- _____…馬を利用して年貢などの物資を輸送した運送業者。

    荷車を利用する_____も活動。

    馬借

- _____…港町などで、 運送業と倉庫業の両方を営ん

    だ業者。

（3）民衆の団結と自立

室町時代の民衆

「自分たちの力で解決する」 という考えが一般的。

❊ _____…共通の利害を持つ人々が、 平等の立場で神仏の前で誓い合って、

    共に行動すること。

⚠ ○一揆
× 一発
× 一気

★ • _____

    …1428年、 近江国（滋賀県）の_____が中心となり、 室町幕府に借金を帳消しにす

    る_____を求めた一揆。 ➡ 多くの民衆が金融業者の土倉と酒屋を襲撃。

- _____

    …1485年、 京都府南部の武士と農民が協力して、 山城国の守護大名の畠山氏の軍勢を

    追い払う。 ➡ その後、 8年間にわたって自治を行う。⚠

- _____

    …1488年、 石川県で_____を信仰する武士や農民が、 加賀国の守護

    大名の富樫氏を滅ぼす。 ➡ その後、 100年間にわたって自治を行う。⚠

農村の自治

❊ _____…室町時代の農村の自治組織。 有力な農民などが運営。

- ➡ 領主に対して、_____の納入をひとまとめに請け負ったり、 軽減を要求したりした。

- _____…惣の会議。 農村のさまざまなことを話し合った。

- 村の_____…寄合での話し合いで定められた農村の決まり。

都市の自治

京都や_____（大阪府）、_____（福岡市） などで行われる。

❊ _____…応仁の乱によって中断した後、 町衆の努力によって復興された京都の祭礼。

18 戦乱の世と室町文化

(1) 室町幕府の弱体化

✖ ＿＿＿＿＿…地方を支配し、管領など室町幕府の要職に任じられた武士。

➡ 3代将軍＿＿＿＿＿の後、将軍の統制が及ばなくなる。

★ ✖ ＿＿＿＿＿…8代将軍＿＿＿＿＿の後継者問題が原因で起こる。

⬇

◎ **1467年** 有力な守護大名の細川氏と山名氏が、東西両軍に分かれて戦う。

➡ 11年も続いた戦いによって＿＿＿＿が焼け野原になる。

➡ 戦乱は地方にも広がり、幕府の影響力が衰える。

ゴロ
人の世のむなしさを伝える応仁の乱

★ ●＿＿＿＿＿

TEST …下の身分の者が上の身分の者を実力によって倒すこと。

➡ 応仁の乱によって、全国にこの風潮が拡大。

(2) 戦乱の世の日本

✖ ＿＿＿＿＿…室町幕府から自立して国を支配し、国内の武士を家臣として従えた大名。出身は守護大名やその家来、地方の有力武士、商人などさまざま。

✖ ＿＿＿＿＿…15世紀末~16世紀末、戦国大名が互いに争った時代。

戦国大名の支配

✖ ＿＿＿＿＿…戦国大名の本拠地である＿＿＿の周辺に、家臣や商工業者を集めてつくった町。

ex 朝倉氏の＿＿＿＿＿（福井県）

北条氏の＿＿＿＿＿（神奈川県）

MEMO
戦国時代に関東地方を支配した北条氏と、鎌倉時代に執権政治を行った北条氏は無関係。

✖ ＿＿＿＿＿…戦国大名がつくった独自の法律。

- 武士や農民の統制…けんか両成敗や、他国との結婚（おくり物、手紙）の制限など。
- 国内の支配の徹底…荘園領主の支配を否定。

➡ 戦国大名に荘園を奪われた天皇、公家、寺社などが衰退。

✖ ＿＿＿＿＿…島根県の銀山。戦国大名の保護下で博多の商人が開発。

➡ 中国を経て世界各地に銀を輸出。

⚠ ○石見銀山
×岩見銀山

✖ ＿＿＿＿＿…甲斐国（山梨県）などを支配した戦国大名。国内の発展のために治水工事を行って＿＿＿＿＿＿をつくる。

（3）室町文化

室町文化の特徴

TEST
- ＿＿＿＿＿＿＿の文化と＿＿＿＿＿＿＿＿の文化が混じり合う。
- 室町幕府が保護した＿＿＿＿＿＿＿宗の影響を受ける。

✖ ＿＿＿＿＿＿…3代将軍＿＿＿＿＿のころに
栄えた文化。

金閣

- ＿＿＿＿＿…足利義満が京都の＿＿＿＿の別荘
に建てた建物。上層は禅宗寺院の建築様式、
下層は＿＿＿＿＿。
- ＿＿＿＿＿…足利義満が保護した＿＿＿＿＿と
＿＿＿＿＿の親子が大成した芸能。

✖ ＿＿＿＿＿＿…8代将軍＿＿＿＿＿のころに
栄えた文化。

銀閣

- ＿＿＿＿＿…足利義政が京都の＿＿＿＿の別荘
に建てた建物。
- 東求堂同仁斎（とうぐどうどうじんさい）…銀閣と同じ敷地にある足利義
政の書斎。ゆかに＿＿＿＿＿を敷き、仕切り
に＿＿＿＿＿＿＿を用いる
★ ＿＿＿＿＿を採用。
- ＿＿＿＿＿…墨（すみ）一色で表現する絵画。明で学
んだ禅僧の＿＿＿＿＿が帰国後に大成。
- ＿＿＿＿＿…砂や岩で自然を表現した庭園。

民衆の間に広がる文化

書院造

✖ ＿＿＿＿＿…能の合間に演じられたこっけいな喜劇。

✖ ＿＿＿＿＿＿＿＿＿＿
…民衆向けの絵入りの物語。「一寸法師（いっすんぼうし）」「浦
島太郎（しまたろう）」「物（もの）ぐさ太郎」などは現代でも有名。

✖ ＿＿＿＿＿…それまでの主流だった麻に加えて、
15世紀後半から民衆の衣服の材
料として用いられるようになる。

平安時代～室町時代

- **939**年　（　　　　　　　　）が関東地方で反乱を起こし、「新皇」と名乗る。

- **1086**年　白河上皇が（　　　　　　）を始める。

- **1156**年　崇徳上皇と後白河天皇が対立して（　　　　　　　）が起こる。

- **1159**年　（　　　　　　　　）が起こり、平清盛が源義朝を破る。

- **1167**年　平清盛が武士として初めて（　　　　　　　）に就任する。

- **1192**年　（　　　　　　　　）が征夷大将軍に就任する。

- **1206**年　（　　　　　　　　　）がモンゴル帝国を建てる。

- **1221**年　（　　　　　　　　）が起こり、後鳥羽上皇が鎌倉幕府の軍勢に敗れる。

- **1232**年　鎌倉幕府の北条泰時が（　　　　　　　　　　　）を制定する。

- **1271**年　（　　　　　　　　　）が国号を元に改める。

- **1274**年　元軍が九州北部に侵攻して（　　　　　　）が起こる。

- **1281**年　元軍が再び九州北部に侵攻して（　　　　　　）が起こる。

- **1297**年　鎌倉幕府が御家人の救済のために（　　　　　　　）を出す。

- **1333**年　（　　　　　　　　　）の呼びかけに応じた悪党や御家人たちの攻撃によって、鎌倉幕府が滅ぶ。

- **1334**年　（　　　　　　　　　）と呼ばれる天皇中心の政治が始まる。
  - ➡ 足利尊氏の挙兵によって2年ほどで崩壊。

- **1392**年　室町幕府の足利義満の仲介によって（　　　　　　　）が統一される。

- **1404**年　室町幕府の足利義満が、中国と（　　　　　　　　）貿易を始める。

- **1428**年　近江国の馬借が中心となって（　　　　　　　　）を起こす。
  - ➡ 民衆が室町幕府に徳政令を要求。

- **1429**年　中山王の尚氏が沖縄島を統一して（　　　　　　　　）を建てる。

- **1467**年　室町幕府の足利義政の後継者問題が原因となって（　　　　　　　）が始まる。
  - ➡ （　　　　　　　）の風潮が広まり、各地に戦国大名が登場。

月　日（　）

確認テスト③

/50点

次の問いに答えましょう（5点×10、(3)は完答）。

(1) 次の問いに答えなさい。

❶広島県にあり、日宋貿易を行った平清盛が貿易船の航海の安全を祈願した神社を何といいますか。　　　　　　　　　　　　　　（　　　　　　　　）

❷鎌倉時代に浄土真宗を開いたのは誰ですか。　（　　　　　　　　）

❸室町時代に❷を信仰した武士や農民などが団結して、自分たちの要求を通すために立ち上がったことを何といいますか。　　　　　　（　　　　　　　　）

❹戦国大名がつくった独自の法律を何といいますか。（　　　　　　　　）

(2) 鎌倉幕府と室町幕府の仕組みについて、次の問いに答えなさい。

❶鎌倉幕府の将軍が御家人に対して、以前から所有する領地を保護したり、新しい領地を与えたりしたことを何といいますか。　　　　　　（　　　　　　　　）

❷室町幕府の将軍が軍事費の徴収などの強い権限を与えたため、一国を支配するようになった守護を何といいますか。　　　　　　　　（　　　　　　　　）

❸鎌倉幕府と室町幕府で、それぞれ将軍を補佐した役職を何といいますか。

鎌倉幕府（　　　　　　）　室町幕府（　　　　　　）

❹鎌倉幕府が設置した六波羅探題の目的を、次のア〜エから選び、記号で答えなさい。

ア　東北地方の政治や軍事　　イ　関東地方の支配

ウ　京都にある朝廷の監視　　エ　九州地方の政治や防衛　　　　（　　　）

(3) 次の❶〜❸をつくった人物とその場所をあとのア〜クからそれぞれ選び、記号で答えなさい。

❶金閣　　❷中尊寺金色堂　　❸金剛力士像

ア　運慶・快慶　　イ　奥州藤原氏

ウ　足利義政　　エ　足利義満

オ　北山　　カ　東大寺南大門

キ　東山　　ク　平泉

人物　　　場所

金閣（　　　）（　　　）

中尊寺金色堂（　　　）（　　　）

金剛力士像（　　　）（　　　）

ここまでお疲れさま！　武士が政治の中心になっていく流れを学んだけど、平氏政権、鎌倉幕府、室町幕府のちがいはしっかりおさえておこう。ちなみに、室町時代は茶の湯が広まった時代でもあるんだよ。

19 中世のヨーロッパとイスラム世界

(1) 中世ヨーロッパ世界の成立

- ______帝国…紀元前1世紀に共和政から帝政に移行。
  - ➡ 4世紀に分裂。
  - ______帝国…イタリア半島を中心に成立。5世紀に滅亡。
  - 東ローマ帝国…______帝国とも呼ばれる。______（現在のイスタンブール）を都として、領土を拡大。
- ______…4世紀末にローマ帝国の国教とされた。
  - ______…西ヨーロッパに広がり、諸国の王を従える権威を持った教会。首長は______。
  - ______…ビザンツ帝国と結びついて、大きな勢力を持った教会。
- ______…イスラム勢力に占領された聖地______を奪回するために送られた遠征軍。
  - ➡ 11世紀末、______の呼びかけで開始。
    - ➡ 西ヨーロッパ諸国の王や貴族が参加して、何度も遠征したが、聖地の奪回は失敗に終わる。
      - ➡ イスラム世界との交渉を通じて、中国起源の紙や火薬が伝来。⚠

MEMO
「十字」とは、キリスト教のシンボルである十字架のこと。

十字軍

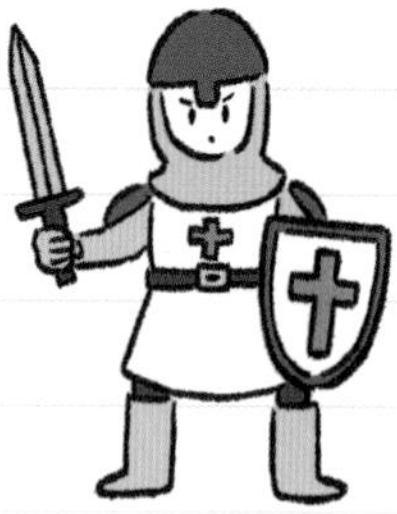

(2) イスラム世界の拡大

- ______帝国…チンギス・ハンが建国。チンギスやその子孫が西アジアを征服し、13世紀半ばにイスラム世界を支配する。
- ______帝国…トルコ系の民族が建てたイスラム国家。
  - ➡ 15世紀半ばにビザンツ帝国を征服し、その都を______と改名。
- ______帝国…モンゴル系の民族が建てたイスラム国家。17世紀後半に______の大部分を征服。

（3）中世から近世に移り変わるヨーロッパ

⭐ ✳ ＿＿＿＿＿＿＿＿

…14〜16世紀の西ヨーロッパに広がった、人間の個性や自由を表現しようとする芸術活動。文芸復興とも呼ばれる。

※ ＿＿＿＿＿＿＿…黒死病（こくしびょう）とも呼ばれる流行病。14世紀のヨーロッパで大流行。

➡ 多くの死者が出て、生きる意味に関する新しい考えがめばえたことがルネサンスにつながる。

- ルネサンスの理想…人間の生き生きした姿を描写した＿＿＿＿＿＿＿以前の

古代＿＿＿＿＿＿やローマの文化。

  ex 「春」…ルネサンスの画家ボッティチェリの作品。

ギリシャ・ローマ神話の三美神と女神ビーナスが描かれる。

- ＿＿＿＿＿＿＿…ルネサンスが始まった地域。

  ex ＿＿＿＿＿＿＿＿＿…芸術や科学など多方面で業

績を残したイタリアの人物。1人の女性がほほえむ様子をその

まま描いた「＿＿＿＿＿＿＿」はとくに有名。

モナ・リザ

⭐ ✳ ＿＿＿＿＿＿＿＿

…16世紀の西ヨーロッパで広がった、キリスト教の改革運動。

◎ 教皇がローマの大聖堂修築を計画。

➡ 購入すれば罪が許される＿＿＿＿＿＿を販売し、資金を集める。

↓

◎ 各地に＿＿＿＿＿＿＿＿＿（=教皇やカトリック教会に「抗議する者」という意味）が出現。

- ＿＿＿＿＿＿…ドイツで＿＿＿＿＿のみが信仰のよりどころと主張。⚠

- ＿＿＿＿＿＿…スイスで神の救いを信じて職業に励むべきと主張。

↓

◎ 西ヨーロッパ諸国が2つの勢力に分かれて対立。宗教戦争も発生。

- ＿＿＿＿＿＿ ＼TEST／ …カトリック教会がプロテスタントに対抗してつくった組織。

海外で布教を行って勢力を拡大。

20 大航海時代とヨーロッパ人の海外進出

(1) 大航海時代

✖ ヨーロッパ人の海外進出の背景

- 遠洋航海の実現

…中国から伝わった羅針盤(らしんばん)の実用化などに成功。

TEST
- ＿＿＿＿の需要

…＿＿＿＿＿＿＿＿商人から買うアジア産のこしょうなどが高価。

➡ 直接アジアに行って安価で入手する必要性があった。

- ＿＿＿＿＿＿の布教

…15世紀後半、イベリア半島からイスラム勢力を追い払った＿＿＿＿＿＿とスペインが、アジアに向かう新しい航路を開拓。

MEMO
「ムスリム」とはイスラム教徒を指す言葉。

✖ 新航路の開拓⚠

- ＿＿＿＿＿＿＿＿

…1492年、スペインの支援で大西洋を横断し＿＿＿＿＿大陸付近の西インド諸島に到達。

➡「新大陸」の発見につながる。

- ＿＿＿＿＿＿＿＿

…1498年、ポルトガルからアフリカ大陸南端の＿＿＿＿を経由して、インドに到達。

➡ ヨーロッパから直接アジアに向かう航路の開拓に成功。

- ＿＿＿＿＿＿＿＿

…1522年、船隊が初めて世界一周に成功。

➡ 地球が＿＿＿＿であることが証明される。

MEMO
・コロンブス自身はアジアのインドに到達したと考えていた。
・マゼランが航海中にフィリピンで死亡した後、船隊の部下たちが世界一周をなしとげた。

大航海時代の航路

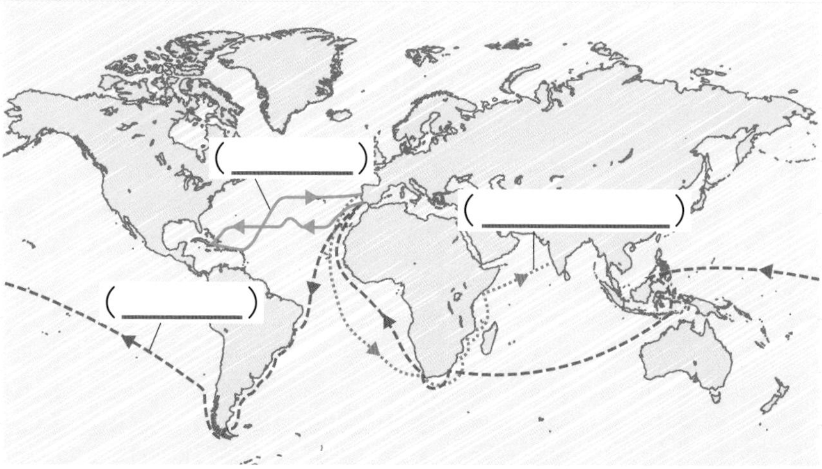

(2) ヨーロッパ人によるアメリカ大陸の征服

✖ ＿＿＿＿＿＿＿

…現在のメキシコ周辺で栄えた先住民の国。⚠

✖ ＿＿＿＿＿＿＿

…現在のペルー周辺で栄えた先住民の国。⚠

• ＿＿＿＿＿＿＿＿…高度な技術でつくられた石造建築のあとが残る、インカ帝国の遺跡。

↓

◎ 16 世紀前半 ＿＿＿＿＿＿＿が武力でアメリカ大陸の先住民の文明を滅ぼす。

↓

◎ スペインやポルトガルが、アメリカ大陸に＿＿＿＿＿を築いて支配。

• ＿＿＿＿＿＿＿＿…ヨーロッパ人が開いた大農園。

さとうきびなどをヨーロッパへ輸出。

• ＿＿＿＿＿＿＿＿…ポトシ銀山（ボリビア）などで大量に採掘。

↓

◎ 強制労働者やヨーロッパ人が持ちこんだ伝染病で先住民の人口が激減。

↓

TEST ◎ ヨーロッパ人がアフリカ大陸から連れてきた＿＿＿＿＿を労働力として使用。

(3) ヨーロッパ諸国の繁栄

✖ ポルトガル

…アジアとの貿易を展開。日本
にも進出。

✖ ＿＿＿＿＿＿＿

…アメリカ大陸で得た大量の銀
で繁栄。アメリカ大陸とアジ
アを結ぶ貿易も展開。

➡ 16 世紀後半にポルトガル

を併合して「＿＿＿＿の沈まない帝国」と称される。（のちにポルトガルは独立を回復。）

✖ ＿＿＿＿＿＿＿

…16 世紀末にスペインから独立。17 世紀初めに東インド会社を設立。

大西洋の三角貿易

	毛織物	
アメリカ大陸	←	ヨーロッパ
	銀・砂糖 →	

奴隷　　　武器・雑貨

金・象牙

アフリカ

21 ヨーロッパ人の来日と織田信長の統一事業

(1) ヨーロッパ人がもたらしたもの

- **16世紀半ば** ヨーロッパ人が中国をめぐる中継貿易に参入。

  ※マカオ…ポルトガル人が明から居留を許された地域。

- **1543年** _____（鹿児島県）に中国人の船が漂着。

  ➡ 船に乗っていた_____人が日本に_____を伝える。

  ➡ _____（大阪府）や_____（滋賀県）で鉄砲を大量生産。⚠

  ➡ _____の戦い方や_____の構造に大きな変化。

- **1549年** イエズス会の宣教師 ✦ _____が鹿児島に上陸。

  ➡ 日本に初めて_____を布教。

  ➡ ザビエルに続いて来日したイエズス会の宣教師たちが布教活動と並行し、_____の建設などの慈善事業も行う。

  ➡ 日本人の_____（＝キリスト教の信者）が増加。

> ゴロ
> 以後、予算を組んで鉄砲をつくるぞ
> ⚠ ○種子島
> ✕ 種ヶ島

> ゴロ
> ザビエル以後、よく広まったキリスト教

ザビエル

(2) ヨーロッパ人との貿易

- ✖ _____…来日したポルトガル人やスペイン人の呼び名。

- ✖ _____…南蛮人が行った日本との貿易。

  - 日本の輸出品…おもに_____。⚠

  - 日本の輸入品…中継貿易を行う南蛮人から、各地の産物を購入。

    • 明の産物…_____や絹織物など。

    • ヨーロッパの産物…鉄砲や_____、時計、ガラス製品など。

- ✖ _____…南蛮貿易の利益を得るため、キリスト教の信者になった戦国大名。

  • 天正遣欧少年使節…九州のキリシタン大名が_____のもとへ派遣した使節。

（3）織田信長の統一事業

○ **1560年** ＿＿＿＿＿＿＿＿＿＿＿（愛知県）が起こる。

> ➡ 尾張国（愛知県）の戦国大名＿＿＿＿＿＿＿＿＿が駿河国（静岡県）の戦国大名＿＿＿＿＿＿＿を破る。

⚠ ○桶狭間の戦い ×桶峡間の戦い

● 織田信長は「＿＿＿＿＿＿」（＝武力による天下統一）を掲げて勢力を拡大。

○ **1568年** 信長が京都に上り、＿＿＿＿＿＿＿を15代将軍に就任させる。

○ **1571年** 信長が＿＿＿＿＿＿＿＿＿＿（京都府・滋賀県）を焼き討ちする。

○ **1573年** 信長が＿＿＿＿＿＿＿を滅ぼす。

> ➡ 対立した足利義昭を京都から追放。

ゴロ
室町幕府の滅亡以後、涙が止まらない義昭

★ ○ **1575年** ＿＿＿＿＿＿＿＿＿＿（愛知県）が起こる。

> ➡ 信長が、甲斐国（山梨県）の戦国大名＿＿＿＿＿＿＿を破る。

⚠ ○長篠の戦い ×長條の戦い

> TEST ※長篠の戦いでは、信長が三河国（愛知県）の戦国大名＿＿＿＿＿＿と連合軍を組み、＿＿＿＿を有効に活用して戦った。

○ **1576年** 信長が本拠地として＿＿＿＿＿＿（滋賀県）を琵琶湖のほとりに築く。

○ **1580年** 信長が＿＿＿＿＿＿＿を屈服させる。

> ➡ 一向一揆の本拠地だった＿＿＿＿＿＿＿＿（大阪府）が降伏。

○ **1582年** ＿＿＿＿＿＿＿＿（京都府）が起こる。

> ➡ 家臣の＿＿＿＿＿＿＿の反乱によって、信長が自害。

織田信長の戦い

◪ 1560年（桶狭間の戦い）ごろの統一地域
◪ 1582年（本能寺の変）ごろの統一地域
→ 信長軍の進路

比叡山延暦寺　安土
京都（本能寺の変）
桶狭間の戦い
長篠の戦い
尾張
石山本願寺

⚠ ○明智光秀 ×明知三秀

織田信長の政策

✖ ＿＿＿＿＿＿の廃止…交通を自由にして、商品の流通をさかんにした。

✖ ＿＿＿＿＿＿＿…市の税を免除し、特権を持っていた＿＿＿＿＿を廃止。 _TEST_

> ※商工業を活発にする目的で、美濃（岐阜県）や安土（滋賀県）の＿＿＿＿＿で実施。

✖ 自治都市の支配…京都や＿＿＿＿＿（大阪府）の自治権を取り上げて、経済力を強化。

✖ ＿＿＿＿＿＿＿の保護…比叡山延暦寺や一向一揆などの＿＿＿＿＿勢力への対抗と＿＿＿＿＿＿＿による利益が目的。

22 豊臣秀吉の統一事業と桃山文化

(1) 豊臣秀吉の統一事業

- **1582年** 織田信長の家臣＿＿＿＿＿＿が、山崎の戦い（京都府）で、本能寺の変を起こした＿＿＿＿＿＿を破る。
- **1583年** 秀吉が本拠地として＿＿＿＿＿（大阪府）を築く。
- **1585年** 朝廷が秀吉を＿＿＿＿に任命する。
- **1590年** 関東地方の戦国大名＿＿＿＿＿＿が降伏。
  - ➡ 秀吉による全国統一が完成。
  - ➡ その後、秀吉は海外進出を開始。

> ゴロ
> 1 5 9 0
> 一国を丸くまとめた豊臣秀吉

> ⚠ ○文禄の役
> ✕文緑の役

- **1592~93年** ＿＿＿＿＿の役
  - ➡ ＿＿＿＿＿の征服を目指して＿＿＿＿＿＿＿に大軍を派遣。⚠
    - ➡ 首都の＿＿＿＿＿（現在のソウル）を占領。
      - ➡ 明の援軍や朝鮮の民衆の抵抗運動のために苦戦。
        - ※＿＿＿＿＿…日本軍と戦った朝鮮の水軍の将軍。
- **1597~98年** ＿＿＿＿＿の役
  - ➡ 明との講和が成立しなかったため、秀吉が再び大軍を派遣。
    - ➡ 各地で日本軍が苦戦。
      - ➡ 秀吉が死去したために撤退。

豊臣秀吉の政策

- ✶ ＿＿＿＿＿＿…統一的な基準で全国の田畑を調査。
  - 検地に使うものさしやますを統一。
  - 収穫高の予測を＿＿＿＿（＝米の体積）で示す。
  - 実際に耕作する百姓を＿＿＿＿＿に登録。
- TEST ➡ 百姓は土地を耕す権利を認められる代わりに、＿＿＿＿を納める義務を負う。
  - ➡ 荘園領主が持っていた土地の権利を否定。
    - ➡ ＿＿＿＿＿が消滅。

> MEMO
> 「太閤」は関白を辞めた人のこと。豊臣秀吉はおいの秀次に関白をゆずったので「太閤」と称された。

検地の様子　　検地に使われたます

✖ ＿＿＿＿…百姓や寺社から武器を没収。

史料

一　諸国の百姓が＿＿＿やわきざし、弓、やり、＿＿＿＿、その他の武具を持つことは固く禁止する。その理由は、不必要な武具をたくわえて、＿＿＿＿を納めなくなったり、＿＿＿＿を起こしたりした者が処罰されて田畑を耕す者がいなくなれば、土地がむだになるからである。　刀狩令（要約）

✖ ＿＿＿＿＿＿…TEST 太閤検地と刀狩によって、武士と百姓の身分の区別が明らかになったこと。

✖ ＿＿＿＿＿＿…キリスト教の宣教師を国外に追放する命令。

- **原因** 九州のキリシタン大名が＿＿＿＿をイエズス会に寄進したことなど。
  - ➡ キリスト教の布教と一体化していた＿＿＿＿＿を禁止できなかったので、キリスト教の禁止は不徹底に。

MEMO
桃山は、豊臣秀吉が築いた伏見城（京都府）があった地名。

(2) 桃山文化

姫路城

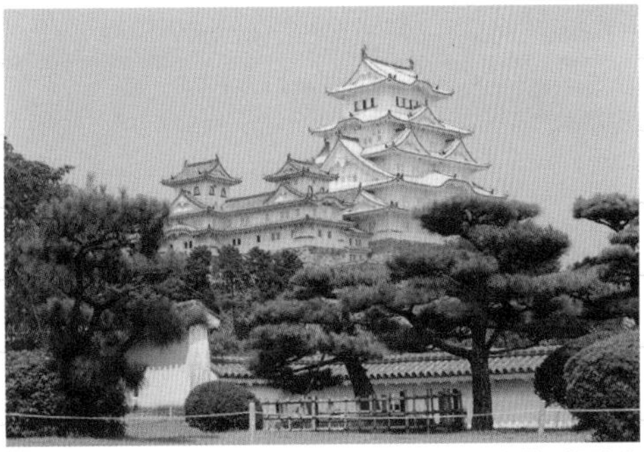

提供：姫路市

✖ ＿＿＿＿＿＿　※織田信長と豊臣秀吉が活躍した時代。

✖ ＿＿＿＿＿

…安土桃山時代の文化。TEST 大名の権力と豪商の富を背景とした、壮大で豪華な文化。

- 城…高い＿＿＿＿や巨大な石垣で支配者の権力を示す。＿＿＿＿（兵庫県）は世界文化遺産。
- ＿＿＿＿＿…弟子の山楽とともに、城内のふすまや屏風に金ぱくを用いた絵を描く。
- ＿＿＿＿…大名や豪商の交流に利用。
  信長や秀吉に仕えた堺出身の茶人の＿＿＿＿がわび茶の作法を完成させて、茶道に高める。

✖ 民衆の生活と文化では、今を積極的に楽しむ風潮が広がる。

- ＿＿＿＿＿…17世紀初め、＿＿＿＿＿という女性が始める。

✖ ＿＿＿＿＿

…来日したヨーロッパ人との交流から広まった文化。

- 活版印刷術…『平家物語』など日本の書物をローマ字で印刷。
- 言葉…ヨーロッパ人が使う単語を、日本語として使用。

23 江戸幕府の成立と大名統制

(1) 徳川氏の武家政権

★ ✖ ＿＿＿＿＿＿…三河国（愛知県）の戦国大名。豊臣秀吉の死後、政治への影響力が強大化。

✖ ＿＿＿＿＿＿…豊臣政権を守るため、家康と戦うことを呼びかけた大名。

⚠ ○石田三成
　×石田光成

↓

◎ ＿＿＿＿＿＿（岐阜県）…1600年、家康が三成を破って全国を支配。

ゴロ
1 6 0 3
異論おさえて成立した
江戸幕府

↓

◎ ＿＿＿＿幕府…1603年、＿＿＿＿＿＿＿に任命された家康が江戸
（東京都）につくった武家政権。

↓

◎ ＿＿＿＿＿＿…1614〜15年、2度にわたって大阪城を攻め、
＿＿＿＿＿＿氏を滅ぼす。

MEMO
大阪の陣の前、徳川家康は子の秀忠に将軍職をゆずり、豊臣氏の時代ではなくなったことを示した。

(2) 江戸幕府の仕組み

幕府政治の分担

- ＿＿＿＿＿＿…将軍に任命され、幕府政治の中心となった役職。⚠
- ＿＿＿＿＿＿…老中を補佐した役職。
- ＿＿＿＿＿＿…臨時に置かれる最高職。強い権限を持つ。⚠

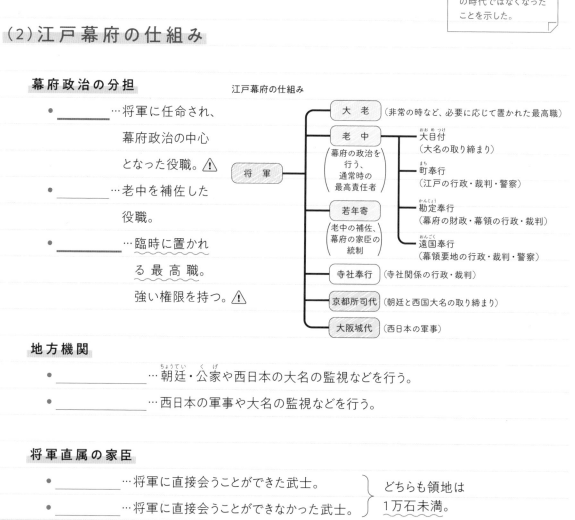

江戸幕府の仕組み

将軍

大老（非常の時など、必要に応じて置かれた最高職）

老中
幕府の政治を行う、通常時の最高責任者

大目付（大名の取り締まり）

町奉行（江戸の行政・裁判・警察）

勘定奉行（幕府の財政・幕領の行政・裁判）

遠国奉行（幕領要地の行政・裁判・警察）

若年寄
老中の補佐、幕府の家臣の統制

寺社奉行（寺社関係の行政・裁判）

京都所司代（朝廷と西国大名の取り締まり）

大阪城代（西日本の軍事）

地方機関

- ＿＿＿＿＿＿…朝廷・公家や西日本の大名の監視などを行う。
- ＿＿＿＿＿＿…西日本の軍事や大名の監視などを行う。

将軍直属の家臣

- ＿＿＿＿＿＿…将軍に直接会うことができた武士。
- ＿＿＿＿＿＿…将軍に直接会うことができなかった武士。

どちらも領地は
1万石未満。

幕藩体制の確立

★ ✖ _____

…幕府と諸大名が全国の土地と人々を支配する体制。

- _____…幕府が直接支配した土地。 全国の石高のおよそ_____分の_____。

  ※大阪、京都、長崎などの重要な都市を支配。

  ➡ _____（新潟県）や _____（島根県）などの主要な鉱山を支配して収入源とする。

- ___\TEST/___…将軍から_____万石以上の領地を与えられた武士が_____として支配した土地・組織。

✖ 大名の区別

- _____… 徳川氏の一族。御三家が重要。

  ❶ _____（愛知県）

  ❷ _____（和歌山県）

  ❸ _____（茨城県）

- _____…古くから徳川氏に従っていた大名。 幕府の重要な役職にも任命。

  ➡ 領地は狭いが、江戸の近くや交通の要所などに配置。⚠

- _____

  …_____のころから徳川氏に従った大名。

  ➡ 領地は広いが、 江戸から遠く離れた場所に配置。⚠

大名の種類と分布

▨ 幕領
上名 親藩：譜代大名と領地
上名 外様大名と領地
▢ 御三家
（ ）の数字は石高（万石）

津軽(5)
佐竹(21) 南部(10)
酒井(14) 伊達(56)
上杉(30)
酒井(13) 松平(23)
前田(103) 真田(10) (保科)
井伊(30) 松平(45) 徳川(24)（水戸）
池田(32)
宗(10) 浅野(38) 池田(32) 徳川(25)
毛利(37) 徳川(62)（尾張）
黒田(43) 藤堂(32)
鍋島(36) 蜂須賀(26)
細川(54) 山内(17) 徳川(54)（紀伊）
島津(73) 伊達(54)
有馬(21)

(3) 大名・朝廷の統制

★ ✖ _____

…幕府が大名の統制のために定めた法律。

- _____…3代将軍_____が定めた制度。 \TEST/ 大名が原則_____年おきに江戸と領地を往復することを義務づける。

✖ _____

…幕府が朝廷の統制のために定めた法律。

  ※ _____の役割や朝廷の運営方法などを細かく規定。

◄MEMO►
「禁中」は皇居や朝廷のこと。
⚠ ○**諸**法度
✖**所**法度

江戸時代の身分と鎖国

(1) 江戸時代の身分制社会

✖ _____

… 政治を行う支配身分。 主君に仕えて軍事的な義務を負う。 領地や俸禄として与えられ

る_____で生活。

※特権として、_____を公式に名乗ることや_____ (＝日常

的な武器の携帯) を認められる。

✖ _____

… 最も人口が多い身分。

• _____ … 土地を持ち、_____を納める義務を負う。

• _____ … 土地を持たず、小作を

行う。

江戸時代の人口割合

差別された人々
約1.5

公家、神官・僧侶、
その他 約1.5

町人 約5

武士 約7

総人口
約3200万人
(推定値)

百姓 約85％

村の自治

• 村方三役…_____・_____・_____の総称。 有力な農民が村役人とし

て自治を行う。

★ • _____ …村の五軒の家をまとめて、年貢の納入や犯罪の防止などの_____を負

わせた制度。

✖ _____ …商人と職人から成る身分。 城下町などに住んで、 町役人による自治を行い、 江

戸幕府や藩に営業税を納めた。

(2) 江戸幕府の外交政策の変化

✖ _____ …徳川家康が進めた東南アジアとの貿易。

• _____ …幕府が大名や豪商に与えた渡航の許可証。

• _____ …東南アジアの各地につくられ、 多くの日本人が住んだ町。

※_____ …アユタヤ (タイ) の日本町の長として活躍。

絵踏の様子

✖ 禁教と貿易統制

◉ 1612年 2代将軍_____が幕領に禁教令を出す。

※禁教令…_____の禁止令。

◉ 1613年 幕府が禁教令を全国に拡大。

◉ 1629年 キリスト像などの_____を人々に踏ませて、 キリシタ

ンを見つける_____が始まる。⚠

- 1635年 3代将軍＿＿＿＿＿＿が日本人の海外渡航と海外からの帰国を禁止。
  - ➡ ＿＿＿＿＿貿易の終わり。
- 1637年 ＿＿＿＿＿＿＿＿＿が起こる。
  - …キリシタンの迫害や重い年貢に苦しんだ島原（長崎県）と天草（熊本県）の人々と＿＿＿＿＿＿＿＿＿＿＿＿が反乱を起こす。
  - ➡ 幕府が送った大軍によって鎮圧。
- 1639年 幕府が＿＿＿＿＿＿＿船の来航を禁止。
- 1640年 幕府が宗門改め（しゅうもんあらため）（宗門改（しゅうもんあらため））を強化。
- 1641年 ＿＿＿＿＿＿商館を＿＿＿＿（長崎県）から長崎の出島（でじま）に移す。

⬇

★ ＿＿＿＿（＝幕府による禁教・貿易統制・外交独占の体制）の完成。

(3) 鎖国下の4つの窓口

鎖国下の4つの窓口

国内の窓口
交易や交流のあった相手の国名や地域名
交易や交流の関係
清
朝鮮
蝦夷地
松前藩
対馬藩
長崎
薩摩藩
オランダ
琉球王国

✖ 長崎

…長崎奉行（ぶぎょう）の管理のもとで2つの国と貿易。

- オランダ…＿＿＿＿＿＿＿の布教を行わないため、＿＿＿＿での貿易を許される。幕府に海外の情勢を報告する＿＿＿＿＿＿＿＿＿を提出。
- ＿＿＿…17世紀前半、中国で女真族（じょしんぞく）（満州族（まんしゅうぞく））が建国。長崎の＿＿＿＿＿＿に商人が滞在。

✖ ＿＿＿＿藩（はん）

…幕府と朝鮮（ちょうせん）との国交回復を仲介。朝鮮の釜山（ふざん／プサン）に置かれた倭館（わかん）という居留地で貿易を行う。

- ＿＿＿＿＿＿＿…将軍の代がわりなどに、朝鮮から日本に派遣された外交使節。

✖ ＿＿＿＿藩

…17世紀初めに＿＿＿＿＿＿を征服。中国との＿＿＿＿貿易を続けさせて利益を得る。

- 琉球使節…将軍、琉球王の代がわりごとに琉球から江戸に派遣。

✖ ＿＿＿＿藩

…蝦夷地（えぞち）（北海道）南部を領地とし、＿＿＿＿＿民族（＿＿＿＿＿の人々）との交易を独占。

- ＿＿＿＿＿＿＿＿＿…松前藩との交易に不満を持ち、17世紀後半に反乱を起こしたが、敗れる。

25 江戸(えど)時代の諸産業の発達と交通路の整備

(1) 農業の発達

✖ ＿＿＿＿＿＿…土地の干拓や用水路の建設などを行って農地を増やすこと。

➡ 18世紀初めに農地の面積が豊臣秀吉(とよとみひでよし)のころの約＿＿＿倍に増加。⚠

✖ 新しい農具や効果が高い肥料の普及

- ＿＿＿＿＿＿＿＿…刃の形を工夫して土を深く耕せるようにした農具。
- ＿＿＿＿＿＿…多くの歯に稲の穂先をはさんで引くことで、効率的な脱穀(だっこく)が行える農具。
- 干鰯(ほしか)…干した＿＿＿＿＿を原料とする肥料。
- 油かす…＿＿＿＿＿の油をしぼった後のかす。肥料に利用。

備中ぐわ

千歯こき

⬇

生産力を高めた百姓(ひゃくしょう)は年貢(ねんぐ)米以外にも、地域の風土に合った特産物を栽培。

➡ 都市に売って貨幣を得る＿＿＿＿＿＿の生産が拡大。ex 木綿(もめん)、菜種

(2) 水産業の発達

✖ ＿＿＿＿＿＿＿(千葉県)…地引き網によるいわし漁が行われる。

➡ ＿＿＿＿という肥料に加工して各地に販売。

✖ 瀬戸内海沿岸…赤穂(あこう)(兵庫県)などで塩田を利用した＿＿＿の生産が増加。

✖ 蝦夷地(えぞち)(北海道)…＿＿＿＿＿漁やこんぶ漁が行われる。

➡ こんぶや＿＿＿＿＿(=干しあわび・なまこ・ふかひれ)を清(しん)に輸出。

(3) 鉱業の発達と貨幣の発行

✖ 鉱山の開発…採掘や精錬の技術が発達して生産が増加。

- 金…＿＿＿＿＿＿(新潟県)
- 銀…＿＿＿＿＿＿(島根県)、＿＿＿＿＿＿(兵庫県)
- 銅…＿＿＿＿＿＿(愛媛県)、＿＿＿＿＿＿(栃木県)

✖ 貨幣の発行…幕府が発行権を独占。＿＿＿＿で金貨、＿＿＿＿で銀貨を鋳造。

- ＿＿＿＿＿＿…幕府がつくって全国に広めた銅銭。

➡ 中国から輸入された銅銭(明銭(みんせん)など)が使われなくなる。

（4）陸上交通路の発達

❈ 五街道…幕府が整備した５つの陸上交通路の総称。 起点は江戸の＿＿＿＿＿。

・ ＿＿＿＿＿ ・ ＿＿＿＿＿ ・ ＿＿＿＿＿ ・ ＿＿＿＿＿ ・ ＿＿＿＿＿

※ ＿＿＿＿＿…徳川家康(とくがわいえやす)をまつる神社。

❈ ＿＿＿＿＿…通行人の監視のために設けられた施設。

❈ ＿＿＿＿＿…街道沿いに発達した町。 宿泊施設や運送用の
人や馬を備える。

（5）海上交通路の発達

❈ ＿＿＿＿＿…東北・北陸地方の
産物を、 日本海と瀬戸内海を通って
大阪に輸送した海上交通路。⚠

※ ＿＿＿＿＿…西廻り航路を利用して、蝦夷地(えぞち)
の産物を大阪に運んだ船。

❈ ＿＿＿＿＿…東北地方の産物を、
太平洋を通って江戸に輸送した海上交通路。⚠

❈ ＿＿＿＿＿…大阪から江戸へ、 日用品などを輸送した海上交通路。
酒を運ぶ＿＿＿＿＿や他の品物を運ぶ＿＿＿＿＿が運航。

凡例
━ 五街道
━ 東廻り航路
━ 西廻り航路
━ 南海路
‡ おもな関所

中山道　日光　白河　宇都宮　奥州道中・日光道中
碓氷　下諏訪　江戸
木曽福島　箱根　東海道
京都　小仏　新居
大阪　甲州道中

江戸時代の陸上交通路と海上交通路

（6）都市や商業の繁栄

★ ❈ ＿＿＿＿＿…江戸時代に大きく発展した、 江戸・大阪・京都の総称。

・ 江戸…「＿＿＿＿＿＿＿＿＿」と称された政治の中心。

・ 大阪…「＿＿＿＿＿＿＿＿＿」と称された商業の中心。 ⌐TEST

※ ＿＿＿＿＿…大阪で売るために諸藩が年貢米や特産物を運んだ施設。

・ 京都…文化の中心。 ＿＿＿＿＿＿＿＿＿＿＿＿＿などの工芸品を生産。

❈ 商業…社会の安定や交通路の整備にともなって活発化。

・ ＿＿＿＿＿…商工業者の同業者組合。 幕府や藩に税を納めて営業を独占。

・ ＿＿＿＿＿…おもに東日本で使われた＿＿＿＿＿と、 西日本で使われた
＿＿＿＿＿を交換した商人。 金融業も営む。

26 幕府政治の変化と元禄文化

(1) 5代将軍の政治

✖ _____ …江戸幕府の5代将軍。 社会の秩序を重視して、 学問や礼節を重んじる文治

政治に転換。

• _____ …主君と家臣の主従関係や、 父子の上下関係を重んじる儒学の一派。

➡ 身分制の維持に役立ったので広く学ばれる。⚠

> ⚠ ○徳川綱吉
> ✖徳川網吉

• _____ …人々に慈悲の心を

持たせるため、 病人の保護や捨て子の禁止などを行わせた命令。

➡ 極端な動物愛護を行うことも命じられたため、 綱吉は

「_____」 と呼ばれて批判された。

> ◀ MEMO
> 「元禄」は17世紀末～
> 18世紀初めに使われ
> た元号。 徳川綱吉の
> 治世に当たる。

(2) 江戸時代前期の町人文化

> ⚠ ○元禄文化
> ✖元緑文化

★ ✖ _____ … _____ (=京都・大阪) の町人をおもな担い手とする文化。

◎ 文芸・芸能

• _____ …武士や町人の生活や感情を_____という小説に表現して

人気を集める。

• _____ …俳諧の芸術性を高める。 東北地方の各地でよんだ句を収めた

『_____』 は紀行文学の傑作。

• _____ …町人の義理や人情などを題材とした人形浄瑠璃の脚本(台本)を書く。

◎ 絵画

• 装飾画…大和絵の伝統を生かして、 「風神雷神図屏風」 を描いた_____や、

華麗な蒔絵や屏風を制作した_____が活躍。

★ • _____ …町人の姿や生活を描いた絵画。

※ _____ … 「見返り美人図」 などの美人画を描いた浮世絵の祖。

見返り美人図

◎ 学問

• _____ …水戸藩 (茨城県) の藩主。 多くの学者を集めて

『大日本史』 の編集を開始。

• _____ …日本独自の数学である和算を研究。

(3) 6・7代将軍の政治

※ ＿＿＿＿＿＿＿…18世紀初めの6代将軍と7代将軍が、儒学者の＿＿＿＿＿＿＿の意見を取り

入れて行った政治。

- 財政政策…5代将軍綱吉が財政の改善のために＿＿＿＿＿の質を落とす。

  ➡ 物価が上昇。

    ➡ 新井白石の意見で質を元にもどす。

- 長崎貿易の制限…金銀の（海外）流出をおさえるために実施。

(4) 8代将軍の政治

⚠ ○享保の改革
✕亨保の改革
✕京保の改革

※ ＿＿＿＿＿＿＿…18世紀前半、紀伊藩（きい）（和歌山県）から8代将軍に就任。幕府の財政の立て

直しのため、＿＿＿＿＿＿＿（1716〜45年）を行う。✱

�'ゴロ'
い〜な〜、ヒーロー
吉宗が進める享保
の改革
1 7 1 6

- ＿＿＿＿＿＿＿…大名（だいみょう）が＿＿＿＿＿＿＿で江戸に住

  む期間を短縮する代わりに、米を

  献上させる。⚠

- ＿＿＿＿＿＿＿…裁判や刑罰（けいばつ）の基準となる法律を制定。

- ＿＿＿＿＿＿＿…庶民（しょみん）の意見を幕府政治に取り入れるために設置。TEST

- ＿＿＿＿＿＿＿…火災が多い江戸に設けられた消防組織。

- 輸入の緩和…＿＿＿＿＿＿＿と関係がない洋書の輸入制限を緩和。（かんわ）

(5) 18〜19世紀の工業と農村

※ 工業の発達

- ＿＿＿＿＿＿＿…問屋が資金や道具を貸した後、農家がつくった製品を買い取る方

  式。18世紀ごろから広がる。

- ＿＿＿＿＿＿＿…商人や地主がつくった作業所（工場）（やと）に雇った人を集めて、分業 TEST

  （＿＿＿＿＿＿＿）で製品をつくる方式。

※ 農村の変化

- 貧富の格差…豊かになった農民は、土地を集めて地主に成長。

    ➡ 貧しくなった農民は、地主から土地を借りて耕す＿＿＿＿＿＿＿とし

    て生活。

㉗ 社会の変化と幕府政治の展開

(1) 農村・都市の動揺

✱ ＿＿＿＿＿…年貢の軽減や不正な役人の交代などを求めて、
城下におし寄せた百姓たちの集団行動。

• ＿＿＿＿＿＿＿＿＿＿＿＿…一揆の参加者の連帯
責任を示す文書。

※一揆の中心人物が分からないようにするため円形に署名。

✱ ＿＿＿＿＿…都市の貧しい人々などの集団行動。米を買
い占めた商人の店や住宅を破壊した。

　　　↓

TEST 百姓一揆や打ちこわしの件数はききんの発生時に急増。

(2) 田沼意次の政治

✱ ＿＿＿＿＿…18世紀後半に＿＿＿＿＿となって幕府政治を行う。
商工業の発展に注目して、その利益による幕府の財政の立て直しを目指す。

• ＿＿＿＿＿…商工業者の同業者組合。
➡ 意次は、積極的に結成をすすめて特権を与える代わりに
＿＿＿＿＿＿＿＿＿＿を納めさせた。⚠

• ＿＿＿＿＿…オランダなどへ輸出。
金銀に代わる輸出品として、幕府が専売。

• ＿＿＿＿＿…清へ輸出された海産物。干しあわび・なまこ・ふかひれなどを、たわらにつめて
送った。

• ＿＿＿＿＿…年貢の増加を目指して、意次が干拓を進めた千葉県の沼。
➡ 利根川のはんらんの発生などで失敗。

田沼意次の失脚

• ＿＿＿＿＿の横行…地位や特権を求めるための不正なおくり物が横行。

• ＿＿＿＿＿のききん…18世紀後半に起こった東北地方の冷害や浅間山の噴火などによって、
全国的に食料が不足。

　　　↓

百姓一揆や打ちこわしが多発したため、意次は老中を辞職。

(3) 松平定信の政治

✤ ＿＿＿＿＿…18世紀後半、白河藩（福島県）から老中に就任。

↓

★ 徳川吉宗の政治を理想とする＿＿＿＿＿＿（1787~93年）を行う。

- 農村の立て直し…出かせぎに来た農民を農村へ帰し、木綿や菜種などの＿＿＿＿＿の栽培を制限して米の生産を奨励。
- ききん対策…各地で米を倉にたくわえさせる。⚠
- 借金対策…旗本や御家人が商人から借りていた金を帳消しにする。
- 学問の統制…幕府の学校で＿＿＿＿以外の儒学を教えることを禁止。

↓

政治批判の禁止や出版物の統制の厳しさが批判され、定信は老中を辞職。

史料

「白河の　清きに魚の　すみかねて　元のにごりの　田沼こいしき」
（松平定信の政治は清らかすぎて魚が住めないほど苦しいので、わいろが横行していても住みやすかった田沼意次の政治がなつかしい）
田沼意次と松平定信を比べた狂歌　※白河＝松平定信のこと

ロシアへの対応

- **1792年** ロシアの使節＿＿＿＿＿＿が蝦夷地の＿＿＿＿に来航。
  - ➡ 日本人漂流民を送り返すとともに通商を要求。
- **1804年** ロシアの使節＿＿＿＿＿が長崎に来航し、再び通商を要求。
  - ➡ 幕府はロシアと交渉を行うことを拒否。
    - ➡ ロシアの動きを警戒した幕府は、蝦夷地の調査を拡大。
- ＿＿＿＿＿…幕府の命令に従って北方の探検を行った結果、＿＿＿＿＿＿＿＿が島であることを確認。

ロシアの接近

樺太
（サハリン）
根室
1804年
ロシアの
レザノフが
来航
1792年
ロシアの
ラクスマン
が来航
長崎
江戸

(4) 諸藩の藩政改革

✤ ＿＿＿＿＿（山形県）…藩主の上杉治憲（上杉鷹山）が質素・倹約を掲げ、商品作物の栽培や織物業の導入により藩の収入を増やす。

28 化政文化と揺れる幕府政治

(1) 江戸時代後期の町人文化

◀ MEMO ▶
「化政」は、19世紀前半の元号の「文化」と「文政」から1字ずつ取ってつくられた言葉。

★ ✖ ＿＿＿＿＿＿…＿＿＿＿の町人をおもな担い手とする文化。

○ 文芸

• 小説…＿＿＿＿＿＿が旅行を題材にしたこっけい小説の『東海道中膝栗毛』、

＿＿＿＿＿＿＿＿が『南総里見八犬伝』という長編小説を著す。

• 俳諧（俳句）…＿＿＿＿＿が情景を巧みに表現した絵画的な句をよみ、

＿＿＿＿＿＿が農民の感情を取り入れた句をよむ。

• 風刺文学…幕府政治や世相に対する皮肉をこめて、和歌の形式でよむ＿＿＿＿や俳諧の

形式でよむ＿＿＿＿が流行。

○ 絵画

• ＿＿＿＿＿…多色刷りの版画になった浮世絵。

• 役者絵…＿＿＿＿＿＿＿が歌舞伎の

人気役者を描く。

• 風景画…＿＿＿＿＿が「富嶽三十六景」

など、＿＿＿＿＿＿＿＿

が「東海道五十三次」などを描く。

「富嶽三十六景　神奈川沖浪裏」

(2) 新しい学問と教育の広がり

★ ✖ ＿＿＿＿…古典の研究などを通じて、仏教や儒教が伝わる前の日本人の考え方などを明らか

にしようとする学問。

➡ 江戸時代末期の＿＿＿＿＿運動に大きな影響を与える。⚠

• ＿＿＿＿＿…18世紀後半に『＿＿＿＿＿』を著す。

★ ✖ ＿＿＿＿…オランダ語を通じて、ヨーロッパの学術や文化を学ぶ学問。

• 『＿＿＿＿＿』…＿＿＿＿＿＿や前野良沢などの医師が集まって、オランダ語の解剖

書を日本語に訳した書物。

• ＿＿＿＿＿…長崎で日本人を教えた、オランダ商館のドイツ人医師。

• ＿＿＿＿＿…蘭学を学んだ後、ヨーロッパの測量術を活用し、正確な日本地図を作成。

✖ ＿＿＿＿＿…諸藩が武士の子弟の教育のためにつくった学校。

✖ ＿＿＿＿＿…町人や百姓の子弟のための教育施設。

(3) 19世紀前半の日本の情勢

- 1825年 ＿＿＿＿＿＿＿＿＿が出される。
  - ➡ 幕府が日本に近づく外国船を実力で追い払う方針を示す。
- 1830年代 ＿＿＿＿＿のききんが広がる。
  - ➡ 食料が不足し、百姓一揆（いっき）や打ちこわしが多く発生。
- 1837年 大阪町奉行所（まちぶぎょうしょ）の元役人＿＿＿＿＿＿＿＿＿が反乱を起こす。◄
  - ➡ ききんに苦しむ人々を救うために商人などをおそう。
  - ➡ わずか1日で鎮圧されたが、幕府に大きな衝撃。

(4) 水野忠邦（みずのただくに）の政治

- ✖ ＿＿＿＿＿＿…19世紀前半、＿＿＿＿＿に就任。享保（きょうほう）・寛政（かんせい）の改革を参考にして、
  - ★ ＿＿＿＿＿＿＿（1841～43年）を行う。
- 物価対策…営業の独占が物価の上昇につながっているとして、＿＿＿＿＿＿の解散を命令。⚠
- 農村対策…年貢（ねんぐ）を確保するため、出かせぎの農民を農村に帰す。
- 外国船対策…異国船打払令をやめて、薪水給与令（しんすい）を出す。
  - TEST ➡ ＿＿＿＿＿＿＿＿で清がイギリスに敗れたことを知った忠邦が、日本に近づく外国船に燃料の＿＿＿＿＿や水を与えて、平和なうちに退去させる方針に転換。
- 海防対策…江戸や大阪の周辺を幕領（ばくりょう）にする上知令（じょうちれい）を出す。
  - ➡ 大名（だいみょう）や旗本（はたもと）が強く反対したために取り消し。

⬇

わずか2年ほどで天保の改革は失敗に終わる。

江戸の三大改革まとめ

改革名	享保（きょうほう）の改革	寛政（かんせい）の改革	天保の改革
年代	1716 ～ 1745 年	1787 ～ 1793 年	1841 ～ 1843 年
行った人物	徳川吉宗（とくがわよしむね）	松平定信（まつだいらさだのぶ）	水野忠邦
おもな政策	公事方御定書（くじかたおさだめがき）・目安（めやす）箱（ばこ）・上米（あげまい）の制	米の貯蔵・借金帳消し・朱子学奨励（しゅしがくしょうれい）	株仲間解散・上知令・出かせぎ農民を帰す

ヨーロッパの変革〜江戸時代

- **1492 年** （　　　　　　　　　）が大西洋を横断して西インド諸島に到達する。

- **1517 年** ドイツのルターがカトリック教会に抗議する。

  ➡ （　　　　　　　）が始まる。

- **1543 年** 種子島に漂着したポルトガル人が、日本に（　　　　　　）を伝える。

- **1549 年** イエズス会の宣教師（　　　　　　　　　　　　）が、日本で初めてキリスト教の布教を行う。

- **1573 年** 織田信長が京都から足利義昭を追放する。　➡ （　　　　　　　）が滅ぶ。

- **1576 年** 織田信長が安土城を築き、城下町で（　　　　　　　）の政策を行う。

- **1588 年** 豊臣秀吉が百姓や寺社の武器を没収する（　　　　　　　）を行う。

- **1600 年** 徳川家康が（　　　　　　　）で石田三成ら豊臣方の大名を破る。

- **1603 年** 徳川家康が征夷大将軍に任じられ、（　　　　　　）を開く。

- **1615 年** 2代将軍徳川秀忠の治世で、大名の統制のために（　　　　　　）を定める。

- **1635 年** 3代将軍徳川家光が、大名に1年おきに江戸と領地を往復することを義務づける（　　　　　　）の制度を定める。

- **1637 年** 九州地方で（　　　　　　　）が起こるが、幕府に鎮圧される。

- **1641 年** オランダの商館が長崎の出島に移される。　➡ このころ、幕府による禁教・貿易統制・外交独占の体制である（　　　　）が完成。

- **1716 年** 徳川吉宗が8代将軍に就任し、（　　　　　　）を始める。（〜1745 年）

- **1772 年** （　　　　　　）が老中に就任し、財政の立て直しを行う。

- **1787 年** 松平定信が老中に就任し、（　　　　　　）を始める。（〜1793 年）

- **1825 年** 接近する外国船を実力で追い払う（　　　　　　）が出される。

- **1837 年** 大阪町奉行所の元役人の（　　　　　　）が反乱を起こす。

- **1841 年** 老中の水野忠邦が、（　　　　　　）を始める。（〜1843 年）

月　日（　）

確認テスト④

/50点

次の問いに答えましょう（5点×10、⑵❷は完答、⑶は順不同）。

⑴ 次の問いに答えなさい。

❶ 14世紀の西ヨーロッパで始まった、人間の個性や自由を表現しようとする芸術活動を何といいますか。（　　　　　　　）

❷ 徳川家康が進めた貿易を何といいますか。（　　　　　　　）

❸ 商業の中心となった大阪は何と呼ばれましたか。（　　　　　　　）

❹ 老中の田沼意次が積極的に結成をすすめ、同じく老中の水野忠邦が物価対策のために解散を命じたのは何ですか。（　　　　　　　）

⑵ 江戸時代の改革に関する文章A～Cを読んで、あとの問いに答えなさい。

A 松平定信は、ききんや凶作の対策として米をたくわえることを命じ、木綿や菜種などの商品作物の栽培を制限した。また、幕府の学校で教える儒学を朱子学のみに限定して学問の統制をはかった。

B 水野忠邦は、出かせぎの農民を農村に帰したり、町人のぜいたくを禁止したりして政治を引き締めた。また、アヘン戦争で明がイギリスに敗れたことを知ると、外国船への対応をおだやかにする薪水給与令を出した。

C 徳川吉宗は、上米の制によって大名に米を献上させ、御成敗式目を定めて裁判や刑罰の基準を示した。また、庶民の意見を採用するために目安箱を江戸などに置いた。

❶ A～Cにそれぞれ3か所ある下線部の内容に誤りがない場合は○を、誤りがある場合は正しい語句を書きなさい。

A（　　　　　）　B（　　　　　）　C（　　　　　）

❷ A～Cを年代の古い順に並べかえて、記号で答えなさい。

（　　）→（　　）→（　　）

⑶ 次のア～エのうち、化政文化のころに活躍した人物を2人選び、記号で答えなさい。なお、残りの2人は元禄文化のころに活躍した人物です。

ア 葛飾北斎　イ 小林一茶　ウ 菱川師宣　エ 松尾芭蕉

（　　）（　　）

このころからヨーロッパ人の海外進出がさかんになって、日本とも関わりを持つようになったんだよ。そうそう、江戸時代は鎖国していたけど、オランダや清からゾウやラクダなどの珍しい動物が日本に来たんだって。いろいろな動物を見ているといやされるよね。

29 欧米諸国のさまざまな革命と啓蒙思想

(1) イギリスの議会政治

- **13世紀** ＿＿＿＿＿＿＿＿＿＿＿＿＿＿＿ が定められ、 イギリスの議会政治の基礎ができる。

  ↓

- **17世紀** ＿＿＿＿＿＿＿＿＿＿＿＿（＝プロテスタントの一派）の地主や商工業者がイギリス議会に進出。

  ➡ 国王が議会を無視して専制を行い、 ピューリタンを弾圧。

    ➡ ＿＿＿＿＿＿＿＿＿＿＿＿（1640〜60年）が起こる。

      • 議会派が国王を処刑して共和政を行う。

      • 独裁政治を行った議会派のクロムウェルの死後、 王政が復活。⚠

        ➡ 新しい国王も専制を行ったため、 議会との対立が深まる。

  ↓

    ★ ＿＿＿＿＿＿＿＿＿＿（1688〜89年）が起こる。

      • 専制を行った国王が追放され、 議会を尊重する国王が迎え入れられる。

    ★ • ＿＿＿＿＿＿＿＿＿＿＿＿ が制定され、 法律の停止や新しい課税に＿＿＿＿＿の承認が必要になる。

        ➡ イギリスで＿＿＿＿＿＿＿＿＿＿＿＿と議会政治が確立。

> **MEMO**
> 国王派と議会派の内戦に発展したピューリタン革命とちがって、平和なうちに革命が成功したことをほこって「名誉革命」と呼ばれる。

(2) アメリカの独立

- **17〜18世紀** 北アメリカで、 イギリス人移民が13の＿＿＿＿＿＿を形成。

  ➡ フランスとの戦争が長引いて財政が悪化したイギリスが、 植民地に課税。

  ↓

- ＿＿＿＿＿＿＿＿＿＿（1775〜83年）が起こる。

  • イギリスが、 植民地の人々の課税への反対運動を弾圧したことがきっかけ。

  • 1776年に、 植民地の人々が＿＿＿＿＿＿＿＿＿＿＿＿を発表。

    ★ ↓

- 植民地の人々がイギリスに勝利し、＿＿＿＿＿＿＿＿＿＿を建国。

  • 三権分立や人民主権を基本原則とする、 合衆国憲法を制定。

  • 植民地軍の司令官＿＿＿＿＿＿＿が初代大統領に就任。

(3) フランス革命とその拡大

革命前のフランスの身分制

聖職者

貴族

平民

* ＿＿＿＿＿＿＿…国王がすべての権力をにぎる政治体制。

* 身分制社会…革命前のフランスは、絶対王政のもとで、第一身分
  の＿＿＿＿・第二身分の＿＿＿＿が税を免除さ
  れる特権を持ち、第三身分の＿＿＿＿が重税を課
  される社会。⚠

　↓

○ **1789年** ＿＿＿＿＿＿＿が始まる。

　・革命派の人々が＿＿＿＿＿＿＿＿＿＿＿を発表。➡

　・王政を廃止して共和政を行い、徴兵制を敷いて軍事力を強化。

　↓

ナポレオン

○ **1804年** 軍人の＿＿＿＿＿＿＿がフランス皇帝に即位。

　・フランス革命の成果を取り入れた＿＿＿＿＿＿＿＿＿＿＿＿を制定。

(4) 欧米諸国の革命を支えた思想

* ＿＿＿＿＿＿＿…基本的人権を尊重する政治や社会を求める思想。

　・＿＿＿＿＿＿…社会契約説と抵抗権を主張したイギリスの思想家。

　・＿＿＿＿＿＿…社会契約説と人民主権を主張したフランスの思想家。

　・＿＿＿＿＿＿＿…三権分立を主張したフランスの思想家。

┌─── MEMO ───
社会契約説は、基本
的人権を持つ個人ど
うしが契約することで
社会が成立したとする
考え。

(5) 欧米諸国の社会の変化

* ＿＿＿＿革命…＿＿＿＿＿＿＿を動力にする機械の導入によって、工業中心の社会となり、
  経済や交通の仕組みが大きく変わること。

　➡ 18世紀後半に綿織物の大量生産を初めてなしとげた＿＿＿＿＿＿が、
  「＿＿＿＿＿＿＿」と呼ばれる。

* ＿＿＿＿主義…工場や機械を持つ＿＿＿＿＿が＿＿＿＿＿を雇い、利益を目的として、
  生産活動を行う経済の仕組み。

　➡ 労働者が団結して＿＿＿＿＿＿をつくる動きが進む。

　※＿＿＿＿主義…工場や土地を社会の共有にして、労働者中心の平等な社会をつくろうとする考え。

30 欧米諸国の発展と海外進出

(1) ロシアの領土の拡大

- **17世紀** ロシアに新しい王朝が成立し、皇帝による専制政治が行われる。

↓

- **19世紀~** 不凍港(ふとうこう)などを求めて領土を南方に広げる南下政策を推進。

(2) アメリカの内戦

- **19世紀半ば** アメリカが大西洋岸から太平洋岸まで、領土を拡大。

※涙(なみだ)の道(涙の旅路)…領土拡大にともなって、合衆国政府から移住を強制された＿＿＿＿の多くが移動中に死亡。

北部と南部の対立⚠

	求める貿易の形	奴隷(どれい)制への対応
北部の州	(＿＿＿＿)	商工業が発展しているので(＿＿＿＿)
南部の州	(＿＿＿＿)	綿花栽培で働かせるために(＿＿＿＿)

↓

- **1861年** ＿＿＿＿が起こる。(~1865年)
  - 北部の＿＿＿＿大統領が＿＿＿＿＿＿を発表。
    ➡ 国内外の支持を得る。➡ 北部が勝利して、アメリカが再統一。
      ➡ 戦後に経済が大きく発展。

史料

「人民の、人民による、人民のための＿＿＿＿」

ゲティスバーグの演説(リンカンが示した民主主義の原則)

(3) ヨーロッパの統一国家の出現

✖ ドイツ…中世以降、多くの国々に分裂。

- **1862年** ＿＿＿＿＿がプロイセン王国(ドイツ北部)の首相に就任。
  ➡ 経済力と軍事力を強化して「＿＿＿＿」と呼ばれる。

↓

- **1871年** ＿＿＿＿＿が成立。
  - オーストリアやフランスとの戦争に勝利した＿＿＿＿＿がドイツを統一。
    ➡ プロイセン国王がドイツ皇帝に即位。

(4) インドの植民地化

- ❍ 17世紀 ＿＿＿＿＿＿＿がインドの港を支配地として確保。

↓

- ❍ 18~19世紀 イギリスの支配地がインドの内陸部へ拡大。
  - イギリスの工場で大量に生産された安い＿＿＿＿＿＿＿＿＿＿がインドに流入。

↓

- ❍ 1857年 ＿＿＿＿＿＿＿が起こる。（~1859年）
  - イギリスに対するインド人兵士の反乱がきっかけ。
  - イギリス軍が鎮圧し、反乱軍に支持された皇帝を退位させる。
    - ➡ ＿＿＿＿＿＿＿の滅亡。

↓

- ❍ 1877年 ＿＿＿＿＿＿＿が成立。
  - イギリス国王がインド皇帝を兼任。 ➡ イギリスがインドを直接支配。

(5) 中国の弱体化とイギリスの進出

- ❍ 18世紀 清が欧米諸国との貿易を広州1港に限定。
  コワンチョウ
  - ➡ 清から茶などを多く輸入したイギリスは、
    支払い用の＿＿＿が不足。
  - TEST ➡ 植民地のインドで栽培させた麻薬の
    ＿＿＿＿＿＿を清に密輸して利益を得る
    ＿＿＿＿＿＿を開始。

三角貿易

茶・絹

イギリス ← 清

銀

工業製品・綿織物　銀　銀　アヘン

インド

↓

アヘン戦争の様子

- ❍ 1840年 ＿＿＿＿＿＿＿が起こる。
  - 中毒者の増加になやむ清が、アヘンを厳しく取り締まったことがきっかけ。

清の帆船

イギリスの蒸気船

↓

- ❍ 1842年 ＿＿＿＿＿＿を結ぶ。
  - 清に勝利したイギリスが＿＿＿＿＿＿や賠償金を獲得。
    ばいしょうきん
  - 清は広州のほか上海など5港を開いて、自由貿易を行うことを認める。
    シャンハイ

㉛ 開 国 と 尊 王 攘 夷 運 動

(1) アメリカの動きと日本の開国

- **1853年** アメリカの東インド艦隊司令長官 _____ が、4隻の軍艦を率いて _____ （神奈川県）に来航し、江戸幕府に大統領の国書を提出。

  → 東アジアと行き来する貿易船や、太平洋で活動する捕鯨船が立ち寄る_____ を必要とするアメリカは、日本の開国を要求。⚠

  ペリー

  ↓

- **1854年** 再び日本に来航したペリーと _____ を結んで開国。

  ---史料---

  第2条 伊豆の _____ （静岡県）、松前の _____ （北海道）の両港は、アメリカ船が不足している品物を、日本で調達することに限って、入港を許可する。

  日米和親条約（要約）

(2) 不平等条約の締結

- **1856年** アメリカ総領事として _____ が着任。

  → 江戸幕府に対して自由貿易を要求。

  ⚠ ○日米**修好通商**条約　✕日米**通商修好**条約

  ↓

- **1858年** アメリカと _____ を結ぶ。

  - 幕府の大老 _____ が朝廷の許可が得られないまま通商条約を締結。

  - TEST _____、_____、_____、_____、_____ の5港を開く。

  - アメリカに _____ を認める。

    …アメリカ人が日本で事件を起こした場合、アメリカの領事が裁判を行う。

  - 日本に _____ がない。

    …日本の輸出入品に課す関税の税率は、アメリカと相談して決める。

開港地

- 日米和親条約で開いた港
- 日米修好通商条約で開いた港

函館

新潟

神奈川（横浜）

長崎

浦賀

兵庫（神戸）

下田

(3) 開港や貿易の影響

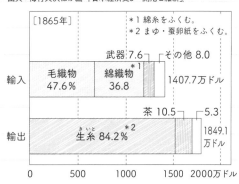

幕末の日本の輸出入
出典：梅村又次ほか編「日本経済史3 開港と維新」

- ✖ 江戸時代末期の自由貿易

  - 最大の貿易港… ＿＿＿＿＿ ⚠

  - 最大の貿易相手国… ＿＿＿＿＿＿ ⚠

    ※アメリカは ＿＿＿＿＿＿＿＿ の

    ために貿易が不振。

  - 最大の輸出品… ＿＿＿＿＿

- ✖ 国内への影響

  - 輸入の影響…安くて良質の ＿＿＿＿＿＿ を大量に輸入。 ➡ 国内の生産地に大きな打撃。

  - 輸出の影響…生糸など多くの品物を輸出。 ➡ 国内で品不足が発生。 ➡ 生活に必要な品物

    もふくめて ＿＿＿＿＿ が上昇。 ➡ 人々の生活が苦しくなる。

  - 金の流出…日本と外国の金銀の交換比率のちがいを利用して、 外国の商人が金銀の貨幣を

    両替。 ➡ 大量の金貨（小判（こばん））が外国に流出。

(4) 幕府政治への批判

- ✖ 尊王論… ＿＿＿＿＿ を尊ぶ考え。

- ✖ 攘夷論… ＿＿＿＿＿ の勢力を追い払って、

  ＿＿＿＿＿ 体制を守ろうとする考え。

  一体化

幕府政治を批判する ＿＿＿＿＿＿＿ に発展。

- ◉ ＿＿＿＿＿＿＿ …1858〜59年、 大老の井伊直弼が反対派を弾圧。

  - 幕府の外交や政策を批判した大名（だいみょう）や公家（くげ）などを、 厳しく処罰（しょばつ）。

  - ＿＿＿＿＿＿＿ … 長州藩（ちょうしゅうはん）（山口県）で松下村塾（しょうかそんじゅく）を開いた思想家。 多くの人材を育てたが、

    幕府を批判したために処刑される。

    ⬇

- ◉ ＿＿＿＿＿＿＿ …1860年、 井伊直弼が水戸藩（みと）（茨城県）などの

  元藩士たちに暗殺された事件。

  ➡ 大老の暗殺により幕府の権威が大きく低下。

> ◀MEMO▶
> 桜田門は、 江戸城の
> 南にある城門の名前。

> ◀MEMO▶
> 公武合体の「公」は
> 朝廷、「武」は幕府を
> 表す。

    ⬇

- ◉ ＿＿＿＿＿＿＿ …桜田門外の変の後、 朝廷を利用して幕府の権威を回復しようとした政策。

  ➡ 14代将軍徳川家茂（とくがわいえもち）の夫人に、 孝明天皇（こうめい）の妹を迎え入れる。

32 江戸幕府の滅亡と明治維新

(1) 倒幕に向かう雄藩

✖ ______（山口県）…尊王攘夷運動の中心になった藩。

➡ 1863年、攘夷を行うために関門海峡を通る外国船を砲撃。

➡ 1864年、イギリス・フランス・アメリカ・オランダの連合艦隊から報復攻撃を受け、______の砲台を占領される。

➡ ______や高杉晋作が、藩の軍備などを強化。

✖ ______（鹿児島県）…幕府に協力して長州藩と戦った藩。

➡ 1862年、藩士がイギリス人を殺害する______が発生。

➡ 1863年、イギリスが鹿児島を攻撃する______が起こる。

➡ ______や______の主導で藩政を改革。

⚠ ○大久保利通 ×大久保利道

⬇

欧米の強さを実感した長州藩と薩摩藩は、幕府を倒す方針に転換。

(2) 江戸幕府の滅亡と新政府の成立

◎ **1866年** ______が結ばれる。

…土佐藩（高知県）出身の______が仲立ちした。

◎ **1867年** 15代将軍______が______を行う。

…将軍が政権を朝廷に返すことを表明。

➡ ______年余り続いた江戸幕府が滅亡。

⬇

★ ______が出される。

TEST …天皇を中心とする新政府をつくる宣言。

※慶喜を新政府に参加させたくない公家の______や薩摩藩の働きかけ。

◎ **1868~69年** ______が起こる。

- 旧幕府軍VS新政府（薩長）軍
- 最初は______（京都市）で新政府軍が勝利。
- 新政府軍の西郷隆盛は、幕府側の______と話し合って______を明けわたさせる。⚠
- 最後は函館の______（北海道）で旧幕府軍が降伏。

戊辰戦争

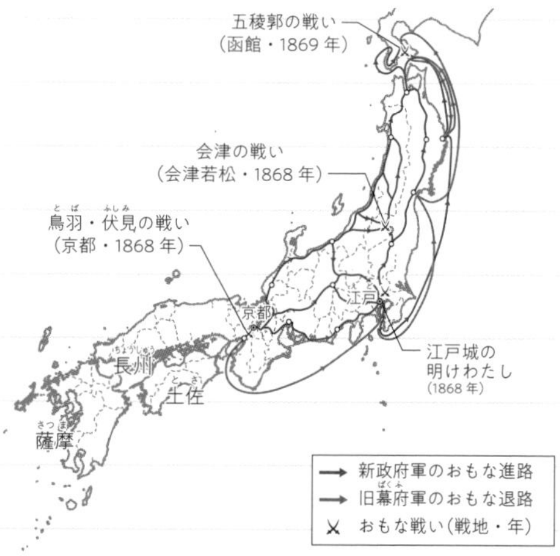

五稜郭の戦い
（函館・1869年）
会津の戦い
（会津若松・1868年）
鳥羽・伏見の戦い
（京都・1868年）
江戸
京都
長州
土佐
薩摩
江戸城の
明けわたし
（1868年）
新政府軍のおもな進路
旧幕府軍のおもな退路
おもな戦い（戦地・年）

民衆の動揺

- 「世直し」…手放した土地の返還などを求める、民衆の一揆や打ちこわし。
- 「______」…不安になった人々が熱狂して踊り歩いた騒ぎ。

(3) 新政府のさまざまな改革

★ ✖ ______…1868年、明治天皇が神に誓う形で出した政治の方針。

※______…新政府が民衆に向けて掲げた5つの高札。内容は一揆やキリスト教の禁止など。

➡ のちに撤去。

✖ ______…江戸時代末期～明治時代の、幕藩体制から近代国家に移行する過程で行われた、政治・経済・社会の変革のこと。

※新政府や人々は、期待をこめて「御一新」と呼んだ。

- 遷都…江戸が______に改称され、京都から明治天皇が移る。
- 太政官制…古代の仕組みにならって定められた政治制度。

➡ 倒幕の中心だった長州・薩摩・土佐・______の4藩の出身者や公家が重要な役職を占めたため、______と呼ばれる。

★ • ______…1869年、各藩の藩主が土地と人民を新政府に返す。

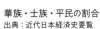

MEMO

⚠ ○版籍奉還
✖藩籍奉還

「版」は版図のことで領地を表し、「籍」は戸籍のことで人民を表す。

★ • ______…1871年、すべての藩を廃止して府や県を設置。

➡ 新政府から府を治める府知事、県を治める県令（のちに県知事）を派遣。TEST

➡ 新政府による中央集権化が進む。

✖ 身分制度の廃止…明治時代は______以外の人々がすべて平等になる。⚠

- ______…江戸時代の公家・大名。
- ______…江戸時代の武士。
- ______…江戸時代の百姓・町人。

※「______」…江戸時代に差別された人々の呼び名を廃止して、平民と同じように扱うとした新政府の布告。

➡ 実際には差別が根強く残る。

華族・士族・平民の割合
出典：近代日本経済史要覧

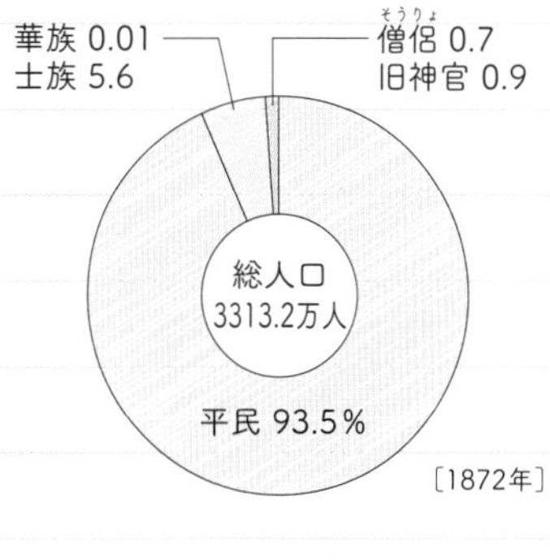
華族 0.01
士族 5.6
僧侶 0.7
旧神官 0.9
総人口
3313.2万人
平民 93.5%
〔1872年〕

33 富国強兵と外交政策

(1) 欧米に対抗できる国づくり

⚠️ ○殖産興業 ×植産工業

※ ＿＿＿＿＿＿＿＿…国を豊かにして軍隊を強くすること。

※ ＿＿＿＿＿＿＿＿…近代的な産業を育てること。 そのためにさまざまな政策が行われる。

◎ 1872年

富岡製糸場

★ • ＿＿＿＿＿＿＿＿（群馬県）を建設。

➡ 政府がつくった近代工場の手本である

＿＿＿＿＿＿＿＿の1つ。

TEST • ＿＿＿＿＿＿＿の開通…新橋（東京都）～横浜（神奈川県）間で初めて開業。

出典：富岡市立美術博物館・福沢一郎記念美術館　所蔵

◎ 1873年

• ＿＿＿＿＿＿＿＿…満＿＿＿歳の男子に兵役の義務。 ➡ 西洋式の軍隊を編制。

• ＿＿＿＿＿＿＿＿…土地の所有者に＿＿＿＿＿を発行し、＿＿＿＿＿（＝土地の価格）の＿＿＿＿％を＿＿＿＿＿（＝土地税）として＿＿＿＿＿で納めさせる税制を開始。

➡ 江戸時代と負担がほぼ同じだったため、各地で反対の一揆が発生。

⚠️ ○地租改正 ×地祖改正

➡ 政府は地租の税率を地価の＿＿＿＿％に引き下げ。⚠️

TEST ➡ 米の収穫高による税収の変化がなくなり、 政府の財政が安定。

(2) 文明開化と学校制度

★ ※ ＿＿＿＿＿＿＿＿…西洋の文化の流入によって、 都市や開港地を中心に、 日本人の生活や考え方が大きく変わっていったこと。

• 衣食住の変化…＿＿＿＿＿を着ることや＿＿＿＿＿などの西洋料理を食べることが流行。

東京などでは＿＿＿＿＿＿＿＿＿＿のような照明や＿＿＿＿＿＿づくりの建物が増加。

• ＿＿＿＿＿＿の導入…1日は24時間、 1週間は7日と定められる。

• 西洋の思想の影響…＿＿＿＿＿＿が『学問のすゝめ』を著し、＿＿＿＿＿＿＿＿がルソーの思想を紹介。★

※ ＿＿＿＿＿…1872年、 近代的な学校制度をつくるために出された法令。

➡ 満＿＿＿歳になった男女を、 小学校に通わせることを義務化。

➡ 最初は保護者が授業料を負担する必要があったため、 就学率が低かったが、 徐々に上昇。

◀ MEMO ▶
⚠️ ○福沢諭吉 ×福沢輸吉
福沢諭吉は「天は人の上に人をつくらず、人の下に人をつくらず」という言葉で、 人間の平等を説いた。

（3）明治時代初期の外交

欧米諸国との外交

○ 1871年 新政府が＿＿＿＿＿＿＿を欧米諸国に派遣。

> **ゴロ**
> 1871
> イヤな人たち
> ではないぞ、
> 岩倉使節団

…全権大使は＿＿＿＿＿＿。7歳の女子留学生＿＿＿＿＿＿も参加。

➡ 江戸幕府が結んだ＿＿＿＿＿＿の改正を求めたが、欧米諸国は日本の近代化が遅れているという理由で拒否。⚠

中国・朝鮮との外交

○ 1871年 ＿＿＿＿＿＿…中国の清と対等な立場で国交を結ぶ。

➡ 清に朝貢する朝鮮は鎖国を理由にして、日本との国交を拒否。

⬇

○ 1873年 政府で＿＿＿＿＿＿（＝武力で朝鮮を開国させる主張）が高まる。

➡ 欧米諸国の視察から帰国した岩倉や大久保たちは反対。

TEST ➡ 征韓論が受け入れられなかったため＿＿＿＿＿＿（薩摩藩出身）や＿＿＿＿＿＿（土佐藩出身）たちが政府を去る。

⬇

○ 1875年 朝鮮の沿海で＿＿＿＿＿＿事件が起こる。

…測量中の日本の軍艦が、朝鮮によって攻撃される。

➡ この事件を口実にして、日本は朝鮮との交渉を進める。

⬇

○ 1876年 ＿＿＿＿＿＿…朝鮮が開国して、日本と国交を結ぶ。

※日本だけが領事裁判権を持つことなどを認めた不平等条約。

日本の国境の確定

○ 1875年 ＿＿＿＿＿＿を結ぶ。

➡ 樺太（サハリン）をロシア領とし、＿＿＿＿＿＿を日本領と定める。

○ 1876年 日本が＿＿＿＿＿＿の領有を宣言。

○ 1895年 ＿＿＿＿＿＿を沖縄県に編入することを内閣で決定。

○ 1905年 ＿＿＿＿＿＿を島根県に編入することを内閣で決定。

明治初期の国境

㉞ 北海道・沖縄県の設置と自由民権運動

(1) 日本の領土の確定

✤ ＿＿＿＿＿＿＿…1869年、 政府が北海道に改称。

➡ 北海道の行政や開拓を担当する＿＿＿＿＿＿を設置。

⬇

開拓の主力は、 農業を行いながら北海道の防衛を担う＿＿＿＿＿＿。

➡ 北海道の開拓が進む一方、＿＿＿＿＿＿民族（＿＿＿＿＿＿の人々）は土地を失う。

※北海道旧土人保護法…1899年に制定。アイヌ民族の生活の保護を目的としたが、効果は少なかった。

✤ ＿＿＿＿＿＿＿＿…江戸時代は日本（薩摩藩）と＿＿＿＿＿＿の両方に属する関係。

○ **1872年** 政府が＿＿＿＿＿＿を置く。

➡ 国王の尚泰を藩王とする。

○ **1879年** 政府が琉球藩を廃止して、＿＿＿＿＿＿を置く。

➡ 日本領になった後も、 しばらくは琉球王国時代の制度を温存。

➡ 20世紀初めに地租改正が行われ、 日本への同化政策が進む。

※琉球処分…琉球王国が日本の領土に編入されるまでの一連の流れ。

(2) 士族の反乱

✤「不平士族」…江戸時代の武士の特権だった＿＿＿＿＿の禁止や給与の廃止などが行われて、 政府に大きな不満を持った士族のこと。

➡ 1870年代、 西日本を中心に士族の反乱が相次ぐ。

⬇

✤ ＿＿＿＿＿＿＿…1877年に＿＿＿＿＿＿とともに 鹿児島の士族が起こす。

➡ 最大の士族の反乱となったが、 ＿＿＿＿＿＿で集められた平民 主体の近代的な政府軍に鎮 圧される。

士族の反乱

● おもな士族の反乱が起こった場所

秋月の乱 1876年
萩の乱 1876年
若松
水沢
新発田
山形
長岡
二本松
白河
松代
萩
秋月
佐賀の乱 1874年
佐賀
佐土原
熊本
宮崎
鹿児島
神風連の乱 1876年
西南戦争 1877年 ※西郷隆盛ら

（3）自由民権運動の広がり

○ **1874年** ＿＿＿＿＿＿たちが ＿＿＿＿＿＿＿＿＿＿＿＿＿＿＿＿＿ を政府に提出。

➡ ＿＿＿＿＿＿＿ が中心となった政府を専制政治と批判。

➡ 国民の意見を政治に反映させるために国会開設を要求。

> ゴロ
> 国会開設はいい話です
> 1 874
> よと言った板垣退助

TEST 国民が政治に参加する権利を求める ＿＿＿＿＿＿＿＿＿ が始まる。

○ **1878年** 府・県に議会を設置。

自由民権運動の演説会

➡ 議員になった豪農（ごうのう）（＝地域で強い発言力を持つ有力な農民、地主）や商工業者が政治への意識を高めて、自由民権運動に参加。

○ **1880年** ＿＿＿＿＿＿＿＿＿ を結成。

➡ 自由民権運動の代表者が大阪に集まって、国会開設の請願書を提出。

➡ 政府は受け取りを拒否。

• ＿＿＿＿＿＿＿…多摩（たま）地方（東京都）の人々がつくった憲法草案。基本的人権の保障や地方自治などを定める。このように、自主的に憲法草案をつくる動きが進む。

○ **1881年** 北海道の ＿＿＿＿＿＿＿ の施設の払い下げが明らかになる。

➡ 政府との関係が深い商人に安く売りわたそうとしたため、民権派の人々が政府を非難。

➡ 政府の中心の ＿＿＿＿＿＿＿ は、民権派とのつながりがあるとして、官僚の ＿＿＿＿＿＿＿（肥前（ひぜん）藩出身）を政府から追放。

➡ ＿＿＿＿＿＿＿＿＿＿＿ を出して、＿＿＿＿年後に国会を開くことを約束。

> MEMO
> 西南戦争の翌年、大久保利通は「不平士族」に暗殺された。その後は、長州藩出身の伊藤博文が政府の中心になった。
>
> ⚠ ○板垣退**助**
> ✕板垣退**介**
> ○大**隈**重信
> ✕大**隅**重信

国会の開設に備えて、2つの政党が結成。

• ＿＿＿＿＿＿＿＿＿…1881年に結成。板垣退助が党首。

• ＿＿＿＿＿＿＿＿＿…1882年に結成。大隈重信が党首。

○ **1884年** ＿＿＿＿＿＿＿ が起こる。

…埼玉県で自由党の党員が、生活に苦しむ農民と暴動を起こす。

➡ 政府の弾圧が強化されたため、自由民権運動が衰退。

35 立憲政治の確立と条約改正

(1) 憲法の制定

★ ✖ _____…国会開設の勅諭（ちょくゆ）が出された後、ヨーロッパに行っ

て各国の憲法を調査。

➡ 帰国後、君主権が強い

\TEST/

_____ の憲法を参考にして、

憲法草案の作成に着手。

伊藤博文

✖ _____…1885年、太政官制（だじょうかんせい）を廃止してつくられた政治制度。

➡ 伊藤博文が初代の _____ に就任。

(2) 立憲（制）国家の成立

◀ ゴロ ▶
東アジアでいち早く
つくられた大日本帝
国憲法
1 889

★ ✖ _____…1889年2月11日に発布された近代的な憲法。

※ _____…君主が定めた憲法のこと。大日本帝国憲法は、天皇が国民に与える形式で発布。

【史料】

第1条　大日本帝国ハ万世一系（ばんせいいっけい）ノ天皇之（これ）ヲ統治ス

　※天皇が _____ を持ち、国の元首として日本を治めることを規定。

第3条　天皇ハ神聖ニシテ侵（おか）スベカラズ

第11条　天皇ハ陸海軍ヲ統帥（とうすい）ス

　※天皇が陸軍・海軍を率いる権限を持つことを規定。

第29条　日本 _____（＝天皇の臣下としての国民）ハ

　　　　　　　　　　_____ニ於テ言論著作印行（いんこう）（＝印刷・発行）集会

　及（およ）ビ結社ノ自由ヲ有ス

　※議会が定める法律の範囲内であれば、言論の自由など国民の権利が認

　められることを規定。⚠　　　　　　　　　　大日本帝国憲法

✖ _____…1890年に政府が示した、国民の教育に関する方針。

　※「_____」（＝天皇への忠誠や国家への貢献）と、親への「孝（こう）」を教育や道徳の柱に定める。

✖ 民法…家族や財産など、生活に関することを定めた法律。

　※明治時代の民法は、一家の長である戸主（こしゅ）が家族を支配する「家（家制度）」を重視。

✖ _____…1890年に開かれた二院制の国会。

◎ _____…皇族、_____、天皇が任命した議員などで構成。

◎ _____…国民の_____で選ばれた議員で構成。

第1回衆議院議員総選挙

- 選挙権…直接国税を_____円以上納める、満_____歳以上の_____に与えられる。

  ※有権者は総人口の約_____％。

  ➡ _____の流れをくむ政党（＝民党）が多くの議席を獲得。

（3）欧米諸国の世界分割

- ✳ _____…資本主義の発展によって大きな力を持った欧米の国々。
- ✳ _____主義…生産に必要な資源や製品を売る市場を求めて、欧米の列強が世界中に_____を広げた動きのこと。

（4）条約改正の達成

- **1883年** 東京で_____が完成。

  ➡ 外務卿（＝外務大臣）の井上馨が舞踏会を開く。

  ➡ 条約改正につながらず。

- **1886年** _____が起こる。

  …和歌山県の近海でイギリス船が沈没し、日本人の乗客が全員水死。

  ➡ 不平等条約のため、イギリスの領事裁判は船長に軽い罰のみを与える判決を下す。

  ➡ _____

  の撤廃を求める世論が高まる。

  ノルマントン号事件

- **1894年** _____が結ばれる。

  …日清戦争の直前、外務大臣_____がイギリスと交渉して、領事裁判権の撤廃と関税自主権の一部回復を実現。⚠

- **1911年** 外務大臣_____がアメリカと交渉して_____の完全回復を実現。⚠

  ➡ 日本は50年以上かけて条約改正を達成。

> ◀ MEMO ▶
> ⚠ ○陸奥宗光
> ✕陸奥宗三
>
> 条約改正が進んだ背景には、憲法発布などで日本の近代化が進んだと欧米諸国に評価されたことがある。

36 日清戦争と日露戦争

(1) 日清の対立と開戦

- 1876年 朝鮮が＿＿＿＿＿＿＿＿＿を結んで開国する。

  ➡ 朝鮮に勢力を広げようとする日本と清が対立。

> **MEMO**
> 東学は、朝鮮の民間信仰を基にした新興宗教。キリスト教を「西学」と呼んで、朝鮮から追い払おうとした。

- 1894年 ＿＿＿＿＿＿＿＿＿が起こる。

  ➡ 東学を信仰する農民が、朝鮮半島南部で反乱を起こす。

  ↓

- ★ ＿＿＿＿＿＿＿＿＿が始まる。（～1895年）

  …朝鮮に送られた日本と清の軍隊が衝突。➡ 日本軍が勝利。

- 1895年 日清戦争の講和条約として＿＿＿＿＿＿＿が結ばれる。★

> **ゴロ**
> 日清の人々が一泊ご宿泊してできたよ、下関条約
> （1895）

  - 清は朝鮮の＿＿＿＿＿を認める。⚠

  - 清は＿＿＿＿＿、＿＿＿＿＿＿＿、＿＿＿＿＿＿＿を日本にゆずる。

  - 清は、日本に＿＿＿＿＿（=当時の日本の国家予算の約3.6倍）の賠償金を払う。

  ↓

TEST ロシアが、ドイツ・フランスとともに行った＿＿＿＿＿＿＿によって、日本は清に＿＿＿＿＿＿＿を返還。

  ➡ 日本でロシアへの対抗心が高まる。

台湾・澎湖諸島・遼東半島・南樺太の位置

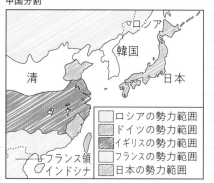

南樺太

（ ＿＿＿＿＿＿ ）

澎湖諸島

（ ＿＿＿＿＿＿ ）

(2) 日清戦争後の展開

- ✖ 朝鮮…清から独立し、1897年に国名を＿＿＿＿＿＿＿＿＿に変更。

- ✖ 中国分割…日清戦争の敗北に乗じて、欧米列強や日本がそれぞれ勢力を広げる。

中国分割

- ロシア…日本が清に返した遼東半島にある旅順・大連を＿＿＿＿＿（=期限つきで外国の領土を借りて支配すること）し、＿＿＿＿＿＿＿＿＿を敷く権利を獲得。

ロシア

韓国

清

日本

フランス領インドシナ

□ ロシアの勢力範囲
▨ ドイツの勢力範囲
▧ イギリスの勢力範囲
□ フランスの勢力範囲
▨ 日本の勢力範囲

- ✖ 台湾…日本が台湾総督府を置いて植民地支配や近代化を進める。

- ✖ 日本…軍備拡張などを行うため、藩閥政府と政党の協力が進む。

※ ＿＿＿＿＿＿＿…1900年に伊藤博文が政党政治に備えて結成。

（3）日露の対立と開戦

- **1900年** 中国で＿＿＿＿＿＿＿＿＿が起こる。

  …外国勢力に反対する義和団の勢力が、 北京(ペキン)にある各国の公使館を包囲し、

  清が列強に宣戦布告。

  ➡ 日本をふくむ列強の連合軍が義和団を鎮圧。 清は謝罪。

  ⬇

  ロシアは義和団事件で＿＿＿＿＿（中国東北部）に送った大軍の駐留を継続。⚠

- **1902年** ＿＿＿＿＿＿＿＿が結ばれる。

  …ロシアの動きを警戒する日本と＿＿＿＿＿＿＿＿の利害が一致。

  ➡ 新聞などで、 ロシアとの開戦を支持する世論が高まる。

  ➡ 社会主義者の＿＿＿＿＿＿＿や、 キリスト教徒の＿＿＿＿＿＿＿が開戦に

  反対するが受け入れられず。

TEST - **1904年** ＿＿＿＿＿＿＿＿が始まる。 （～1905年）

┏━━━━ 史料 ━━━━┓
あゝをとうとよ君を泣く
君死にたまふことなかれ
　　歌人の与謝野晶子(よさのあきこ)が戦争を批判した詩（部分）
┗━━━━━━━━━━┛

⚠ ○与謝野晶子
　　 ✗与謝野昌子

⬇

日本海海戦（1905年）で＿＿＿＿＿＿＿＿率いる日本海軍がロシアのバルチック艦隊に勝利

した後、＿＿＿＿＿＿＿が両国を仲介。

⬇

- **1905年** 日露戦争の講和条約として＿＿＿＿＿＿＿＿＿が結ばれる。

┏━━ ゴロ ━━┓
お金がもらえないので
ひどくおこられてしまっ
たポーツマス条約
（1905）
┗━━━━━━━┛

  - 韓国における日本の＿＿＿＿＿＿を認める。

  - ロシアは＿＿＿＿・＿＿＿＿の租借権や、 長春(ちょうしゅん)以南(チャンチュン)

    の＿＿＿＿＿の権利を日本にゆずる。⚠

  - ロシアは北緯50度以南の＿＿＿＿＿＿＿＿＿を日

    本にゆずる。

日清戦争・日露戦争の比較

死者	約1.4	約8.5（10万人）
戦費	約2.3	約18.3（20億円）
賠償金	約3.1	0（4億円）

▨ 日清戦争　□ 日露戦争

⬇

東京で＿＿＿＿＿＿＿＿＿＿＿が起こる。

TEST ➡ ロシアから賠償金が得られなかったことが原因。

（「日本長期統計総覧」他より作成）

37 東アジアの変動と日本

(1) 日本の大陸進出

✖ 韓国(かんこく)の植民地化

…＿＿＿＿＿＿＿＿で日本の優越権が認められたため。

◎ **1905年** 日本が韓国の外交権を奪って＿＿＿＿＿とする。

➡ ＿＿＿＿＿＿を置いて、初代統監に＿＿＿＿＿＿が就任。

◎ **1907年** 日本が韓国の内政権を奪って軍隊を解散させる。

◎ **1909年** 満州(まんしゅう)のハルビン駅で、前統監の伊藤博文が暗殺される。

※犯人は韓国人の義兵運動家だった＿＿＿＿＿。

★ ◎ **1910年** ＿＿＿＿＿＿が行われる。

➡ 韓国は朝鮮(ちょうせん)、首都の漢城(かんじょう)（ソウル）は京城(けいじょう)に改名。

➡ 日本は＿＿＿＿＿＿を置いて、植民地支配や同化政策を進める。

> **ゴロ**
> 韓国併合でいくと［1 9 1 0］
> 決めた明治の日本

✖ 満州南部への進出

…ポーツマス条約で＿＿＿＿から権利を獲得したため。

・＿＿＿＿＿＿＿＿＿＿＿＿…半官半民の企業として設立。略称は満鉄(まんてつ)。
鉄道だけでなく、炭鉱や製鉄所なども経営。

⬇

満州への進出をうかがっていた＿＿＿＿＿＿と日本の対立が深まる。

(2) 中国の革命運動

✖ ＿＿＿＿…清(しん)の打倒と近代国家の建設を目指す、革命運動の中心人物。

※三民主義…孫文が唱えた革命の指導理論。

✖ ＿＿＿＿＿＿…1912年に成立した、アジアで最初の共和国。

➡ 首都は＿＿＿＿。孫文が臨時大総統に就任。

➡ 孫文は、清の皇帝を退位させる。

★ ※＿＿＿＿＿＿…中華民国の成立と清の滅亡がなしとげられた革命。

⬇

孫文から臨時大総統の地位をゆずられた袁世凱(えんせいがい／ユアンシーカイ)は、首都を＿＿＿＿に移転。

➡ 袁世凱は革命運動を弾圧し、議会を無視して独裁政治を行う。

(3) 資本主義の発展と社会問題の発生

❊ 日本の産業革命…1880年代から＿＿＿＿＿＿が、1900年代から＿＿＿＿＿＿＿＿＿＿＿＿

が大きく発展。

- 紡績業…綿をつむいで＿＿＿＿＿をつくるなどの軽工業。

  ※おもな輸出先は＿＿＿＿＿の国々。

- 製糸業…蚕のまゆから＿＿＿＿＿をつくる軽工業。

  ＿＿＿＿＿戦争の後、日本が世界最大の生糸

  輸出国となる。

  ※おもな輸出先は＿＿＿＿＿＿。

- 鉄鋼業…鉄をつくる重工業。＿＿＿＿＿＿の賠償金

  を使ってつくられた＿＿＿＿＿＿（福岡県）

  が＿＿＿＿年に操業を始めたことから発展。

- ＿＿＿＿＿…産業革命の進展とともにさまざまな業種に進出して、日本の経済を支配した資本

  家。ex 三井、三菱、住友、安田

綿糸の生産と貿易
（千 t）

凡例：輸出量／輸入量／国内生産量

縦軸 120, 80, 40, 0

横軸 1885 1888 1891 1894 1897 1900 年

『近代日本経済史要覧』から作成

❊ 社会問題の発生

- ＿＿＿＿＿…＿＿＿＿＿の鉱毒事件の解決を訴えた、栃木県の政治家。

- ＿＿＿＿＿…1910年、社会主義者の＿＿＿＿＿などが処刑された事件。

(4) 近代文化と学校教育の普及

夏目漱石

❊ 美術

- ＿＿＿＿＿…印象派を学んだ洋画家。

- 日本画…＿＿＿＿＿や狩野芳崖。伝統

  美術の見直し。

❊ 文学 ※小説が口語（口語体）で書かれる。

- ＿＿＿＿＿…「吾輩は猫である」「坊っ

  ちゃん」

- ＿＿＿＿＿…「舞姫」

- ＿＿＿＿＿…「たけくらべ」

- ＿＿＿＿＿…短歌や俳句に「写生」を

  導入。

❊ 音楽

- ＿＿＿＿＿…唱歌をつくる。

❊ 学校教育

- …＿＿＿＿＿戦争の後、男女とも就学率が

  90％を超える。

❊ 自然科学の発展

- ＿＿＿＿＿…ペスト菌や破傷風の

  血清療法を発見。

- ＿＿＿＿＿…赤痢菌を発見。

- ＿＿＿＿＿…黄熱病を研究。

欧米諸国の近代化〜明治時代

- **1689年** イギリスで（　　　　　　　　　　）が制定される。

- **1776年** 北アメリカの13の植民地が（　　　　　　　　　　　　）を発表する。

- **1789年** フランス革命が始まり、（　　　　　　　　　　　　）が発表される。

- **1840〜42年** （　　　　　　　　　　）が起こり、清がイギリスに敗れる。

- **1853年** アメリカの（　　　　　　　）が浦賀に来航して、日本の開国を求める。

- **1854年** 江戸幕府が（　　　　　　　　）を結んで、日本が開国する。

- **1858年** 江戸幕府が（　　　　　　　　　　　）を結んで、自由貿易を始める。

- **1860年** （　　　　　　　　　　）が起こり、大老の井伊直弼が暗殺される。

- **1866年** 江戸幕府を倒そうとする雄藩が（　　　　　　　）を結んで協力する。

- **1867年** 15代将軍徳川慶喜が（　　　　　　）を行って、政権を朝廷に返す。

- **1868年** 元号が慶応から明治に改められる。

- **1869年** 各藩の藩主が（　　　　　　　）を行って、土地と人民を政府に返す。

- **1871年** 政府が（　　　　　　）を行って、地方の直接統治を始める。

- **1874年** 板垣退助らが（　　　　　　　　　）を政府に提出する。

- **1877年** 西郷隆盛と鹿児島の士族が（　　　　　　　）を起こし敗れる。

- **1885年** 内閣制度がつくられ、（　　　　　　　）が初代内閣総理大臣に就任する。

- **1889年** （　　　　　　　　　）が発布され、日本が立憲制国家となる。

- **1894年** 外務大臣の（　　　　　　　）が領事裁判権の撤廃などを実現する。
  朝鮮をめぐる対立から（　　　　　　　）が始まる。（〜1895年）

- **1901年** 福岡県で（　　　　　　　　）が操業を始める。

- **1902年** ロシアに対する利害が一致したため、（　　　　　　　）が結ばれる。

- **1904年** 日本で開戦論が高まり、（　　　　　　　）が始まる。（〜1905年）

- **1910年** 日本が（　　　　　　）を行って、朝鮮総督府を設置する。

月　日（　）

確認テスト⑤

/ **50**点

次の問いに答えましょう（5点×10）。

(1) 次の問いに答えなさい。

❶ イギリスで始まり、明治時代の日本でも起こった、工業中心への社会の移行とそれにともなう社会の大変化を何といいますか。　　　　　　（　　　　　　）

❷ ❶によって広まった経済の仕組みを何といいますか。　　　　（　　　　　　）

❸ 殖産興業を進めるため、政府が群馬県につくった官営模範工場を何といいますか。
　　　　　　　　　　　　　　　　　　　　　　　　　　　　（　　　　　　）

(2) 次の史料は、1868年に出された政治の方針の一部を要約したものです。これを読んで、あとの問いに答えなさい。

一　**A** 広く会議を開いて、**B** 政治のすべてを人々の話し合いによって決めよう

一　**C** 知識を世界に求めて、天皇中心の政治の基礎を振るい起こそう

❶ 下線部**A**について、1890年に開かれた帝国議会は二院制を採用しました。衆議院と、何という議院で構成されていましたか。　　　　（　　　　　　）

❷ 下線部**B**について、国民の意見を政治に反映させるため、国会の開設を求めた運動を何といいますか。　　　　　　　　　　　　　　（　　　　　　）

❸ 下線部**C**について、西洋の思想を日本に紹介し、『学問のすゝめ』を著したのは誰ですか。　　　　　　　　　　　　　　　　　　　（　　　　　　）

❹ この史料は何と呼ばれていますか。　　　　　　（　　　　　　）

(3) 次の❶〜❸の説明に当てはまる都市や地域を、右の地図中の**ア〜オ**から1つずつ選び、記号で答えなさい。

❶ 江戸時代末期の開港地であり、戊辰戦争が終結した都市。

❷ 下関条約で日本が獲得したが、三国干渉によって清に返還した地域。

❸ ポーツマス条約で日本が獲得した地域。

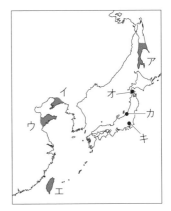

❶（　　　）❷（　　　）❸（　　　）

ここまでよくがんばったね！　江戸時代の末期から明治時代、外国との関わりが増えていく中で、日本の政治や社会の仕組みが変わっていったことは理解できたかな？
時系列でおさえることも大事だから、まとめの年表で確認しておこう。
ついでにテストもやっちゃおうね♪

38 第一次世界大戦とアジアの民族運動

(1) ヨーロッパの情勢

✖ ＿＿＿＿＿＿…19世紀末から軍備を強化した

＿＿＿＿＿＿とオーストリア・イタリアの３か国の同盟関

係。

✖ ＿＿＿＿＿＿…ドイツに対抗しようとする

＿＿＿＿＿＿とフランス・ロシアの３か国の協力関係。

※ロシアの動き… ＿＿＿＿＿＿ に敗れた後、イギリスや日本との関係を

改善。

第一次世界大戦時の国際関係

```
イギリス ──日英同盟(1902)── 日本
  │                          
三国協商              日露協約(1907)
 (1907)── ロシア          
  │                    ドイツ
フランス         オーストリア ─三国同盟
     バルカン             (1882)
     半島                    
     セルビア              イタリア
```

✖ ＿＿＿＿＿＿半島…この地域を支配する＿＿＿＿＿＿帝国（＿＿＿＿＿＿）が衰退したため、

スラブ民族の独立運動が活発化。

➡ スラブ民族を支援するロシア（スラブ系国家）と、バルカン半島に勢力を広げたいオーストリア

（ゲルマン系国家）が対立。⚠

➡ バルカン半島が「＿＿＿＿＿＿＿＿＿＿」と呼ばれる緊張状態に!

(2) 第一次世界大戦の開始と展開

◉ **1914年** バルカン半島で＿＿＿＿＿＿事件が起こる。

※ ＿＿＿＿＿＿人（スラブ系）が ＿＿＿＿＿＿の皇位継承者夫妻を暗殺。

⬇

▶ ゴロ ◀
国を挙げて戦争に行く意志
で始まった第一次世界大戦
1 9 1 4

★ ＿＿＿＿＿＿が始まる。

• ＿＿＿＿＿＿…三国同盟を中心とする国々。　• ＿＿＿＿＿＿…三国協商を中心とする国々。

TEST ※日本の動き… ＿＿＿＿＿＿を理由にして＿＿＿＿＿＿側で参戦。

➡ 中国や太平洋の＿＿＿＿＿＿の支配地を占領。

➡ 中国政府に＿＿＿＿＿＿（1915年）を出して、日本が＿＿＿＿＿＿

の権益をドイツから引き継ぐこと

などを認めさせる。

◉ **1917年** ＿＿＿＿＿＿が連合国側で参戦。

➡ 連合国が優勢となる。

◉ **1918年** ＿＿＿＿＿＿が連合国に降伏。

➡ 第一次世界大戦が終結。

第一次世界大戦中のヨーロッパ

連合国側
同盟国側
中立国

```
                        ロシア
ベルギー
イギリス   ドイツ
        オーストリア・ハンガリー
フランス        ルーマニア
        セルビア ブルガリア
ポルトガル  イタリア オスマン帝国
 スペイン        ギリシャ (トルコ)
```

（3）ロシア革命とソ連の成立

✖ ＿＿＿＿＿＿＿＿＿…戦争や、皇帝の専制に不満をいだく労働者や兵士による代表会議。

✖ ＿＿＿＿＿＿＿…戦争を続ける臨時政府を倒す運動を起こした社会主義者。

★・＿＿＿＿＿＿革命…1917年、レーニンの指導によって、世界で初めてソビエト中心の社会主義政府が成立したこと。革命後、ロシアは＿＿＿＿＿＿と単独で講和を結んで第一次世界大戦から離脱。

✖ ＿＿＿＿＿＿＿出兵…社会主義の波及や、革命の拡大を警戒するアメリカや日本などの国々が行った軍事干渉（かんしょう）（1918～22年）。

✖ ＿＿＿＿＿＿＿＿＿＿＿＿＿＿…シベリア出兵を退けたロシアが中心となって、1922年に成立させた国家。略称は＿＿＿＿＿＿。

※共産主義…あらゆるものを共有することで完全な平等を達成しようとする考え。

ロシア革命の指導政党が＿＿＿＿＿＿＿＿に改名。

（4）第一次世界大戦後の欧米とアジア

◎ **1919年**＿＿＿＿＿＿で第一次世界大戦の講和会議が開かれる。

• 敗戦国ドイツに厳しい内容の＿＿＿＿＿＿＿＿＿＿を結ぶ。

➡ 共和国となったドイツは民主的な＿＿＿＿＿＿＿＿＿＿を制定。

• アメリカの＿＿＿＿＿＿＿＿大統領が、さまざまな提案を行う。

➡ ＿＿＿＿＿＿＿の考えに従って、東ヨーロッパで多くの国が独立。

➡ アジアやアフリカには適用されず、植民地支配が続く。⚠

• 朝鮮（ちょうせん）…日本に対する＿＿＿＿＿＿＿＿＿が起こる。

• 中国…反日・反帝国主義の＿＿＿＿＿＿＿＿が北京（ペキン）から各地に広がり、孫文（そんぶん）（スンウェン）が＿＿＿＿＿＿＿＿＿＿＿＿を結成。

• インド…＿＿＿＿＿＿＿＿の指導で非暴力・不服従の抵抗運動が広がり、イギリスに完全な自治を要求。

★◎ **1920年**＿＿＿＿＿＿＿＿が発足する。

• ウィルソン大統領の提案でつくられた、世界平和のための機関。

• スイスの＿＿＿＿＿＿＿＿に本部を設置。

⚠ ◯新**渡戸**稲**造**
✕新渡**辺**稲**三**
✕新**戸部**稲造

• 日本は常任理事国となり、＿＿＿＿＿＿＿＿が事務局の次長に就任。

TEST • ＿＿＿＿＿＿＿は議会の反対で不参加。

39 護憲運動と政党政治

(1) 藩閥政治と民主主義

- **1912年** 天皇が代がわりして、元号が＿＿＿＿＿＿に改められる。

  ➡ この年、藩閥や陸軍の後押しで＿＿＿＿＿＿＿内閣が成立。

  ↓

  憲法にもとづく政治を守ろうとする＿＿＿＿＿＿＿＿＿＿＿＿＿＿＿＿＿＿＿＿が起こる。

  ↓

- **1913年** 民衆が護憲運動を支持したため、桂内閣が退陣する。

  ✖ ＿＿＿＿＿＿＿＿＿＿＿＿…民主主義を強く求めた大正時代の風潮。

  • ＿＿＿＿＿＿＿＿＿＿…天皇主権のもとで、民衆の意向を反映した政治を行う考え。
  政治学者の＿＿＿＿＿＿＿＿が主張。

  • 天皇機関説…天皇は国家の最高機関であり、憲法に従って統治すべきとする考え。

(2) 第一次世界大戦と政党内閣の成立

- ✖ ＿＿＿＿＿＿＿＿…第一次世界大戦の間、輸出額が輸入額を上回る好景気となり、日本の
  ＿＿＿＿＿＿＿＿＿＿＿＿＿＿が成長した。

  ※ ＿＿＿＿＿＿…大戦景気で、にわかに金持になった人の呼び名。

- ★ • ＿＿＿＿＿＿…1918年、米の安売りを求める騒ぎが＿＿＿＿＿＿県から全国に拡大。⚠

  米騒動の原因

  ❶大戦景気で＿＿＿＿＿＿が上がったので、民衆の生活が苦しくなっていた。

  TEST ❷＿＿＿＿＿＿＿＿を見こした商人の買い占めによって、米の値段が大幅に上がった。

  ➡ 藩閥の寺内正毅内閣は軍隊を出動させて鎮圧した後、責任を取って退陣。

- ★ • ＿＿＿＿＿＿…寺内内閣の退陣後、後任の首相になった立憲政友会の総裁。

  原内閣の特徴

  原敬

  TEST • ＿＿＿＿＿＿＿＿＿＿…ほとんどの大臣が＿＿＿＿＿＿で第一党
  の立憲政友会の党員。

  • 「＿＿＿＿＿＿＿」…華族の出身ではなく、藩閥にも属さなかった
  原首相の呼び名。

  • 有権者の拡大…選挙権に必要な＿＿＿＿＿＿
  を引き下げる。普通選挙の実
  現には消極的。

  < MEMO >
  明治時代、大隈重信が最初の政党内閣を組織した
  が短命に終わった。一方、原敬の政党内閣は首相
  自身が暗殺されるまでのおよそ3年間続いた。

(3) 大正時代の社会運動と男子普通選挙

� 労働運動…労働者が待遇の改善などを求める＿＿＿＿＿争議を起こした。

✺ 農民運動…地主に小作料の軽減などを求める＿＿＿＿＿争議が起こった。

✺ 社会主義運動…＿＿＿＿＿＿革命の影響で広がる。

- 日本共産党…1922年、非合法に結成された政党。

✺ 解放運動…差別に苦しむ人々が起こした運動。

- ＿＿＿＿＿＿＿＿＿＿…1922年、部落解放運動の全国組織として結成。

✺ 女性運動…青鞜社（せいとうしゃ）を設立した＿＿＿＿＿＿＿＿が中心。

- 新婦人協会…平塚と＿＿＿＿＿＿たちが、女性の政治参加を
  求めて結成。

平塚らいてう

✺ 護憲運動…1924年、第二次護憲運動に支持された憲政会の党首
＿＿＿＿＿＿＿が首相に就任。連立の政党内閣を組織。

★ ○ **1925年** 加藤内閣が＿＿＿＿＿＿＿を成立させる。

TEST ➡ 満＿＿＿歳以上のすべての＿＿＿＿＿＿＿に選挙
権が与えられる。

➡ 同じ年に社会主義運動を取り締まる

★ ＿＿＿＿＿＿＿を制定。

＜ ゴロ ＞
普通選挙法と治安
維持法で行く！2個（い・く・に・こ）
セットで制定だ。

(4) 大正時代の生活と文化

✺ 都市の生活…和風と洋風を組み合わせた建築の「文化住宅」が流行。

- ＿＿＿＿＿＿＿…給料を得るために働く人。

- 「＿＿＿＿＿＿」…電話交換手やバスの車掌（しゃしょう）などとして働く女性の呼び名。

★ ✺ ＿＿＿＿＿＿…1923年、東京や横浜（よこはま）をふくむ地域で起こった大規模な災害。

➡ 震災後、都市改造が行われて近代化が進む。

★ ✺ ＿＿＿＿＿＿…1925年に開始。新聞と並んで、全国的な情報源となる。

芥川龍之介

✺ 大衆文化（文化の大衆化）…一般の人々に向けた文化が生まれる。

- ＿＿＿＿＿＿…古典を題材にした『羅生門（らしょうもん）』や子ども向けの『蜘蛛（くも）の糸』など多くの短編小説を発表。

- ＿＿＿＿＿＿…労働者の生活などを題材とするプロレタリア文学の作家として活躍。『蟹工船（かにこうせん）』などを発表。

40 世界恐慌と日本の混乱

(1) 世界恐慌と各国の動き

★❈ ＿＿＿＿＿＿＿…1929年、アメリカの＿＿＿＿＿＿＿＿で株価が大暴落したことがきっかけ。

　➡ 世界経済の中心のアメリカから、各国に不景気が拡大。

各国の対策や影響

❈ アメリカ

　…1933年から＿＿＿＿＿＿大統領が＿＿＿＿＿＿＿＿＿＿＿＿＿＿＿を実施。

　　➡ ダム建設などの＿＿＿＿＿＿で失業者を雇用。

❈ イギリス・フランス

TEST …本国と植民地の貿易をさかんにして、外国からの輸入品に高い関税をかけて締め出す＿＿＿＿＿＿＿を実施。

　　➡ 自国の経済回復を優先したため、国際協調が後回しになる。

おもな国の鉱工業生産指数を表したグラフ

*1929年の指数を100とする

出典：明治以降 本邦主要経済統計

❈ ソ連

　…＿＿＿＿＿＿＿が指導した「＿＿＿＿＿＿＿」によって計画経済が行われたため、世界恐慌の影響を受けず。

❈ 日本

　…関東大震災の影響などによる金融恐慌（1927年）で銀行の休業・倒産が増えた後、世界恐慌の打撃を受けて＿＿＿＿＿＿（1930年）が発生。

　　➡ 労働者や農民の生活が苦しくなる。⚠

　　※ ＿＿＿＿…1926年、天皇の代がわりによって改められた元号。

(2) ファシズムの台頭

❈ ＿＿＿＿＿＿＿…議会制民主主義を否定する、独裁的な政治体制。

　• イタリア…第一次世界大戦後、ファシスト党を率いる＿＿＿＿＿＿＿＿が政権をにぎる。

　　　➡ アフリカの＿＿＿＿＿＿＿を侵略。

　• ドイツ…＿＿＿＿＿＿＿＿で課された多額の賠償金などで経済が混乱する中、＿＿＿＿＿＿＿＿＿を率いる＿＿＿＿＿＿が政権をにぎる。

　　　➡ ほかの政党の解散や軍備増強を行い、＿＿＿＿＿人を迫害。

(3) 中国の国民政府と日本

✖ ______…孫文（そんぶん／スンウェン）の死後、中国国民党の指導者となる。

➡ 南京（ナンキン）に国民政府をつくって各地の軍閥（ぐんばつ）を打倒。

国民政府が満州（まんしゅう）の軍閥も従えたため、中国がほぼ統一される。

> MEMO
> 関東軍とは、満州に置かれた日本軍のこと。日本の租借地が「関東州」と呼ばれたことによる。

(4) 政党政治の終わりと軍部の強大化

◎ **1931年** 満州で______が起こる。

…______（現在の瀋陽（しんよう／シェンヤン））の郊外で、関東軍が南満州鉄道の線路を爆破。

➡ 中国側が爆破したとして、関東軍が攻撃（こうげき）を開始。➡ ______が始まる。★

満洲国の位置

⬇

◎ **1932年** ______の建国を宣言。

…満州の主要部を占領した関東軍が、清（しん）の最後の皇帝だった______を元首とする国をつくる。

首都は新京（しんきょう）（現在の長春（ちょうしゅん／チャンチュン））。

➡ 満州国の実権は日本がにぎる。

⬇

★ 日本で______が起こる。

…海軍の青年将校たちが______首相を暗殺。

➡ ______が行われなくなり、おもに軍人出身の人物が首相に就任するようになる。

> MEMO
> ⚠ ○犬養毅
> ×犬飼毅
>
> 将校…指揮官クラスの軍人。
> 軍部…軍人による政治勢力。

⬇

◎ **1933年** 日本が______を通告する。

…中国の訴えに基づいて、国際連盟が______を派遣して満州事変を調査。

TEST ➡ 調査の結果、国際連盟は______を承認せず、占領地からの日本軍の撤兵（引きあげ）を勧告。

➡ 勧告に反発して国際連盟を脱退した日本は、国際的に孤立。

⬇

◎ **1936年** 東京で______が起こる。

(1) 日中戦争と戦時体制の形成

- 1937年 北京(ペキン)の郊外で_____が起こる。

  …中国北部で日本軍と中国軍が衝突。 ➡ _____に発展。

  ┣➤ 日本軍が各地を攻撃(こうげき)し、 首都の_____を占領。

  ┗➤ 国民政府は、 それまで戦っていた中国共産党と協力することを決めた。

- 1938年 近衛文麿(このえふみまろ)内閣が_____を制定。

  TEST ※政府が議会の承認なしに国民や物資を動員できる法律。

- 1940年 近衛首相の主導で、 大政翼賛会(たいせいよくさんかい)を結成。

日本の戦時体制

- _____…政府が生活に必要な物資を統制して、 国民に割り当てる制度。

- _____…住民の相互監視のためにつくられた組織。

- 国民学校…小学校(尋常(じんじょう)小学校)を改名。 軍国主義的な教育を行う。

- 皇民(こうみん)化(か)政策…植民地で行われた、 日本語の使用や神社参拝の強要などの政策。

  朝鮮(ちょうせん)では日本式の姓名にする_____も実施。

(2) 第二次世界大戦の開始

- 1939年 _____が結ばれる。

  ➡ ソ連との対立を解消した_____が_____に侵攻。

  ➡ ポーランドを支援するイギリスやフランスが、 ドイツに宣戦布告。

  ★ ➡ _____が始まる。

- 1940年 ドイツがパリを占領し、_____が降伏。

  ➡ _____がドイツ側で参戦。

  ➡ 日本はドイツ・イタリアとの関係を深めて_____を結ぶ。

  ⬇

ドイツは占領地で住民の弾圧や物資を徴発し、ユダヤ人を_____(ポーランド)などの強制収容所に送って殺害。

  ➡ ヨーロッパ各地にレジスタンスと呼ばれる抵抗運動が拡大。

ゴロ
1 9 3 9
どの国も戦で苦しい
第二次世界大戦

第二次世界大戦中のヨーロッパ

- ドイツ・イタリアと植民地
- 枢軸(すうじく)国側の国(1941年まで)
- 枢軸国の占領地(1942年まで)
- 連合国側 □中立国

◎ 1941年 アメリカとイギリスが大西洋憲章を発表。

…アメリカの＿＿＿＿＿＿＿大統領と、イギリスの＿＿＿＿＿＿首相が、民

主主義を守る意思や戦後の平和構想を示す。

➡ ファシズムに反対する＿＿＿＿＿と、ファシズムを広げようとする＿＿＿＿

が対立する構図が明確化。

(3) 日本の南進と新たな戦争

◎ 1941年

• 4月 ＿＿＿＿＿＿＿を結ぶ。

…南進を目指す日本が、北方の安全を確保。

※南進…＿＿＿＿＿の獲得や、中国への支援の妨害を目的として、武力によって東南アジアに進出する政策。

➡ 1940年のフランスの降伏後、＿＿＿＿＿＿＿＿＿＿（現在のベトナム・カンボ

ジア・ラオス）の北部に続いて南部にも進軍。

• 7月「＿＿＿＿＿＿包囲陣（包囲網）」の形成。

…＿＿＿＿＿などの輸出禁止を実施。

※アメリカなどの国々が、日本を経済的に封鎖。

⬇

日本とアメリカとの交渉が決裂。

⬇

＿＿＿＿＿＿＿内閣と軍部はアメ

リカとの開戦を決定。

TEST • 12月 日本軍がハワイの＿＿＿＿＿にあ

るアメリカ軍基地を攻撃し、イギリ

ス領の＿＿＿＿＿＿＿に上陸。

★ ➡ ＿＿＿＿＿＿＿＿＿＿＿＿＿＿＿＿＿＿が始まる。

➡ 日本は、欧米の植民地支配を打ち破ってアジアの民族

だけで栄える「大東亜共栄圏」の建設を目標に掲げ、

この戦争を「＿＿＿＿＿＿＿」と呼んだ。

➡ ドイツとイタリアもアメリカに宣戦布告したため、第二次世界大戦の規模

が拡大。

太平洋戦争時の国際関係

独ソ不可侵条約
（1939〜1941）

日ソ中立条約
（1941）

ソ連

China
中華民国

America
アメリカ

ドイツ

日独伊
三国同盟(1940)

フランス

日本

ABCD包囲陣

イタリア

イギリス
Britain

オランダ
Dutch

◀【ゴロ】▶

⚠ ○東条英機
✕東条秀樹

戦場に行く用意をして
始めた太平洋戦争

42 第二次世界大戦と太平洋戦争の終結

(1) 戦局の転換

- **1941~42年** 日本軍が、東南アジアから太平洋までの広大な地域を占領。

  ↓

- **1942年** ハワイの西方で＿＿＿＿＿＿＿＿＿＿＿が行われる。

  ➡ 日本軍がアメリカ軍に大敗。

  　➡ 日本軍の攻勢が止まり、戦況が大きく悪化。

  　　➡ 東南アジアや太平洋の島々では、日本軍の占領政策に反発する人々による
  　　　抵抗運動（抗日運動）が発生。

- **1943年**

  - **2月** 不可侵条約を破って侵攻した＿＿＿＿＿軍をソ連軍が撃退。

    日本軍がガダルカナル島から撤退。

    ➡ アメリカ軍との戦いに敗れ、太平洋南部の拠点を失う。

  - **9月** ＿＿＿＿＿＿＿が連合国に

    降伏。

    ➡ ムッソリーニは失脚。

- **1944年**

  - **7月** 太平洋の＿＿＿＿＿島
    が陥落。

    ➡ 太平洋中部の拠点を失
    い、アメリカ軍による日本
    本土への＿＿＿＿＿が始ま
    る。

    ➡ 東条内閣は退陣。

太平洋戦争の様子

┈┈┈┈ 日本軍の　　　━━▶ 日本軍の攻撃進路　　数字 戦闘の行われた
　　　最大進出線　　　━━▶ 連合国軍の攻撃進路　　　　　年月

強まる戦時体制

- ＿＿＿＿＿＿＿…徴兵を猶予されていた文科系の＿＿＿＿＿＿
  を軍隊に召集。

- ＿＿＿＿＿＿…労働力不足を補うため、中学生や女学生が
  軍需工場などで働く。

- ＿＿＿＿＿＿＿＿…空襲を避けて、都市の
  ＿＿＿＿＿＿＿が農村に移動。

学徒出陣の様子　出典：アフロ

（2）日本の敗戦

◎ **1944年** 連合国軍がフランスの＿＿＿＿＿＿を解放。

→ 枢軸国（すうじくこく）であるドイツ本国への攻撃が強まる。

◎ **1945年**

• **2月** 連合国が＿＿＿＿＿＿＿＿＿を行う。

…黒海（こっかい）沿岸でアメリカ・イギリス・ソ連の首脳が会談。

→ ＿＿＿＿＿＿が対日参戦を行い、見返りとして南樺太（みなみからふと）や千島（ちしま）列島を領土にする

秘密協定が結ばれる。

↓

• **3月** ＿＿＿＿＿＿＿＿によって10万人以上が死亡。

→ 東京以外の主要都市も、アメリカ軍の焼夷弾（しょういだん）による無差別爆撃を受けたため、

数十万人が犠牲になる。

• **4月** アメリカ軍の沖縄本島への上陸によって＿＿＿＿＿＿が始まる。

※＿＿＿＿＿＿＿＿＿…沖縄戦で動員された女学生の部隊。兵士の看護などを行ったが、多くが命を落とした。

• **5月** ＿＿＿＿＿＿が連合国に降伏する。 ※＿＿＿＿＿＿＿は自殺（4月）。

★ • **7月** 連合国が＿＿＿＿＿＿＿＿＿を発表する。

→ 政府は宣言を受け入れないまま、黙殺を続ける。

史料

8 日本の＿＿＿＿＿＿が及ぶのは、本州・北海道・九州・四国と、連合国が決める島に限る。

10 すべての戦争犯罪人に厳罰（げんばつ）を加える。日本政府は、国民の＿＿＿＿＿＿＿的傾向を復活・強

化させ、言論・宗教・思想の自由と＿＿＿＿＿＿＿＿の尊重を確立するべきである。

13 われらは日本政府が軍隊の＿＿＿＿＿＿＿＿を宣言することを求める。これ以外の選択は迅（じん）

速で完全な壊滅（かいめつ）があるのみとなる。 ポツダム宣言（部分要約）

↓

• **8月6日** アメリカ軍が＿＿＿＿＿に＿＿＿＿＿＿＿＿＿を投下。

8日 ソ連が＿＿＿＿＿＿＿＿を破り、日本に宣戦布告。

9日 アメリカ軍が＿＿＿＿＿＿に原子爆弾を投下。

ソ連が満州（まんしゅう）や南樺太、千島列島などに侵攻を開始。

14日 政府が、ポツダム宣言を受け入れて降伏することを決定

15日 昭和（しょうわ）天皇がラジオを通じて＿＿＿＿＿＿を行い、国民に日本の降伏を知らせる。

43 日本国憲法と国際連合

(1) 連合国軍による占領

✖ 降伏後の日本…アメリカ軍を主力とする連合国軍に占領される。

➡ 連合国は＿＿＿＿＿＿を最高司令官とする

＿＿＿＿＿＿＿＿＿＿＿＿＿＿＿＿を設置。

GHQによる戦後改革

✖ 日本の軍国主義の排除

- 日本の非軍事化…＿＿＿＿を解散。
- ＿＿＿＿＿＿＿＿＿＿＿＿…戦争犯罪人とみなした人たちを裁く。
- 昭和天皇の「人間宣言」…天皇を＿＿＿＿＿＿とする考え方を否定。

✖ 日本の民主化

- 政治活動の自由…＿＿＿＿＿＿を廃止し、選挙法を改正して満＿＿＿歳以上の＿＿＿＿に選挙権を与える。＿＿＿＿も復活。 TEST
- 経済の民主化

❶＿＿＿＿＿＿…日本の経済を支配してきた大資本家を解体する。

❷＿＿＿＿＿＿…政府が地主の土地を買い上げて小作人に安く売り渡すことで、多くの自作農をつくり出した。 TEST

❸労働組合法の制定…労働者の＿＿＿＿＿＿＿＿を認める。

農地改革による農地・農民の変化

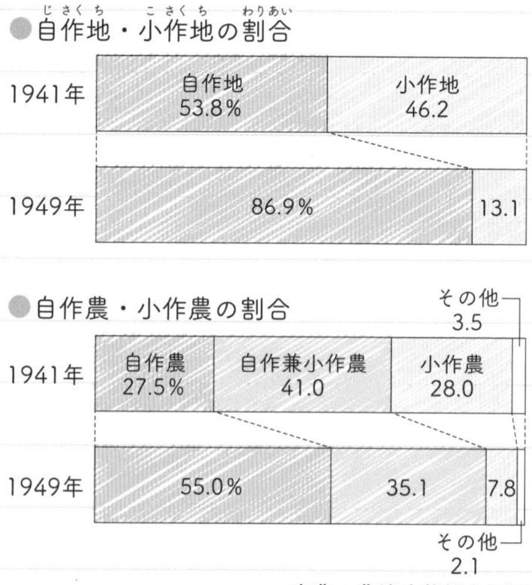

自作地・小作地の割合
1941年
自作地 53.8%
小作地 46.2
1949年
86.9%
13.1
自作農・小作農の割合
1941年
自作農 27.5%
自作兼小作農 41.0
小作農 28.0
その他 3.5
1949年
55.0%
35.1
7.8
その他 2.1

出典：農地改革顛末概要

- 新憲法の制定…GHQがつくった草案をもとにして、1946年11月3日に＿＿＿＿＿＿を公布し、1947年5月3日から施行。

※基本原理は❶＿＿＿＿主権・❷＿＿＿＿＿＿の尊重・❸＿＿＿＿＿＿の3つ。

天皇は国と国民統合の＿＿＿＿となる。

- 教育の民主化…1947年に＿＿＿＿＿＿を制定。教育勅語は失効。

敗戦直後の社会

✖ 人口の急増…占領地などから約600万人の軍人や民間人が引きあげ。

- シベリア抑留…満州などに侵攻したソ連軍に捕らえられた日本人。強制労働などで多くの犠牲者が出た。

(2) 第二次世界大戦後の世界

- ______
  …1945年10月に設立。本部はアメリカのニューヨーク。
  世界の平和と安全を守る______が設けられ、______・______・______・______・______が常任理事国に。

- ★ ______…第二次世界大戦後の対立の構図。
  - 西側陣営（じんえい）…アメリカを中心とする資本主義の国々。1949年に軍事同盟の______を結成。
  - 東側陣営…ソ連を中心とする社会主義（共産主義）の国々。1955年に軍事同盟の______を結成。

- 大戦後のドイツ
  …西側をアメリカ・イギリス・フランス、東側をソ連が占領。➡ 1949年、西側に______、東側に______が成立。
  ※「______」…ベルリンを東西に分断する建造物。冷戦の象徴。

冷戦による東西の対立（1946~1955年ごろ）

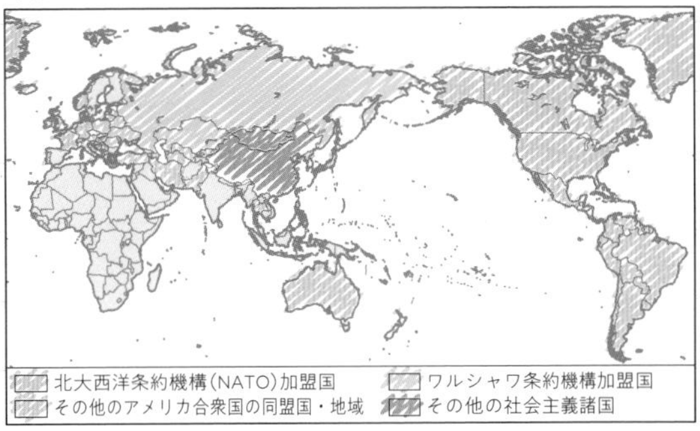
北大西洋条約機構(NATO)加盟国
ワルシャワ条約機構加盟国
その他のアメリカ合衆国の同盟国・地域
その他の社会主義諸国

- 大戦後の中国
  …国民政府との内戦に勝利した中国共産党が、1949年に______を建国。
  主席は毛沢東（もうたくとう／マオツォトン）。➡ 敗れた国民政府の蔣介石（しょうかいせき／チャンチェシー）は______に逃走。

- 大戦後の朝鮮（ちょうせん）半島
  …北緯______度線を境に、南半分をアメリカ、北半分をソ連が占領。
  ➡ 1948年、南側に______、北側に______が成立。➡ 1950年、北朝鮮の侵攻によって______が開始。➡ アメリカ中心の国連軍が韓国を、中国の義勇軍が北朝鮮を支援し、戦争が長期化。⚠ ➡ 1953年に板門店（はんもんてん／パンムンジョム）で休戦協定を結ぶ。

- 植民地支配からの解放…大戦後、アジアやアフリカで多くの独立国が誕生。
  - ______…1955年、インドネシアの______で開かれた国際会議。参加国が植民地支配への反対や平和共存などを確認。
  - アフリカの年…1960年、アフリカ大陸で17か国が独立を達成。

44 **戦後の日本の外交と世界**

(1) 1950～60年代の日本の政治や外交

�֎ _____…1950年に朝鮮戦争が始まった後、GHQの指令でつくられた治安維持のための組織。現在の_____の前身。⚠

✖ _____景気…朝鮮戦争に参戦するため、在日アメリカ軍も出動。

➡ アメリカ軍の軍需物資を大量に生産したため、日本の経済が好況となって復興が加速。

★ ✖ _____…1951年に日本がアメリカなど48か国と結んだ講和条約。
日本からは_____首相が出席して調印。

➡ 翌年、日本は_____を回復。

> ◀ ゴロ ▶
> 西側陣営に行く合意にするぞ
> サンフランシスコ平和条約

✖ _____

…サンフランシスコ平和条約と同時に、日本がアメリカと結んだ条約。

➡ 占領終結後も、日本国内に_____の基地を置くことを認める。⚠

サンフランシスコ平和条約の調印式

出典：AP／アフロ

✖ _____…1955年から、保守勢力の
_____が与党、
革新勢力の_____が主要野党となる。

✖ _____…1956年に_____内閣が調印。

➡ _____の問題が未解決のまま、ソ連との国交を回復。
シベリア抑留の日本人が全員帰国。

⬇

✖ _____への加盟…1956年に行われ、日本が国際社会に復帰。

TEST ※日ソ共同宣言の調印によって、ソ連が日本の加盟反対を取り下げたために実現。

✖ _____…1960年に起こった、日米安全保障条約の改定への大規模な反対運動。
デモ隊が国会議事堂を包囲。

➡ 自民党の_____内閣は社会党などの反対をおさえて、衆議院で批准
（＝条約の承認）を強行採択。

（2）1960～70年代の世界の動き

✴ ＿＿＿＿＿＿＿…カリブ海の島国＿＿＿＿＿＿で成立した社会主義政権が、東側陣営に

　　　　入ったことがきっかけ。

➡ 1962年、＿＿＿＿＿がキューバにミサイル基地を建設。

➡ ＿＿＿＿＿＿＿が海上封鎖を行い、核戦争の危機。

✴ ＿＿＿＿＿＿＿…1965年、＿＿＿＿＿＿が南ベトナムを支援するため、北ベトナムへ激し

い攻撃を行ったことから激化する。

➡ 1976年、北ベトナムが南ベトナムを占領して統一。

➡ ベトナム社会主義共和国が成立。

（3）1960～70年代の日本の外交

田中角栄

◉ **1965年** ＿＿＿＿＿＿内閣が＿＿＿＿＿＿＿を結ぶ。

➡ ＿＿＿＿＿＿＿＿＿を朝鮮半島で唯一の政府として承認。

◉ **1972年** ＿＿＿＿＿＿内閣が＿＿＿＿＿＿＿に調印して国交

を正常化。

➡ ＿＿＿＿＿＿＿＿を中国で唯一の政府として承認。

➡ 台湾の＿＿＿＿＿＿との国交を停止。

◉ **1978年** ＿＿＿＿＿＿内閣が＿＿＿＿＿＿＿＿＿を結ぶ。

⚠ ○日中**平和友好**条約
　　✕日中**友好平和**条約

（4）日本の領土の返還

✴ アメリカとの交渉…＿＿＿＿＿＿＿＿＿＿＿＿＿の発効後も、アメリカの統治下に置かれ

た領土の返還を目指して、歴代内閣が交渉を続ける。

➡

◉ **1953年** ＿＿＿＿＿＿（鹿児島県）が日本に復帰。

◉ **1968年** ＿＿＿＿＿＿（東京都）が日本に復帰。

◉ **1972年** ＿＿＿＿＿が日本に復帰。

➡ 佐藤栄作内閣はアメリカと交渉する過程で、核兵器を

「＿＿＿＿＿、＿＿＿＿＿、＿＿＿＿＿＿＿＿＿＿」

の＿＿＿＿＿＿を確認。

45 高度経済成長と国際社会

(1) 1950～80年代の日本の経済と社会

経済の復興

＿＿＿＿＿景気を経て、1950年代半ばまでに戦前の水準を回復。

★ ✖ ＿＿＿＿＿＿＿…1950年代後半～70年代前半まで、経済成長率が年平均＿＿＿＿%程度の高さを維持。

※「＿＿＿＿＿」計画…1960年に＿＿＿＿＿＿＿内閣が決定。国民の収入を増やすために経済成長を促進。

○ 1964年 ＿＿＿＿＿＿＿＿＿＿＿＿を開催。

※開催に合わせて＿＿＿＿＿＿＿や高速道路が開通。

> ⚠ ○池田勇人
> ✖池田隼人

○ 1968年 日本の国民総生産（GNP）が、資本主義国の中で＿＿＿位になる。

…アメリカに次ぐ経済力を持つ国に発展。⚠

○ 1970年 大阪で＿＿＿＿＿＿＿＿＿を開催。

★ ○ 1973年 ＿＿＿＿＿＿＿＿＿＿＿が発生。

> ◀ゴロ▶
> 1973
> 引く波のように経済が
> 悪化してしまった石油
> 危機

TEST …第四次＿＿＿＿戦争の影響で石油の価格が大きく上昇。

国民の生活の変化

✖「＿＿＿＿＿＿」…高度経済成長期に普及した、3つの家庭電化製品。

・＿＿＿＿＿＿・＿＿＿＿＿＿・＿＿＿＿＿＿

✖ ＿＿＿＿＿…経済成長を優先したために深刻化した、自然や人体への被害。

○ 1967年 ＿＿＿＿＿＿＿＿＿を制定。

○ 1971年 ＿＿＿＿＿＿（現在は環境省）を設置。

✖「経済大国」…石油危機を乗りこえた日本は、工業製品の輸出が増加。

・＿＿＿＿＿＿…輸出増によって＿＿＿＿＿＿＿が拡大する日本と、輸入増による貿易赤字になやむ相手国との対立。1980年代は自動車などの輸出をめぐり、＿＿＿＿＿＿＿との対立が深刻化。

・＿＿＿＿＿＿…1980年代後半から1990年代初めにかけて、地価や株価が異常に値上がりしたため、不健全な好況が発生。

川端康成

(2) 戦後の文化

✖ 高い水準の科学技術…戦後の経済発展に貢献。多くのノーベル賞の受賞者を輩出。

・＿＿＿＿＿＿…1949年、ノーベル物理学賞を受賞。日本人で初めての受賞者となる。

・＿＿＿＿＿＿…ノーベル文学賞を受賞。代表作は『伊豆の踊子』『雪国』。

✖ マスメディアの発達…1953年に放送が始まった＿＿＿＿＿など。

(3) 冷戦終結後の世界と日本

冷戦（冷たい戦争）の終結

- **1985年** ＿＿＿＿＿＿＿＿がソ連の指導者になって改革を始める。
  - ➡ 東ヨーロッパ諸国で民主化運動が高まる。
- **1989年** 冷戦の象徴（しょうちょう）の「＿＿＿＿＿＿＿＿」が崩壊。

⬇

＿＿＿＿＿＿＿が行われ、アメリカとソ連の首脳が冷戦の終結を宣言。

- **1990年** 東西＿＿＿＿＿が統一。
- **1991年** ソ連が＿＿＿＿。➡ ロシアやウクライナなどの共和国が独立。

冷戦終結後の世界の課題

✖ 地域紛争（ふんそう）

…世界各地で民族・宗教などをめぐる対立やテロリズムが発生。

- 東ヨーロッパの＿＿＿＿＿＿＿＿＿は内戦で分裂。
- アメリカは＿＿＿＿＿＿（1991年）、＿＿＿＿＿＿＿＿事件（2001年9月11日）、＿＿＿＿＿＿＿（2003年～2011年）を経験。

おもな紛争

イラク戦争
アフガニスタン内戦
湾岸戦争
ベトナム戦争
アメリカ
同時多発
テロ事件
ユーゴスラビア
紛争

➡ 国連の平和維持（いじ）活動（PKO）や、民間の非政府組織（NGO）が紛争の防止や解決に向けて努力。

✖ 国際協調

- ＿＿＿＿＿＿＿＿＿（サミット）（1975年開始）など。
- ヨーロッパでは＿＿＿＿＿＿＿連合（＿＿＿＿）による地域協力を強化。

冷戦終結後の日本の課題

- 平成（へいせい）不況…1991年にバブル経済が崩壊して不況が発生。➡ 2008年の＿＿＿＿＿＿＿＿＿＿＿＿＿＿の影響などで不況が長期化。
- 政治の安定…1993年に＿＿＿＿＿＿が終わり、政権交代が時々発生。
- 相次ぐ自然災害…1995年に＿＿＿＿＿＿＿＿＿＿、2011年に＿＿＿＿＿＿＿＿が発生。

ボランティア活動や防災教育の重要性が認識される。

大正時代～昭和時代～平成時代

- 1914年　（　　　　　　　　　）事件が起こる。　➡ 第一次世界大戦が始まる。

- 1917年　ロシア革命が起こる。　➡ 日本やアメリカが（　　　　　　　　　　　）による軍事干渉
  を行う。

- 1919年　第一次世界大戦に敗れたドイツが（　　　　　　　　　　）を結ぶ。
  朝鮮で（　　　　　　　　）運動が起こる。
  中国で（　　　　　　）運動が起こる。

- 1920年　アメリカのウィルソン大統領の提案にもとづき（　　　　　　　　）が発足。

- 1925年　普通選挙法が制定される。
  社会主義運動を取り締まる（　　　　　　　　）が制定される。

- 1929年　ニューヨークでの株価大暴落から（　　　　　　　　）が始まる。

- 1931年　柳条湖事件をきっかけにして（　　　　　　　）が始まる。

- 1932年　犬養毅首相が暗殺される（　　　　　　　）が起こる。

- 1937年　盧溝橋事件をきっかけにして（　　　　　　　）が始まる。

- 1938年　政府が議会の承認なしに国民や物資を戦争に動員できる（　　　　　　　　　）
  が制定される。

- 1939年　ドイツがポーランドに侵攻する。　➡ （　　　　　　　　　）が始まる。

- 1945年　日本が（　　　　　　　　）を受け入れて連合国に降伏する。

- 1946年　（　　　　　　　　　　　　　　　）の草案をもとにした日本
  国憲法が公布。

- 1950年　朝鮮戦争が始まる。　➡ 自衛隊の前身である（　　　　　　　　）が結成。

- 1951年　日本がアメリカと（　　　　　　　　　　　　）を結ぶ。

- 1956年　日本がソ連との国交を回復した後、（　　　　　　　）に加盟する。

- 1973年　中東で戦争が起こり、（　　　　　　　　　　　）が発生する。

- 1989年　マルタ会談で、米ソの首脳が（　　　　　　　　　）の終結を宣言。

月　　日（　）

確認テスト⑥

/50点

次の問いに答えましょう（5点×10、⑵❷は完答）。

⑴ 右の図は、第一次世界大戦が始まる前の国際関係
　 を表しています。次の問いに答えなさい。

　❶A〜Dに当てはまる語句や国名の組み合わせと
　　して正しいものを、次の**ア〜エ**から1つ選びな
　　さい。　　　　　　　　　　　　　（　　　）

```
        C ─────日英同盟(1902)──── 日本
        │A                           日露協約(1907)
      フランス    ロシア         D
                    │          B
              オーストリア
        バルカン           イタリア
        半島
        セルビア
```

　　ア　A－三国同盟　B－三国協商
　　　　 C－イギリス　D－ドイツ

　　イ　A－三国同盟　B－三国協商　C－ドイツ　　D－イギリス

　　ウ　A－三国協商　B－三国同盟　C－イギリス　D－ドイツ

　　エ　A－三国協商　B－三国同盟　C－ドイツ　　D－イギリス

　❷図のバルカン半島は、民族運動や列強の対立のために緊張状態が高まったことから
　　何と呼ばれていましたか。　　　　　（　　　　　　　　　　　　　）

　❸図のロシアは、第一次世界大戦中の革命を経て、何という国になりましたか。正式
　　国名を書きなさい。　　　　　　　　（　　　　　　　　　　　　　）

⑵ 次の**A〜F**は大正・昭和時代に成立した内閣です。あとの問いに答えなさい。

　A 加藤高明内閣…満（　　）歳以上のすべての男子に選挙権を与えた。
　B 田中角栄内閣…（　　）に調印して、中国との国交を正常化した。
　C 東条英機内閣…ハワイの真珠湾などを攻撃して（　　）を始めた。
　D 鳩山一郎内閣…（　　）に調印したが、北方領土問題は解決しなかった。
　E 原敬内閣…（　　）が鎮圧された後、本格的な政党内閣を組織した。
　F 吉田茂内閣…（　　）に調印して、日本の独立を回復した。

　❶A〜Fの（　　）に当てはまる数字や語句をそれぞれ書きなさい。

　　A（　　　）B（　　　　　　　） C（　　　　　　　　　　　　　）

　　D（　　　　　） E（　　　　　） F（　　　　　　　　　　　）

　❷A〜Fを年代の古い順に並べかえたとき、2番目と5番目に来るものを、それぞれ記
　　号で答えなさい。　　　　　　　　　　　　 2番目（　　　）5番目（　　　）

よくがんばったね。これで歴史の学習は終わり！
歴史では過去のいろいろなできごとを学んだけど、それらのできごと
がどうして起こったかをおさえておくことが大事なんだよ。そうすれば、
歴史の流れがつかめるからね。さあ、ゆっくり休んで疲れをいやそう！

監修（デザイン）：みおりん
勉強法デザイナー。
「すべての人にごきげんな勉強法を」をコンセプトに活動。地方から東京大学を受験するも、大差で不合格に。1年間の自宅浪人生活を経て東京大学文科三類に合格し、その後法学部へ進学。3年生修了と同時にカナダでのワーキングホリデー留学に挑戦し、2019年3月に同大学を卒業。YouTubeチャンネル「みおりんカフェ」（チャンネル登録者数15万人/2024年2月時点）でも、ノート術や勉強法を動画で楽しく紹介。著書に『東大女子のノート術 成績がみるみる上がる教科別勉強法』（エクシア出版）や、『やる気も成績もぐんぐんアップ! 中学生のおうち勉強法入門』（実務教育出版）、『大学合格を引き寄せる! 東大卒がおしえる 逆転おうち勉強法』（KADOKAWA）などがある。
・YouTubeチャンネル：『みおりんカフェ』
・ブログ：『東大みおりんのわーいわーい喫茶』
・Instagram：@miorin2018
・X（旧Twitter）：@miori_morning
・TikTok：@miorincafe

監修（教科）：玉田　久文（たまだ　ひさあき）
スタディサプリ講師。
1980年兵庫県生まれ。大学時代から兵庫県の学習塾で教壇に立つ。大学卒業後は外食産業に就職するが、数年後に香川県で塾業界に戻る。2006年より中学受験専門塾の社会科講師として、首都圏の学習塾で活躍。2010年に独立し、現在は神奈川県横浜市で少人数制の中学受験専門塾を経営している。2015年からスタディサプリ小学講座で社会科を担当。「社会は興味を持てばすぐに得意科目になる」という考えのもと、生徒が興味を持つ楽しい授業を展開し、好評を得ている。著書・監修書に、『中学社会のなぜ? が1冊でしっかりわかる本』（かんき出版）、『高校入試 7日間完成 塾で教わる 中学3年分の総復習 社会』（KADOKAWA）などがある。

ポイント整理（せいり）でテストの点数（てんすうちょう）超アップ!
中学歴史（ちゅうがくれきし）のまとめノート

2024年3月29日　初版発行
2024年8月10日　再版発行

監修／みおりん、玉田 久文（たまだ ひさあき）

発行者／山下　直久

発行／株式会社KADOKAWA
〒102-8177　東京都千代田区富士見2-13-3
電話 0570-002-301（ナビダイヤル）

印刷所／株式会社加藤文明社印刷所

製本所／株式会社加藤文明社印刷所

●お問い合わせ
https://www.kadokawa.co.jp/（「お問い合わせ」へお進みください）
※内容によっては、お答えできない場合があります。
※サポートは日本国内のみとさせていただきます。
※Japanese text only

定価はカバーに表示してあります。

中学 歴史 の まとめノート

別冊解答

2～29 ページ
本冊の解答

30～31 ページ
スケジュール管理表、
確認テスト 点数記録表

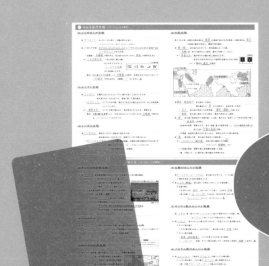

解答は赤シートで
隠せるから、
別冊だけで
暗記用にも使える！

第**1**章

古代文明の成立と東アジア
∨

❶ 人類の出現と進化 （10〜11ページの解答）

(1) 年代の表し方

❌ 西暦 … キリスト が生まれたと考えられている年を紀元1年として数え始める方法。

紀元1年より前は 紀元前 ○○ 年と書き表す。

※紀元前は B.C. 、紀元（紀元後）は A.D. と表す方法もある。

MEMO
現在では、キリストが生まれたのは紀元1年より数年前と考えられている。

❌ 世紀 … 西暦を 100 年ごとに区切る方法。

西暦年の最後の数字が、1年から100年までが一区切り。

➡ 紀元2000年は 20 世紀、紀元2001年は 21 世紀。

❌ 元号 … 中国から日本に伝わった年代の表し方。

➡日本で最初に定められた元号は 大化

現在は 天皇 一代につき一つの元号を用いると定められている。

❌ 干支 … 古代中国で生まれた年代などの数え方。 十干 という10個の漢字と、

十二支 という12個の漢字を順番に組み合わせ、 60 年で一回りする仕組み。

MEMO
子年＝ねずみ年というように、十二支を生まれた年の動物に割り当てることは、日本人にもなじみ深い！

十干	甲 コウ	乙 オツ(イツ)	丙 ヘイ	丁 テイ	戊 ボ
	己 キ	庚 コウ	辛 シン	壬 ジン	癸 キ
十二支	子 シ	丑 チュウ	寅 イン	卯 ボウ	辰 シン
	午 ゴ	未 ビ	申 シン	酉 ユウ	戌 ジュツ	亥 ガイ

(2) 時代の表し方

❌ それぞれの時代の特徴をとらえた命名法
- 縄文時代、弥生時代など…人々が使った 土器 の名前にもとづく。
- 鎌倉時代、江戸時代など… 政治 の中心が置かれた地名にもとづく。
- 明治時代、昭和時代など… 元号 にもとづく。

❌ 社会の仕組みの特徴から時代を大きくとらえる方法
- 古代 ➡ 中世 ➡ 近世 ➡ 近代 ➡ 現代

(3) 人類の出現

❌ 最古の人類 … およそ 700〜600 万年前に アフリカ 大陸に出現。

❌ 猿人 … 猿と共通の祖先から進化した人類。

2本の足で 直立歩行。

➡ 空いている手で石などを 道具 として使う。

➡ 脳 が発達して知能が高まる。

(4) 人類の進化

❌ 氷河時代 … およそ 260〜250 万年前に始まった地球が寒冷化する時代。 厳しい寒さが続く 氷期 と、暖かくなる 間氷期 のくり返しの中で人類が進化。

❌ 原人 … 猿人から進化した人類。防寒や食べ物の加工のために 火 を使い、どうしの意思疎通のための 言葉 が発達。

❌ 新人（ホモ・サピエンス）… 現在の人類の直接の祖先。精神活動が豊かになり、フランスのラスコー洞窟などに 壁画 を描いたり、死者を副葬品とともに 埋葬 したりした。

(5) 道具の使用と進化

❌ 打製石器 … 石を打ち欠いてつくった石器。

❌ 旧石器時代 … 人類が打製石器を使って、狩りや採集をしながら生活した時代。

❌ 磨製石器 … 石をみがいてつくった石器。

❌ 新石器時代 … 人類が磨製石器を使ったり、食べ物の調理や保存のために粘土から 土器 をつくったりするようになった時代。

打製石器　磨製石器

⚠ ○磨製石器
　　✕摩製石器

メソポタミア文明

❌ __オリエント__ …ヨーロッパから見た「太陽の昇る土地」。

※メソポタミアやエジプトなど、最も早く文明がおこった地域のこと。

❌ メソポタミア文明… __チグリス（ティグリス）__ 川とユーフラテス川にはさまれた地域である
__メソポタミア__ の古代文明。

・金属器… __青銅器__ が使われる。紀元前1000年ごろから __鉄器__ の使用が広まる。

★・ __くさび形文字__ …「目には目を、歯には歯
を」の考え方を示した
__ハンムラビ法典__
などを記録した文字。

くさび形文字

・暦法…月の満ち欠けを基準にした __太陰暦__ を使用。時間を計るための方法として
__60進法__ が考え出され、1週間を __7__ 日と定めた。⚠

エジプト文明

❌ __ナイル川__ …定期的にはんらんしてエジプトに養分の多い土をもたらす大河。
紀元前3100～3000年ごろ、流域で統一王国が誕生。

・ __ピラミッド__ …エジプトの王の墓。神の子である王の権力を示すため、巨大な建造物
としてつくられた。

★・ __象形文字__ …エジプト文明で使われた、物の形をかたどる文字。神聖文字。

・暦法…太陽の動きを基準にして、1年を365日として12か月に分ける __太陽暦__ が使われ
た。※ナイル川のはんらんの予測や農業に利用。

インダス文明

❌ __インダス川__ …現在のパキスタンを南北に流れる大河。
紀元前2500～2300年ごろ、流域でインダス文明がおこる。

・ __モヘンジョ＝ダロ__ …インダス文明の都市遺跡。計画的な都市建設が行われたあとが
残る。※道路や水路（上下水道）、公衆浴場などの公共施設を完備！

・ __インダス文字__ …インダス文明の文字。未解読。

(4) 中国文明

❌ 2つの大河…中国の北部を流れる __黄河__ の流域であわやきびの栽培、中部を流れる __長江__
の流域で稲作が始まり、農耕文明が誕生。

❌ __殷（商）__ …紀元前1600年ごろ、黄河流域におこった国。

・ __青銅__ 器…祭りの道具などに使用。優れた技術でつくられた。

★・ __甲骨文字__ …亀の甲や牛や鹿の骨に刻まれた文字。
政治の方向を決める占いの結果を記録するために発明。

TEST ➡ 現在の __漢字__ の原形。

甲骨文字

| 人 | 牛 |

おもな古代文明の場所

インダス文明
メソポタミア文明
中国文明
アラビア半島
エジプト文明

❌ 春秋・戦国時代…紀元前8～3世紀。
殷を滅ぼした __周__ の力が弱まり、各国が争った時代。

・ __孔子__ …紀元前6世紀ごろの思想家。 __儒学（儒教）__ の祖となる。

・ __鉄器__ …紀元前4世紀ごろから普及。農具や武具などに使用。

❌ __秦__ …紀元前3世紀後半に中国を統一した国。秦の王は「皇帝」という称号を初めて使う
＝ __始皇帝__ と名乗る。

・始皇帝の政策…貨幣や文字、長さ・容積・重さの基準を統一し、北方の遊牧民の侵入を
防ぐために __万里の長城__ を築く。

・兵馬俑…始皇帝の墓のそばに並べられた、等身大の兵士や馬の焼き物。

❌ __漢__ …秦が滅んだ後、紀元前3世紀末に中国を統一。 TEST

★・ __シルクロード（絹の道）__ …中国と西方諸国との交通路。
※中国からはおもに __絹織物__ を輸出。

・大帝国の建設…朝鮮半島に楽浪郡を設置して支配。

・紙…1世紀ごろ、より質の良い紙の製法が発明される。

ギリシャの古代文明

❌ __ポリス__ …紀元前8世紀ごろから、ギリシャ各地につくられた都市国家。

※都市国家の中心は、防衛の義務を担う成人男子の市民。⚠

・ __アテネ__ …古代ギリシアで最も有力なポリス。

・ __ペルシア__ 戦争（ペルシャ戦争）
…紀元前5世紀にオリエントを統一した大帝国
がギリシャを攻撃して開戦。
➡アテネや __スパルタ__ などのポリスの連合
がペルシア軍を撃退。

アテネのアクロポリスに建てられたパルテノン神殿

出典：アフロ

・ __民主政__ …すべての成人男子市民が参加する民会を中心とする政治。
アテネで完成。➡ 現代の民主主義の起源。

ヘレニズム

❌ __マケドニア__ …ギリシャの北方の王国。紀元前4世紀にギリシャを征服。

・ __アレクサンドロス__ 大王…ペルシアを征服したマケドニアの王。オリエントや西アジア
など広い地域を支配。

※ __ヘレニズム__ …アレクサンドロス大王の遠征によって、ギリシャ文明が東方に広まったこと。

◆ MEMO
ヘレニズムはシルクロードなどを伝わって、
インドや中国、日本にも影響を与えた。

ローマの古代文明

❌ ローマ…地中海一帯を支配した、 __イタリア__ 半島の都市国家。

・ __共和__ 政…紀元前6世紀に王政を廃止し
て成立。政治の中心は貴族。

・ __帝__ 政…内乱の後、紀元前1世紀から
皇帝による政治に移行。

◎ローマの文化

・実用的な文化…広大な領土を結ぶ道路や、
都市へ水を効率よく送る水道を建設。

・ __アルファベット__ …東地中海地域やギリシャで発達し、ローマ帝国の支配とともにラ
テン文字（ローマ字）として広まった文字。

■ ローマ帝国の
最大領域

エルサレム

(4) 仏教のおこりと発展

❌ __アーリア人（アーリヤ人）__ …紀元前1500年ごろ、インドに進出した民族。
➡神官を頂点とする身分制度をつくる。

★❌ __シャカ（釈迦）__ …紀元前6～5世紀ごろのインドで仏教を開く。

◎仏教の教え

・生まれによる __差別__ はよくないことであり、人はみな __平等__ である。

・悟りを開いて __仏（ブッダ）__ になれば、世の中の苦しみから救われる。
※インドでは __ヒンドゥー__ 教が広まり、仏教の勢力が弱まった。⚠

◆ MEMO
アーリア人がつくった身分
制度が、のちにカースト制
度となった。

(5) キリスト教のおこりと発展

❌ __ユダヤ__ 教…西アジアの __パレスチナ__ 地方で信仰されていた宗教。唯一の神
__ヤハウェ__ に従う人々だけが救われるという教え。

★❌ __イエス__ …弟子たちにより教えがまとめられ、1世紀にキリスト教が開かれる。

◎キリスト教の教え

・ユダヤ教の教えは正しいものではなく、神の前ではみな __平等__ である。

◎キリスト教の発展

・ __聖書（新約聖書）__ …イエスの弟子たちがまとめた聖典。

・ __ローマ__ 帝国…キリスト教を迫害したが、4世紀末に帝国の __国教__ に定めた。⚠

(6) イスラム教のおこりと発展

★❌ __ムハンマド__ …7世紀の __アラビア__ 半島でイスラム教を開く。

◎イスラム教の教え…ユダヤ教や __キリスト__ 教に影響を受ける。

・唯一の神 __アラー（アッラー）__ の教えのみを信じる。

・神の姿を描いたり、神の像を拝んだりすることを __禁止__ する。

・1日に5回、聖地 __メッカ__ の方向に礼拝をささげる。

◎イスラム教の発展

・ __コーラン__ …イスラム教の聖典。
政治や経済活動、信者の生活を定める __法__ としての役割も持つ。

(1) 旧石器時代

✕ 氷河時代の日本列島…現在よりも海面が低いため大陸と陸続きの状態。

➡ 大陸から大型の動物が移動。 **⑤✕** マンモス、ナウマンゾウ、オオツノジカ

➡ 動物を追いかけて **新人（ホモ・サピエンス）** が日本列島に移動。

・ **打製石器** …旧石器時代の人々が使っていた石器。

日本では、群馬県の **岩宿** 遺跡で初めて発見。 **[TEST]**

✕ 最後の氷期…およそ **1** 万年前に終わる。

➡ 陸地の氷がとけて、海面（海水面）が上昇。 ➡ 日本列島の形成。

(2) 縄文時代

✕ 縄文時代…表面に縄目のような文様がある **縄文土器** が使われた時代。

❖縄文土器の特徴… **厚手** でもろい。⚠

縄文時代の人々の暮らし

★○ **たて穴住居** …地面を掘り下げ柱を立て、その上に屋根をかけた住居。

○ **貝塚** …食べ終わったあとの貝殻や魚の骨などが捨てられた場所。

❖縄文時代の人々の暮らしを調べる重要な手がかり。

○ **土偶** …土でつくられた人形。

❖豊かな実りへの祈りや、まじないなどに使ったと考えられる。

○ **三内丸山** 遺跡（青森県）…縄文時代の集落の遺跡。

❖巨大な建物のあとや、遠い地域との交易で得ていた **黒曜石** （=石器の材料）や

ヒスイ（=装飾品の材料）などが見つかる。

縄文土器

MEMO
旧石器時代の人々は移動しながら生活していたが、縄文時代の人々は定住するようになった。

土偶

弥生土器

(3) 弥生時代

✕ 弥生時代…縄文土器よりも薄手でかたい **弥生土器** が使われた時代。

大陸から九州北部に **稲作** が伝えられた。

➡ **米** の保存や煮炊きに適した形の弥生土器がつくられた。

弥生時代の人々の暮らし

○ **石包丁** …栽培した稲の穂先をつみとる石製の道具。

★○ **高床倉庫** …収穫した稲をたくわえる倉庫。 **ねずみ** の侵入や湿気を防ぐため、床を高くする工夫がほどこされる。

○ **金属器** …稲作とともに大陸から伝わった道具。

・ **青銅器** …おもに祭りの宝物として使用。⚠

⑤✕ 銅鏡、銅鐸、銅剣

・ **鉄器** …おもに武器や工具、農具として使用。⚠

○ **吉野ヶ里** 遺跡（佐賀県）…弥生時代の集落の遺跡。

❖ ムラ（村）どうしがまとまって クニ（国）になる過程が残る。

・戦いへの備え… **物見やぐら** で敵を見張り、ムラを柵や深い **濠** で囲む。

(4) 大陸との交流

✕ **倭** …中国の歴史書などに記された、日本の呼び名。

紀元前1世紀ごろの日本には **100** 余りのクニ（国）があった。
『漢書』地理志（部分要約）

金印「漢委奴国王」（斜め）／福岡市博物館

✕ **奴国** …現在の福岡県にあったとされる国。

・57年、奴国が中国に使者を送った。
・漢（後漢）の皇帝は「 **漢委奴国王** 」と刻まれた **金印** を使者に与えた。
『後漢書』東夷伝（部分要約）

金印「漢委奴国王」（印面）／福岡市博物館
出典：福岡市博物館所蔵
画像提供：福岡市博物館／DNPartcom（2点とも）

★✕ **邪馬台国** …3世紀ごろの国。近畿地方にあったか、九州地方にあったかで論争が続く

・女王 **卑弥呼** のもとで **30** ほどの国を治めていた。
・邪馬台国の人々の間には **身分** の差があった。
・ **239** 年、卑弥呼は中国に使者を送って、 **朝貢** をした。
・魏の皇帝は「 **親魏倭王** 」と刻まれた金印や銅鏡を使者に与えた。
『三国志』の「魏志倭人伝」（部分要約）

⚠ ○邪馬台国 ✕耶馬台国
○卑弥呼 ✕卑弥子

MEMO
卑弥呼が与えられた金印や銅鏡は未発見！

---

(1) 古墳時代

豪族 …その地域で勢力を築いた支配者とその一族。

★ **大和政権（ヤマト王権）** …3世紀後半、現在の奈良盆地に成立。王を中心とする豪族たちの連合勢力。⚠

✕ **古墳** …王や豪族の墓。大がかりな土木工事によってつくられた。

★※ **前方後円墳** …方円（=四角形の古墳）と円墳（=円形の古墳）を組み合わせた形の古墳。最も大きいのは、大阪府堺市にある **大仙（大山・仁徳陵）** 古墳。 **[TEST]**

前方後円墳

○古墳の出土品

・まが玉や銅鏡…前期の古墳に多い副葬品。

・鉄製の武具や馬具…中期や後期の古墳に多い副葬品。 **朝鮮半島** とのつながりが深まったことの影響。

・ **埴輪** …古墳の表面に並べられた焼き物。人間や動物、建物、円筒などさまざまな形のものがある。

埴輪

○古墳の分布…大和政権の **勢力** の拡大を示すものさし。奈良盆地を中心とする近畿地方から全国各地に広がる。

[TEST] ※5世紀後半、大和政権は **東北** 地方の南部から **九州** 地方までの有力な豪族を従えていた。⚠

★✕ **大王** …日本の大部分を支配するようになった大和政権の王の呼び名。

※ **ワカタケル** …5世紀後半の大王。 **埼玉** 県の稲荷山古墳と **熊本** 県の江田船山古墳から、「獲加多支鹵大王」と刻まれた鉄剣や鉄刀が出土。

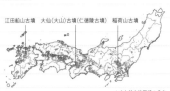
江田船山古墳　大仙（大山）古墳（仁徳陵古墳）　稲荷山古墳
おもな前方後円墳の分布

(2) 東アジア世界との交流

✕朝鮮半島の情勢

・ **高句麗** …中国の東北部から朝鮮半島北部までを支配した国。

・ **新羅** …朝鮮半島の南東部の国。大和政権と敵対することが多かった。

・ **百済** …朝鮮半島の南西部の国。大和政権に友好的だった。

・ **伽耶地域（加羅地域・任那）** …朝鮮半島の南端の地域。いくつかの小国に分かれていた。大和政権と関係が深く、 **鉄** の延べ板などを輸出。

✕中国の情勢…5〜6世紀は、北朝と南朝が対立する **南北朝時代** 。

・ **倭の五王** …中国の南朝に朝貢した5人の大和政権の大王。南朝の宋に使いを送った **武** はワカタケル大王と同一人物とされる。

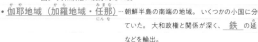
・私の **祖先** はみずから戦って、多くの国を従えました。
・私が宋の皇帝に朝貢しようとすると、 **高句麗** がじゃまをします。
・高句麗を破るため、私に高い地位を与えて、はげまして下さい。
『宋書』倭国伝に収められている倭王武の手紙（部分要約）

★✕ **渡来人** …戦乱をさけて中国や朝鮮半島から日本に一族で移り住んできた人々。

・ **須恵器** …渡来人が伝えた土器。登り窯を使って **高温** で焼くため、かたくて丈

・ **漢字** …渡来人が伝えた文字。大和政権の書類の作成など担当する渡来人も多

・仏教や **儒教（儒学）** …渡来人が伝えた宗教や道徳。

※仏教は、6世紀半ばに **百済** から日本へ正式に伝えられた。

5世紀の東アジア
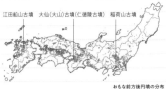
高句麗／北魏（北朝）／新羅／百済／伽耶（任那）／宋（南朝）

類の出現～古墳時代

- 約700~600万年前　最古の人類の（ 猿人 ）がアフリカ大陸に現れる。
- 約260~200万年前　火や言葉を使う（ 原人 ）が現れる。
- 約20万年前　現在の人類につながる（新人（ホモ・サピエンス））が現れる。
- 約1万年前　最後の氷期が終わり、（ 日本列島 ）が形成される。
- 紀元前3500~3000年ごろ　チグリス川とユーフラテス川にはさまれた地域で（ メソポタミア文明 ）がおこる。
- 紀元前3100~3000年ごろ　ナイル川の流域で（エジプト文明）がおこる。
- 紀元前2500~2300年ごろ　インダス川の流域で（インダス文明）がおこる。
- 紀元前1600年ごろ　中国の黄河の流域で（ 殷（商） ）という国がおこる。
- 紀元前8世紀ごろ　ギリシャの各地に（ ポリス ）という都市国家がつくられる。
- 紀元前6-5世紀　シャカが（ 仏教 ）を開く。
- 紀元前3世紀　（ 秦 ）の始皇帝が中国を統一する。
- 紀元前2世紀　（ 漢 ）が楽浪郡を設置して、朝鮮半島を支配する。
- 紀元前1世紀　（ ローマ ）が共和政から帝政に移行する。
- 1世紀　イエスの教えが弟子によってまとめられ（ キリスト教 ）が開かれる。
- 57年　（ 奴国 ）が中国に使者を送って、皇帝から金印を与えられる。
- 239年　（ 邪馬台国 ）の卑弥呼が中国に使者を送って、皇帝から金印や銅鏡を与えられる。
- 3世紀後半　奈良盆地で（大和政権（ヤマト王権））という王と豪族の連合勢力が成立する。
- 4世紀　（ 高句麗 ）の好太王(広開土王)が、朝鮮半島にわたってきた倭の軍と戦う。
- 5世紀後半　日本の大部分を支配した大和政権の王が（ 大王 ）と呼ばれる。
- 6世紀　（ 百済 ）から日本へ、正式に仏教が伝えられる。
- 7世紀　ムハンマドが（ イスラム教 ）を開く。

確認テスト①　／50点

次の問いに答えましょう（5点×10）。

(1) 次の問いに答えなさい。
- ❶2023年は、何という年代の表し方によるものですか。　　（ 西暦 ）
- ❷令和は、何という年代の表し方によるものですか。　　（ 元号 ）

★ (2) 次の文で説明されている文字の名前をそれぞれ答えなさい。
- ❶メソポタミア文明で使われ、ハンムラビ法典などを記録した文字。　　（ くさび形文字 ）
- ❷エジプト文明で使われた、物の形をかたどる文字。　　（ 象形文字 ）
- ❸中国文明の殷で使われた、現在の漢字の原形となった文字。おもに亀の甲や動物の骨に刻まれた。　　（ 甲骨文字 ）

★ (3) 次の❶~❸は日本のある時代を代表するものです。それぞれの同じ時代に当てはまるものを、あとのア～オから❶・❷は2つずつ、❸は1つ選び、それぞれ記号で答えなさい。

❶　　　　　❷　　　　　❸

ア　貝塚　イ　高床倉庫　ウ　土偶　エ　埴輪　オ　吉野ヶ里遺跡

❶（ ア ）（ ウ ）　❷（ イ ）（ オ ）　❸（ エ ）

おつかれさま！ 世界と日本のできごとを学習したけど、ちゃんと理解できたかな？ 今回は範囲が広かったから、年表や地図を見ながら、習ったことを確認しておこう。
これからしばらくは日本のできごとを中心にやっていくよ。

東アジアの情勢

✖ 朝鮮半島…（ 新羅 ）や百済が南部で勢力を拡大。
→ 南端部の（ 伽耶地域（加羅地域・任那） ）が滅亡。
→ 日本は朝鮮半島への影響力を失う。

7世紀初めの東アジア

✖ 中国…6世紀末、（ 隋 ）が南北朝を統一し、大帝国に発展。
- （ 律令 ）…隋が整備した法律。
- （ 戸籍 ）…人々を登録した記録。登録された人々に土地を分け与える代わりに税や兵役を負担させる。
- （ 高句麗 ）…隋に従わなかったので攻撃された国。

日本の情勢

✖ （ 飛鳥時代 ）…大和政権の中心が、奈良盆地南部の飛鳥地方に置かれていた時代。およそ6世紀末から8世紀初めまでの期間。

✖ （ 仏教 ）の伝来…6世紀半ば、（ 百済 ）から正式に伝えられる。
→ 仏教の受け入れに賛成する（ 蘇我氏 ）と反対する（ 物部氏 ）が対立し、豪族どうしの戦いが起こる。⚠
→ （ 渡来人 ）の知識や技術を活用した蘇我氏が物部氏を滅ぼし、仏教の信仰が広まる。

✖ （ 推古天皇 ）…実力者となった（ 蘇我馬子 ）の後押しで、6世紀末に即位。日本で初めての女性の天皇。

✖ （ 聖徳太子 ）（厩戸皇子・厩戸王）…推古天皇のおいに当たる人物。（ 摂政 ）を務めた。
→ 蘇我馬子と協力して、（ 天皇（大王） ）を中心とする政治の仕組みをつくることを目指す。

※摂政…女性または幼少の天皇に代わって、政治を行う地位。

(3) 聖徳太子の政治

✖ （ 冠位十二階 ）の制度…かんむりの色などで地位を表す制度。
TEST▶ 家柄にとらわれることなく、才能や功績がある人物を（ 役人 ）に取り立てた。（ 氏姓制度 ）（大和政権）

★✖ （ 十七条の憲法 ）…17か条にわたって役人の心得（心構え）を示した法令。（ 仏教 ）や儒教の考え方を反映。

史料
① （ 和 ）を大切にして、人と争わないようにすることを第一に考える。
② （ 三宝 ）（=仏・仏教の教え・僧）をあつくうやまえ。
③ （ 詔 ）（=天皇の命令）をうけたまわったら、必ずつつしんで守れ。
十七条の憲法の最初の一文より（要約）

✖ （ 遣隋使 ）…聖徳太子が隋に送った使節。使者となった（ 小野妹子 ）に多くの留学生や留学僧が同行。
TEST▶ 隋と正式な（ 国交 ）を開いて、先進的な（ 制度（文化） ）を日本に取り入れた。

史料
「日出づる処の天子、書を日没する処の天子に致す。つつがなきや。」
（太陽が昇る国である日本の（ 天皇（大王） ）が、太陽が沈む国である隋の（ 皇帝 ）に手紙を送ります。お変わりありませんか。）
「隋書」倭国伝に収められている聖徳太子の手紙（部分要約）

(4) 聖徳太子のころの文化

✖ （ 飛鳥文化 ）…飛鳥地方を中心に栄えた日本で最初の仏教文化。
★ （ 法隆寺 ）…聖徳太子が飛鳥地方に建てた寺院。8世紀初めまでに再建された金堂や五重塔などは、現存する（ 世界最古 ）の木造建築。⚠
- （ 釈迦三尊像 ）…法隆寺の金堂に安置されている3体の仏像。

法隆寺
出典：アフロ

(1) 大化の改新

- **蘇我氏** …聖徳太子の死後に独断的な政治を行った豪族。
- ★ **大化の改新** …皇族の **中大兄皇子** が中心となり、**中臣鎌足** たちの協力を得て、新しい国家の仕組みをつくった改革。
- ○**645年** 中大兄皇子たちが **蘇我蝦夷** と **蘇我入鹿** の親子を滅ぼす。
  - → **大化** という元号を定めて改革を開始。
  - ・**公地・公民** …豪族が支配していた土地と人々を国家の直接支配にする方針を示す。⚠

＜コロ＞ 蒸事故で改革しよう。 大化の改新

(2) 東アジアの緊張

- ✕ **唐** …7世紀初めに隋が滅んだ後、中国を統一。
  - → **倭（日本）** は **遣唐使** を送って、中国から政治の制度や文化を取り入れる。
- ✕ **新羅** …7世紀半ばに唐と結んで **百済** を滅ぼす。
- ○**663年 白村江の戦い** …百済を助けるために朝鮮半島へ送られた倭の軍が、唐・新羅の連合軍に敗れる。⚠
  - ↓
- ○**7世紀後半** 新羅が **高句麗** を滅ぼし、唐を退けて朝鮮半島を統一。

白村江の戦いの後の日本
- ✕ 唐や新羅の侵攻に備えて、守りを固める。
  - ・**大宰府** …九州の政治や防衛を担当する役所。
  - ・**水城** …大宰府を守るためにつくられた堀と土塁。
  - ・**大野城** …朝鮮式の山城。
  - ・**大津（大津宮）**（滋賀県）…政治の中心を内陸に移動。大津で、中大兄皇子が **天智天皇** として即位。
  - ・**戸籍** …全国の人々を調べるために天智天皇が作成を命令。

7世紀の東アジア
〈＝朝鮮式の山城

＜MEMO＞ 中臣鎌足は臨終の際、天智天皇から藤原の姓を与えられ、藤原氏の祖になった。

(3) 天皇中心の国づくり

- ✕ **壬申の乱** …672年に起こった天智天皇のあと継ぎをめぐる争い。
  - → 天智天皇の弟が勝利し、**天武天皇** として即位。⚠
- ○天武天皇の政治：皇帝が支配する唐にならって、天皇に権力を集中。
  - ・**律令** という法律の制定や歴史書の編集を命令。
  - ・政治の中心を大津から **飛鳥地方** にもどす。
  - ・日本最初の貨幣として **富本銭** をつくる。
- ✕ **持統天皇** …天武天皇の死後、皇后が即位して政治を行う。
  - ・**藤原京** …日本で最初の本格的な都。中国の都にならって、飛鳥地方に造営さ

(4) 律令国家の成立

- ★ **大宝律令** …701年、律令国家の仕組みを定める法律が完成。
  - ※律は **刑罰** の決まり、令は **政治** の決まり。

中央の仕組み
- ✕ **朝廷** …中央政府。天皇を頂点として、太政官が政策を決定し、8つの省が実施。

律令による役所の仕組み

| 天皇 |
| 五衛府（都の警備）｜太政官｜神祇官（祭りの儀式） |
| 太政大臣 左大臣 右大臣 大納言ほか |

〈中央：八省〉

地方の仕組み
- ✕ **国** …地方の行政単位。その下に **郡** と **里** が置かれる。
  - ・**国司** …国を統治する役人。中央から貴族を派遣。
  - ・**国府** …国の役所。
  - ・**郡司** …郡を統治する役人。おもに地方の豪族を任命。
  - ・**里長** …里を統治する役人。おもに地方の豪族や有力な農民を任命。
  - ・**大宰府** …現在の福岡県に置かれた、九州の政治・外交・防衛を担当する役所。

＜MEMO＞ ⚠○朝廷 ✕朝延 ✕朝廷 ○大宰府 ✕太宰府 大宰府は律令国家の役所の名、太宰府は現在の地名。

---

(1) 律令国家の新しい都

- ✕ **奈良時代** …710年に **平城京**（奈良市）へ都が移されてから、およそ80年ほどの期間。

＜ゴロ＞ なんとステキな 平城京

平城京の特徴
- ・**長安** …平城京の手本となった唐の都。
- ・**平城宮** …平城京で最も重要な場所。
- ・**市** …地方から都に送られてきた産物を売り買いする場所。東西の2か所に置かれた。
- ・**和同開珎** …奈良時代につくられた貨幣。市などで使用。富本銭と異なり、全国各地で出土。

平城京の土地区画
平城宮 / 外京 / 東大寺 / 右京 / 左京 / 西市 / 東市 / 朱雀大路

⚠○和同開珎 ✕和銅開珎 ✕和同開珎

各地へ広がる朝廷の支配
- ✕ **五畿七道** …律令国家の地方区分。
  - ・五畿…都の周辺の5つの国。**畿内** とも呼ばれる。
  - ※畿内と周辺地域をあわせた **近畿** 地方の由来。
- ✕ **多賀城** …奈良時代に、東北地方の政治や軍事を担当する役所が置かれた。現在の宮城県にあった。

(2) 律令国家の人々の暮らし

- ✕ 戸籍…**6** 年ごとに作成。人々の姓名や性別、年齢などを記録。
- ✕ **班田収授法** …戸籍に登録された **6** 歳以上の人々に **口分田** を与え、その人が死ぬと国に返させた制度。
  - ※男子は **2** 段（＝約2300㎡）の口分田、女子は男子の **3** 分の **2** の面積の口分田が与えられた。

- ★ 農民の義務…性別や年齢に応じた税や労役、兵役などを負担。
  - ・**租** …収穫した稲のおよそ **3** ％。｝男女とも負担 → 地方へ納める
  - ・**調** …地方の **特産物** など。
  - ・**庸** …労役の代わりとしての **布**。｝都へ納める
  - ・**雑徭** …国司のもとでの年間60日以内の労役。
  - ・**衛士** …都で1年間警備に当たる兵役。｝男子 のみ負担
  - ・**防人** …九州北部で3年間警備に当たる兵役。
  - ・出挙…強制的に貸し付けられた稲を、高い利息とともに返す。

- ✕ **木簡** …奈良時代の記録手段として使われた、木の札。
  - 奈良時代の農民は、調や庸として課された品物を、自分たちで **都（平城京）** まで運んで納める必要があった。⚠
  - → このような重い負担を避けて、**戸籍** に登録する年齢や性別を偽ったり、居住地から **逃亡** したりする農民が増加。

土地制度の変化
- ○人口増加や自然災害のために **口分田** が不足。
- ○**723年 三世一身法** …新しく土地を開墾すれば、一定期間（3代など）の制限つきで認める法令。
- ★ ○**743年 墾田永年私財法** …新しい開墾地の私有を永遠に認める法令。

＜ゴロ＞ 期間の制限なんてなしさ！ 墾田永年私

- ○貴族や寺社が、現地の国司・郡司と協力して開墾に力を入れる。
  - → 貴族や寺社が独占した私有地が、のちに **荘園** と呼ばれる。
  - → 大化の改新で示された **公地・公民** の原則が崩れる。

国家と仏教のつながり

- **※ 聖武天皇**…8世紀前半の天皇。当時は全国的な伝染病の流行や、自然災害によるききんの発生が相次いで、社会に不安が広がる。

- TEST **仏教** の力で国家を守り、人々の不安を取りのぞくため、さまざまな政策を行う。
  - **光明皇后**…貴族の藤原氏の出身の女性。聖武天皇の皇后となり、多くの人々を助ける。
  - **国分寺・国分尼寺**…聖武天皇が国ごとに建てさせた寺院。

  > 国分寺は男性の僧、国分尼寺は女性の僧（尼）が住んだ。

  - **東大寺**…聖武天皇が総国分寺として、都に建てさせた寺院。
    - **大仏** を安置。
  - **行基**…聖武天皇の要請で大仏の建立に協力した僧。仏教を広く布教し、橋やため池をつくる社会事業を行ったため、民衆から信頼された。⚠

- **※ 鑑真**…唐から日本に招かれた僧。多くの苦難を乗りこえて来日した後、戒律（＝修行の決まりごと）など正式な仏教の教えを伝える。奈良に **唐招提寺** を建てて布教。

鑑真

奈良時代の国際色豊かな文化

- **※ 天平文化**…聖武天皇のころに栄えた、**唐** の影響を強く受けた国際的な文化。

  > MEMO 「天平」は聖武天皇の在位中に使われた元号。

  - **遣唐使**…日本から中国に送られた使節。帰国時に多くの品物を日本に持ち帰った。
  - ※ **阿倍仲麻呂**…留学生として中国にわたり、唐の皇帝に仕えた日本人。

- **正倉院**…東大寺につくられた倉庫。三角形の木材を組み上げた **校倉造** という建築様式で、聖武天皇が使った品物などを宝物として保管。

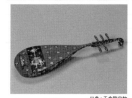
←インドが起源とされる
螺鈿紫檀五絃琵琶。
出典：正倉院宝物

ペルシア（ペルシャ）
（＝現在のイラン）でつくられたガラスに、中国製の銀のあしを付けたとされる瑠璃坏→
出典：正倉院宝物

(3) さまざまな書物の編集

- ※ 歴史書…日本という国のおこりや、**天皇** が日本を治めるようになったいきさつを説明することが目的。さまざまな神話も収録。
  - **「古事記」**…稗田阿礼という人物が暗記していた日本の歴史を、貴族の太安万侶が書き記した歴史書。
  - **「日本書紀」**…天皇の命令で作成された正式な日本の歴史書。

  > ⚠️ ○日本書紀 ×日本書記

- ※ 地理書…国ごとに自然や産物、地名の由来、伝承などをまとめた「**風土記**」を編集。

- ※ 和歌集…8世紀後半に、貴族の大伴家持がまとめたとされる「**万葉集**」が完成。天皇から農民まで、多くの人々がよんだ約4500首の和歌を収録。
  - 柿本人麻呂…「万葉集」を代表する歌人。
  - **山上憶良**…地方の民衆の苦しい暮らしぶりをよんだ「貧窮問答歌」が有名。

  > 史料
  > 「唐衣 すそに取りつき 泣く子らを 置きてぞ来ぬや 母なしにして」
  > 「万葉集」に収められた和歌

  ※九州北部の警備におもむくため、母がいない泣いている子どもたちを置いてきた **防人** の悲しみをよんだ和歌。
  実際の「万葉集」には、漢字を使って日本語の音を表す **万葉仮名（万葉がな）** で書かれた。

平安時代初期の政治

- **※ 桓武天皇**…8世紀後半に即位した天皇。貴族と **寺院（僧）** の争いで混乱した政治の立て直しを目指す。
  - **長岡京**（京都府）…784年、桓武天皇が都を移したが異変が相次ぐ。
  - **平安京**（京都市）…794年、長岡京から都が移される。

  > ゴロ 鳴くウグイス 平安京

  - ※ **平安時代** 平安京に都が移されてから、武家政権が成立するまでの、およそ400年ほどの期間。
  - **蝦夷**…律令国家の支配が及ばない東北地方の人々の呼び名。
    ➡ 桓武天皇は **坂上田村麻呂** を **征夷大将軍** に任命して、東北へ大軍を派遣。
    ➡ 蝦夷の指導者 **アテルイ** が降伏。

政治の立て直し
  - **国司**…地方の国を統治する役人。➡ 不正が多かったので監督を強化。
  - **雑徭**…国司のもとでの労役。➡ 日数を短縮。
  - **班田収授法**…戸籍に登録された人々に口分田を与える（＝班田）制度。➡ 班田の期間を延長。➡ しかし、戸籍に登録する内容を偽ったり、戸籍に登録された土地から逃げたりする人が多くなったため、次第に行われなくなる。

  > MEMO 10世紀初めの超防国（現在の山口県）の戸籍
  > 住民の総人数：339人
  > うち男子：90人
  > うち女子：249人
  > 女子の割合が非常に大きいので、戸籍の偽りがあったことが明らか。

東アジアの変化

- **※ 中国**…8世紀以降、国内で反乱が続いたために **唐** が弱体化。
  - ➡ 894年、**菅原道真** の提案で **遣唐使** の派遣を停止。

  > ゴロ 検討して派遣を白紙にもどしたぞ
  > ⚠️ ○菅原道真 ×菅原道真

  ※菅原道真…藤原氏によって大宰府に左遷された貴族。彼の死後に天変地異が相次いだため、京都の北野天満宮に **天神** としてまつられる。

  10世紀初めに唐が滅亡。
  ➡ 10世紀後半に **宋** が中国を統一。
- ※ 朝鮮半島…10世紀前半に **高麗** が新羅を滅ぼして、朝鮮半島を統一。⚠

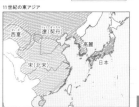
11世紀の東アジア
西夏 遼（契丹）高麗 宋（北宋）日本

(3) 藤原氏の繁栄

- **※ 藤原氏**…**中臣鎌足（藤原鎌足）** を祖とする一族。

  平安時代に藤原氏が繁栄した理由
  - 菅原道真のような他の有力 **貴族** を次々に退けた。
  - 一族で **朝廷（太政官）** の重要な役職を独占した。
  - 多くの **荘園** を持つようになって、経済力が大きくなった。

- ★ ※ **摂関** 政治…藤原氏は、娘を天皇のきさきにして、生まれた皇子を天皇に即位させ、幼い時は政治を代行する **摂政**、成人後は政治を補佐する **関白** という地位について実権をにぎった。
  - **藤原道長**…11世紀前半、子の **藤原頼通** とともに摂関政治の全盛期を築く。

  > 史料
  > 「この世をば わが世とぞ思う **望月** の 欠けたることも 無しと思えば」
  > （この世の中は自分のためにあるのだと思う。満月が欠けていないように、自分の権力も完全なものだから。）
  > 藤原道長が自らの繁栄をほこった和歌

道長
②三条＝妍子 彰子＋①一条
後朱雀 後一条
注 ○内の数字は天皇の即位順を、二重線（＝）は夫婦関係を、それぞれ表している。

(4) 地方の変化

- ※ 税制の変化
  - **班田収授法** が行われなくなり、租・調・庸の取り立てが難しくなる。
    ↓
  - 実際に耕している田の面積に応じた **米** を納めさせる仕組みが広まる。
- ※ 国司の変化
  - 地方の政治の立て直しのため、朝廷が国司の権限を強化。
  - 地方の政治や、税の取り立てを任された国司を希望する貴族が増加。
    ➡ 不正を行う国司も増加。
    ※ **藤原元命**…10世紀末に尾張国（現在の愛知県）の国司に任命された貴族。悪政を行ったため、郡司や民衆から訴えられて解任。
  - 地方の政治が乱れるようになり、土地などをめぐる争いが多発。

(1) 平安時代初期の新しい仏教

✖ **最澄** …遣唐使の船で中国にわたり、多くの経典を日本に持ち帰った僧。
　◇ **天台宗** …最澄が開いた仏教の宗派。 **比叡山** （京都府・滋賀県）の **延暦寺** を中心に布教を行う。⚠

✖ **空海** …最澄と同じく遣唐使の船で中国にわたり、 **密教** （仏教の奥深い教え）を中心に学んだ僧。
　◇ **真言宗** …空海が開いた仏教の宗派。 **高野山** （和歌山県）の **金剛峯寺** を中心に布教を行う。⚠

新しい仏教の特徴

✖ 山奥で厳しい **修行** を積むことや学問に専念することを重視。
奈良時代の寺院や僧が、政治に深く関わったことを批判。

✖ 病気や災いを取りのぞくための祈とうやまじないを取り入れる。
　➡ 天皇や貴族たちに広く信仰される。

(2) 摂関政治の時期の文化

✖ 平安時代の初期　唐風の文化が好まれ、漢詩文がさかんにつくられる。
　↓
✖ 平安時代の中期　唐風の文化を基礎にしながら、日本の風土や生活、日本人の感情に合った
　★ **国風** 文化が生まれる。

　• 仮名文字（かな文字）…漢字を変形させてつくられた日本独自の文字。　安→安→あ　阿→ア

　•「 **古今和歌集** 」… **紀貫之** たちが編集した和歌集。平仮名（ひらがな）を使用。
　•「 **源氏物語** 」… **紫式部** が著した長編小説。
　•「 **枕草子** 」… **清少納言** が著した随筆。
　※紫式部と清少納言は、 **藤原** 氏出身の天皇のきさきに仕えた女性。

　• **大和絵** …日本の風景や季節の移り変わりなどを描いた、日本独自の絵画。
　• **年中行事** …季節ごとに行われる行事。日本が発祥のものや、中国から伝わってきたものなどさまざま。

　• **寝殿造** …貴族の住居の建築様式。多くの建物が廊下で結ばれ、池を備えた広い庭園を設けた。

　• 服装…唐風から日本風に変わり、貴族の男性は **束帯** 、女性は **女房装束（十二単）** が正装になる。

(3) 仏教の信仰の変化

空也上人

✖ **末法** …仏教の力が衰えた時代。
　➡ 仏教を開いた **シャカ（釈迦）** が死んでから2千年後に始まると考えられた。
　　➡ 日本では、平安時代半ばの1052年が末法の始まりとされ、人々の間に不安が広がる。

✖ **浄土信仰** … **阿弥陀仏** （阿弥陀如来）にすがり、死後に **極楽浄土** へ生まれ変わることを願う信仰。
　• **空也** …「南無阿弥陀仏」と唱える **念仏** を広めて、「市聖」と呼ばれた僧。
　• **藤原頼通** …父の道長とともに摂関政治の全盛期を築いた貴族。阿弥陀仏をまつる阿弥陀堂として、宇治（京都府）に **平等院鳳凰堂** を建立。　⚠○藤原頼通　✖藤原頼道
　　➡ 浄土信仰は地方に広まっていき、各地で阿弥陀如来像や阿弥陀堂がつくられる。

平等院鳳凰堂

飛鳥時代～平安時代

◎589 年　（ **隋** ）が中国を統一する。
◎592 年　日本最初の女性の天皇として（ **推古天皇** ）が即位する。
◎628 年　（ **唐** ）が中国を統一する。
◎645 年　中大兄皇子たちが蘇我氏を滅ぼして（ **大化の改新** ）を始める。
◎646 年　土地と人々を国家が直接支配する（ **公地・公民** ）の原則が実施。
◎663 年　百済の救援に向かった倭の軍が（ **白村江の戦い** ）で敗れる。
◎664~5 年　九州の（ **大宰府** ）を守る水城や大野城が築かれる。
◎668 年　中大兄皇子が大津宮で即位して（ **天智天皇** ）となる。
◎672 年　天智天皇のあと継ぎをめぐる（ **壬申の乱** ）が起こる。
　　➡勝利した天智天皇の弟が即位して（ **天武天皇** ）となる。
◎676 年　（ **新羅** ）が朝鮮半島を統一する。
◎694 年　持統天皇が（ **藤原京** ）という本格的な都をつくって、都を移す。
◎701 年　律令国家の仕組みを定めた（ **大宝律令** ）が完成する。
◎710 年　都が（ **平城京** ）に移されて、奈良時代が始まる。
◎741 年　（ **聖武天皇** ）が国分寺・国分尼寺を建てさせる詔 を出す。
◎743 年　新しい開墾地の永久私有を認める（ **墾田永年私財法** ）が発令。
◎759 年　唐僧の（ **鑑真** ）が奈良に唐招提寺を建てる。
◎794 年　桓武天皇が都を（ **平安京** ）に移す。
◎797 年　桓武天皇が（ **坂上田村麻呂** ）を征夷大将軍に任命する。
◎894 年　菅原道真の提案によって（ **遣唐使** ）の派遣が停止される。
◎936 年　（ **高麗** ）が朝鮮半島を統一する。
◎979 年　（ **宋** ）が中国を統一する。
◎1016 年　摂関政治の全盛期を築いた（ **藤原道長** ）が摂政になる。
◎1053 年　藤原頼通が宇治に（ **平等院鳳凰堂** ）を建てさせる。

確認 テスト②　　/50点

次の問いに答えましょう（5点×10、(1)はそれぞれ完答）。

★ (1) 次の問いに答えなさい。
　❶奈良時代に編集された歴史書を2つ書きなさい。
　　　　（ **古事記** ）（ **日本書紀** ）
　❷平安時代に藤原氏が政治の実権をにぎるために利用した地位を2つ書きなさい。
　　　　（ **摂政** ）（ **関白** ）
　❸藤原氏出身の天皇のきさきに仕え、仮名文字を使って文学作品をつくった女性の名前を2人あげなさい。
　　　　（ **紫式部** ）（ **清少納言** ）

★ (2) 飛鳥時代に政治を行った聖徳太子について、次の下線部の内容が正しい場合は○を書き、そうでない場合は誤っている語句を正しい語句に直しなさい。
　❶役人の心得を示すため、仏教や儒教の考え方を取りこんで、十七条の憲法を定めた。
　　　　（　 **○** 　）
　❷中国の先進的な制度や文化を日本に取り入れるため、阿倍仲麻呂を遣隋使として派遣した。
　　　　（ **小野妹子** ）
　❸豪族の蘇我氏とともに仏教をあつく信仰し、現存する最古の木造建築がある東大寺を建立した。
　　　　（ **法隆寺** ）

(3) 次の会話文の❶～❹に当てはまる語句をそれぞれ答えなさい。
　太郎さん：律令国家での民衆の暮らしは大変だったみたいだね。
　花子さん：収穫した稲を納める（ ❶ ）の負担は他に比べて大きくなかったらしいよ。
　太郎さん：地方の特産物を納める（ ❷ ）の負担はどうだったんだろう？
　花子さん：労役の代わりの布を納める庸とあわせて（ ❸ ）まで自分で運んでいかなければならなかったのは大きな負担だったそうだよ。
　太郎さん：負担が重すぎたら、民衆は（ ❹ ）を偽って負担が少ない女子で登録したり、逃亡したりしてしまうよね。
　花子さん：そうそう。それで班田収授法を行うのが難しくなって、❶や❷を納めさせる税制そのものが崩れてしまったんだね。
　　❶（ **租** ）❷（ **調** ）❸（ **都** ）❹（ **戸籍** ）

今回は律令国家の成り立ちと、それが崩れていく様子を学習したよ。政治の中心が、天皇から貴族に移り変わったこともちゃんと理解できたかな？　次からは、新しい勢力が政治を行うようになっていくよ。その前に、ちょっと休憩を取ってリフレッシュしよう！

第2章

武家政権の誕生と東アジア

✓

武士のおこりと平氏政権 （36~37ページの解答）

武士の成長

✖ __武士__ …武芸を身につけた都の武官（天皇の住まいを守る役人）や地方の豪族。
朝廷や国府の警備、犯罪の取り締まりなどを担当。

➡ 都と地方を行き来しながら実力や地位を高める。

- 一族とその家来・従者がまとまって __武士団__ を形成。
  - 惣領…武士団を率いる一族の長。
  - 棟梁…大きな武士団を率いた天皇・貴族の子孫。桓武天皇の子孫に当たる __平氏__ と、清和天皇の子孫に当たる __源氏__ が有力。

- __平将門__ …939年に、関東地方で反乱を起こした武士。「新皇」と名乗ったが、朝廷側の武士団に討たれる。

- __藤原純友__ …939年に、瀬戸内地方で海賊などを率いて反乱を起こした武士。大宰府を攻撃したが、朝廷側の武士団に討たれる。

- __源義家__ …11世紀後半に東北地方の豪族の勢力争いから起こった __前九年合戦__ と __後三年合戦__ で活躍した源氏の棟梁。源氏の勢力を東日本に広げる。⚠

- __奥州藤原氏__ …源氏に協力し、東北地方を支配した武士の一族。金や馬の交易で繁栄。本拠地の __平泉__ （岩手県）に __中尊寺金色堂__ という阿弥陀堂を建立。

土地制度の変化

荘園
…地方の有力者が、開発した土地を貴族や寺社に __寄進__ （＝寄付）。

公領
…国司が支配する土地。支配を任された、地方の有力者の影響が強くなる。

荘園の仕組み

```
        荘園領主（都の皇族・貴族・寺社）
           ↑年貢    ↓保護（免税の特権・荘官の任命）
   荘園  │  土地の開発者  │
        │（地方の有力者など）│
           ↑年貢    ↓支配
               農民
```

(3) 上皇による政治

✖ __後三条天皇__ …11世紀後半に即位した天皇。藤原氏との関係が薄かったため、天皇中心の政治や荘園の整理を行う。

★✖ __院政__ …天皇の位を譲った後も __上皇__ として行う政治。1086年に __白河上皇__ が開始。

院政の特徴
- __院__ …上皇とその住まいのこと。院政の中心。
- 寺社…上皇の保護を受けて多くの __荘園__ を所有。さらに __僧兵__ という武装した僧の集団を、都へ押しかけさせて強訴を行う。

> ゴロ
> 上皇になったから
> 院政で何でも
> 一応やろう

(4) 平氏政権の成立と崩壊

○ 1156年 政治の実権をめぐり、__保元の乱__ が起こる。
➡ 武士の協力を得た後白河天皇が、崇徳上皇に勝利。

○ 1159年 後白河上皇の政権内の対立から、__平治の乱__ が起こる。
➡ 武士の __平清盛__ が __源義朝__ を破る。

○ 1167年 平清盛が武士として初めて __太政大臣__ に就任。TEST

平氏政権の特徴
✖ 朝廷との関係…平清盛の娘が天皇の __きさき__ となり、生まれた皇子が __天皇__ に即位。

✖ 平氏一族…朝廷の重要な役職を独占し、多くの __荘園__ と公領を支配。

✖ __日宋__ 貿易… __大輪田泊（兵庫の港）__ を整備して中国と貿易を行い、大きな利益を得る。TEST
➡ 平清盛は瀬戸内海の航路を整備し、__厳島神社__ （広島県）に航海の安全を祈願。

平氏一族（一部）

※ □は女性、＝は婚姻関係を表す。

平氏の滅亡
✖ 平清盛が後白河上皇の院政を停止すると、平氏に不満を持つ武士が挙兵。

- __源頼朝__ …平治の乱の後、伊豆（静岡県）に追放。挙兵後、東日本で勢力を拡大。

- __源義経__ …源頼朝の弟。1185年の __壇ノ浦の戦い__ （山口県）に勝利して平氏を滅ぼす。

厳島神社 写真提供：広島県

(1) 本格的な武家政権

★ ✕ __鎌倉__ 幕府… __源頼朝__ がつくった武家政権。

ゴロ
いい箱つくろう
鎌倉幕府

TEST ○ __1185年__ 国ごとに __守護__ 、荘園や公領ごとに __地頭__ を設置。
- ○ 1189年 源義経をかくまった __奥州藤原氏__ を滅ぼして東北を支配。
- ○ 1192年 源頼朝が __征夷大将軍__ に就任。
  - ・ __御家人__ …鎌倉幕府の将軍の家来。
  - ・ __御恩__
    …将軍が御家人に __領地__ を新しく与えたり保護したりすることや、御家人を守護・地頭に任命すること。
    ※御家人は自分の財産であり生活の基盤となる領地を命がけで守ろうとしたため、__一所懸命__ という言葉が生まれる。
  - ・ __奉公__
    …御家人が将軍のために戦うことや、京都の天皇の住まいや __鎌倉__ を警備する義務を負うこと。

御恩と奉公

鎌倉幕府の仕組み
- ・ __侍所__
  …御家人の統制や軍事・警察を担う役所。
- ・ __政所__
  …一般の政務や財政を担う役所。
- ・ __問注所__
  …裁判を行う役所。

鎌倉幕府の仕組み

	将軍	評定
〈地方〉	評定衆 執権	〈中央〉

地頭（年貢や公領の取り立て・荘園や公領の管理） / 守護（国内の軍事・警察） / 六波羅探題（朝廷の監視・西日本の武士の統率・京都の警備） / 問注所（裁判） / 政所（幕府の財政など） / 侍所（御家人の統率・軍事など）

⚠ ○問注所 ×問柱所

(2) 武士の生活と荘園・公領

✕ __地頭__ …荘園・公領の管理や年貢の取り立てを行う武士の役職。

MEMO
鎌倉時代の女性は相続権を持っていたため、女性が地頭になることもあった。

(3) 産業の発達

✕ 農業…草木の __灰__ を肥料に使い、 __牛__ や馬を耕作に利用し、同じ耕地で米と麦をつくる __二毛作__ を始めたため、生産力が向上。

✕ 商業…寺社の門前や交通の便利な場所で __定期市__ が月に3回開かれ、さまざまな品物を売買。

(4) 北条氏による政治

- ○ 1202年 源頼朝が死去し、若い源頼家が2代将軍に就任。
  - → 有力な御家人の __北条時政__ が幕府の実権をにぎる。
- ○ 1203年 源頼家の弟の __源実朝__ が3代将軍に就任。
  - → 北条時政が __執権__ という将軍を補佐する役職に就任。
- ○ 1219年 源実朝が暗殺され、 __源氏__ の将軍が途絶える。
- ○ 1221年 __後鳥羽上皇__ が朝廷の勢力を回復するため、鎌倉幕府を倒す兵を挙げる。
  - → ★ __承久の乱__ の始まり

源頼朝の妻の __北条政子__ が御家人たちを結束させて、朝廷の軍を破る。

MEMO
源実朝の暗殺後、鎌倉幕府は京都から皇族や貴族を招いて将軍にした。

史料
「みなの者、よく聞きなさい。これが最後の言葉である。亡き頼朝公が朝廷の敵（＝平氏）を倒し、幕府を開いてから、官位といい土地といい、その恩は山よりも高く、海よりも深いのである。この恩に感謝して報いたいという志が、どうして浅いものであろうか。」
『吾妻鏡』に収められている北条政子の演説（部分要約）

- ○ 1232年 執権の __北条泰時__ が __御成敗式目（貞永式目）__ を制定。

御成敗式目の特徴
- ・ 内容…武士の社会の慣習をまとめたもの。⚠
- ・ 目的…政治の判断や公正な __裁判__ の基準をつくること。
  - → のちの武家政治や、武士の法律の見本となる。

承久の乱の後の幕府の動き
- ・ __六波羅探題__ …京都に朝廷を監視するための役所を設置。
- ・ 後鳥羽上皇…承久の乱の責任を問われて __隠岐__ （島根県）へ流される。
- ・ 上皇に味方した公家や武士…幕府が領地を取り上げ、御家人に恩賞として与える。
  - → 幕府の支配が __西日本（西国）__ にも広がる。

---

(1) 鎌倉文化

鎌倉文化の特徴
…貴族（公家）の文化を受け継ぎながら、新たな支配者の __武士__ の気風に合った写実的で __力強い__ 文化。

✕ 建築・彫刻
- ・ __東大寺南大門__ …源平の争乱で焼失。鎌倉時代に再建。 __宋__ の新しい建築様式を取り入れた雄大な建築物となる。
- ★ ・ __金剛力士像__ …__運慶__ や快慶などの仏師が制作した2体の彫刻作品。東大寺南大門の両脇に安置。

金剛力士像（阿形）　　東大寺南大門　　金剛力士像（吽形）

出典：東大寺（3点ともに）

- ・ __円覚寺舎利殿__ …鎌倉に建てられた臨済宗の寺院の建築物。宋から伝わった禅宗様式の整った美しさが特徴。

✕ 文学・絵画
- ★ ・ 「 __平家物語__ 」…源平の争乱を題材とした文学作品。 __琵琶法師__ が各地で弾き語りをしたので、文字が読めない人々にも広まる。
  - ❖ __軍記物__ …武士の活躍や戦いの描写が中心となった、文学作品の総称。
- ・ 「 __新古今和歌集__ 」…後鳥羽上皇の命令で、公家の __藤原定家__ が編集した和歌集。
- ・ 「 __方丈記__ 」… __鴨長明__ の随筆。人生のはかなさや無常をつづる。
- ・ 「 __徒然草__ 」… __兼好法師__ の随筆。民衆の生き方などを観察。
- ・ __似絵__ …大和絵から発達した写実的な肖像画。

(2) 鎌倉時代の宗教

✕ 新しい仏教の宗派が広まった理由 ⚠
- ・ 平安時代の末期から戦乱や自然災害が相次ぎ、人々が救いを求めた。
- ・ 分かりやすい教えを説いたため、人々が理解しやすかった。
- ・ 厳しい __修行__ を必要としなかったので、人々が受け入れやすかった。

✕ 念仏を重んじる宗派
- ・ __浄土宗__ …浄土信仰を受け継いだ __法然__ が、一心に念仏を唱えれば誰でも極楽浄土に生まれ変わることができると説く。
- ・ __浄土真宗__ …法然の弟子の __親鸞__ が、自分の罪を自覚した悪人こそが救われると説く。一心一向に阿弥陀如来の救いを信じる心を強調したことから __一向宗__ とも呼ばれる。
  - ⚠ ○親鸞 ×新鸞 ／ ○一遍 ×一編 ／ ○日蓮 ×日運
- ・ __時宗__ …人々に念仏の札を配った __一遍__ が開く。大勢で念仏を唱えながら踊り念仏（踊念仏）を行って教えを広める。

✕ 題目を重んじる宗派
- ・ __日蓮宗（法華宗）__ … __日蓮__ が「法華経」の題目の「南無妙法蓮華経」を唱えれば、国も人も救われると説く。

✕ 禅宗
- ・ __座禅__ で心を落ち着かせ、自力で悟りを得ることを目指す宗派。
- ・ __臨済宗__ …宋に留学した __栄西__ が伝え、鎌倉幕府に保護される。宋から持ち帰った __茶__ の栽培も日本に広めた。
- ・ __曹洞宗__ …宋に留学した __道元__ が伝える。帰国後、越前国（福井県）に移り __永平寺__ を建立。

鎌倉時代の宗教まとめ

宗派	浄土宗	浄土真宗（一向宗）	時宗	日蓮宗（法華宗）	臨済宗	曹洞宗
開祖	法然	親鸞	一遍	日蓮	栄西	道元
中心寺院	知恩院	本願寺	清浄光寺	久遠寺	建仁寺	永平寺
特徴	「南無阿弥陀仏」と念仏を唱えることを重視。	悪人こそ救われると説く。	踊り念仏（踊念仏）で広める。	「南無妙法蓮華経」と題目を唱える。	座禅によって自らで悟りを開こうとする。	

ユーラシア大陸の動き

✗ チンギス・ハン…13世紀初めにモンゴル高原の遊牧民を統一して **モンゴル帝国** を建国。

➡ 歴代のハンが領土を広げて、ユーラシア大陸の東西にまたがる大帝国に発展。

> 《MEMO》
> 「ハン」は遊牧民が用いた君主の称号。

✗ フビライ・ハン…モンゴル帝国の5代皇帝。都を **大都**（現在の北京）に移し、国号を **元** に変更。➡ 朝鮮半島の **高麗** を従属させ、中国南部の **宋** を滅ぼす。

フビライ・ハン

・**マルコ・ポーロ**…フビライ・ハンに仕えたイタリアの商人。帰国後に「世界の記述（東方見聞録）」という旅行記を著す。
➡ 日本を「黄金の国 **ジパング** 」として紹介。

モンゴルの襲来とその影響

✗ 北条時宗…13世紀後半の鎌倉幕府の執権。日本の朝貢や従属を求めるフビライ・ハンの要求を拒否。

✗ 文永の役… **1274** 年に元軍が対馬・壱岐を攻撃した後、九州北部の **博多湾**（福岡県）に上陸。

・**集団戦法**…元軍の戦い方。一騎ずつで戦う日本軍に不利。
・**「てつはう」**… **火薬** を使って爆発させる武器。日本軍が苦戦。
➡ 元軍は短期間で退却したが、日本側に大きな衝撃を与える。

文永の役の様子（蒙古襲来絵詞・模本）　　　出典：アフロ

○文永の役
✗文禄の役
✗弘安の役
✗公安の役
○元寇
✗元冦

✗ 弘安の役… **1281** 年に元軍が再び九州北部を攻撃。

・**防塁（石の防壁）**…文永の役の後、鎌倉幕府の指示で博多湾岸に築かれる。弘安の役で元軍の上陸をはばむ効果。

・**暴風雨**…元軍に大きな損害を与える。
➡ 元軍が退却して戦いが終わる。
※ **元寇（蒙古襲来）**…2度にわたる元軍との戦い。

> 《MEMO》
> 「蒙古」はモンゴルの遊牧民・地域のこと。

御家人の不満

・元寇に勝っても領土は増えず。
➡ 御家人の恩賞となる領地が不足。
・元が3度目の日本攻撃を計画。
・分割相続のくり返し。
➡ 御家人の領地が小さくなって生活が困難に。

・**（永仁の）徳政令**…1297年に鎌倉幕府が出した法令。

> 《史料》
> ・領地を借金のかたとして質屋に取られたり、売買したりすることは、御家人の生活が苦しくなるもととなので、今後は禁止する。
> ・御家人ではない武士や庶民が買った御家人の領地については、何年前のものであっても関係なく返すようにせよ。
> 徳政令の内容（部分要約）

徳政令の効果は一時的なものだったので、御家人の不満が高まった。⚠

（3）鎌倉幕府の滅亡

✗ 悪党…鎌倉幕府や荘園領主に従わない武士。

✗ 後醍醐天皇…14世紀前半に即位した天皇。政治の実権を朝廷に取りもどすため、倒幕を計画。
➡ 計画が露見して **隠岐**（島根県）へ流される。
➡ 隠岐を脱出した後、幕府に不満を持つ悪党や御家人に呼びかけて、倒幕を実現。

> ⚠ ○後醍醐天皇
> ✗後醍醐天皇

楠木正成…河内国（大阪府）の悪党。
足利尊氏…有力な御家人。後醍醐天皇の呼びかけに応じて、六波羅探題を攻撃。
新田義貞…有力な御家人。後醍醐天皇の呼びかけに応じて、 **1333** 年に鎌倉幕府を滅ぼす。

> 《ゴロ》
> 一味さんざん 鎌倉幕府滅亡

後醍醐天皇の政治

✗ 建武の新政…1334年に後醍醐天皇が始めた天皇中心の政治。
➡ これまでのしきたりを無視して新しい政策を行ったため、武士などの不満が高まる。⚠

・**二条河原 落書**…建武の新政による混乱を風刺した文章。

✗ 足利尊氏…武家政権の復活を目指して挙兵。
➡ 新田義貞や楠木正成を破って、京都を占領。
➡ わずか **2** 年ほどで建武の新政が崩壊。

南北朝の動乱

✗ 北朝…足利尊氏が **京都** で新しい天皇を即位させてつくった朝廷。
✗ 南朝… **吉野**（奈良県）に移った後醍醐天皇がつくった朝廷。
➡ 北朝と南朝が、互いに正統性を主張して争う **南北朝** 時代へ。
➡ 全国の武士が2つの勢力に分かれて、約 **60** 年間戦う。

南北朝時代の地方の動き

✗ 守護…鎌倉時代に国内の軍事・警察を担当した役職。
➡ 国内の武士をまとめあげて、 **国司** に代わり一国を支配するようになった守護が **守護大名** となる。

> 《MEMO》
> 中国地方の大内氏など複数の国を支配した守護大名もいた。

室町幕府の成立と仕組み

> 《ゴロ》
> いざみやこで室町幕府を開くぞ！

✗ 室町幕府…1338年、北朝の天皇から **征夷大将軍** に任命された足利尊氏が **京都** につくった武家政権。

> ⚠ ○管領
> ✗菅領
> ✗官領

・**管領**…将軍の補佐役。有力な **守護大名** を任命。
・**鎌倉府**…関東地方に置かれた地方機関。長官の **鎌倉公方** は足利氏の一族が任じられ、**関東管領** が補佐。

室町幕府の仕組み

（中央）　管領　侍所（武士の統率 京都の警備）
　　　　　　　　政所（幕府の財政）
　将軍　　　　　問注所（記録・裁判）
　　　　　鎌倉府
（地方）　　　　関東8か国と伊豆・甲斐の支配 長官は鎌倉公方、補佐は関東管領
　　　　守護・地頭

室町幕府の収入

・**営業税**…金融業者を保護して税を徴収。
・**土倉**…質入れされた品物を保管する倉庫を持った金融業者。
・**酒屋**…金融業を兼業していた酒類の製造・販売業者。
・**通行税**…交通の要所に **関所** を設けて、通行者から税を徴収。

（4）南北朝の統一と朝貢貿易

✗ 足利義満…室町幕府の3代将軍。守護大名の力をおさえて、幕府の全国支配を確立。

足利義満

足利義満の内政

◎ **花の御所**…京都の室町につくられた将軍家の邸宅。
➡ **室町幕府** という名前の由来。
◎ 南北朝の統一… **1392** 年、足利義満の仲介で、南朝の天皇が北朝の天皇に位をゆずることによって実現。

> 《ゴロ》
> 南北朝の統一で、いざ国を1つに！

◎ 太政大臣の就任…足利義満は **朝廷** にも勢力を広げて、さまざまな権限を取得。

足利義満の外交

◎ **明**…14世紀後半、漢民族が元の勢力を北へ追い払って建国。
◎ **倭寇**…中国や朝鮮半島の沿岸で活動した海賊。日本人や中国人、朝鮮人が密貿易や海賊行為を行う。

> ⚠ ○倭寇
> ✗和寇

◎ **日明貿易（勘合貿易）**…1404年に開始された中国との正式な貿易。
・**勘合**…正式な貿易船に与えられた証明書。
TEST ※正式な貿易船と **倭寇** の船を区別する目的があった。

勘合

・**朝貢**…周辺諸国が中国の皇帝にみつぎ物をおくり、返礼として多くの物を与えられること。

※足利義満は明から「日本国王」に任じられ、明の皇帝の臣下として貿易を行った。

・日本の輸入品…品物の売買に使う **銅銭（明銭）** が多かった。
・貿易の実権…15世紀後半、**堺**（大阪府）の商人と結んだ細川氏や、**博多**（福岡県）の商人と結んだ大内氏など、守護大名がにぎる。

(1) 交易で結ばれる東アジア

✖ 朝鮮（朝鮮国）…14世紀末に 李成桂 が高麗を滅ぼして建国。

・ハングル …朝鮮でつくられた独自の文字。

・日朝貿易…日本は 木綿 （綿織物）や仏教の経典などを輸入。

　→ のちに、対馬の守護大名の宗氏が日朝貿易を独占。

✖ 琉球王国 …15世紀初めに沖縄島を
統一した中山王の尚氏が建国。
都は 首里 。

中継貿易の交易路

・中継 貿易…琉球の立地を生かし
て日本・中国・朝鮮・東南アジアに船を
送り、各地の産物をやり取りすること
で利益を得る貿易。

✖ 蝦夷地 …室町時代の北海道の呼び
名。狩りや漁を営む アイヌ 民族
（ アイヌ の人々）が アイヌ 文化
を形成。

⚠ ○琉球　✖流求　○和人　✖倭人

・コシャマイン…和人（本州の人々）との交易をめぐって、15世紀半ばに戦いを
起こしたアイヌ民族の首長。

(2) 室町時代の産業の発達

✖ 農業… 二毛作 が西日本を中心に広がり、 水車 を利用したかんがいが行われるようにな
ったため、さらに生産力が向上。

✖ 手工業…職人の種類が増加。

・西陣 （京都市）・ 博多 （福岡市）…絹織物。

・瀬戸 （愛知県）…陶器。

✖ 商業… 定期市 が開かれる日数が月6回に増え、品物の売買に明の「 洪武通宝 」や「 永
楽通宝 」などの 銅銭 （明銭） を使用。

★ ・座 …商人や手工業者の同業者団体。公家や寺社などに税を納め、その代わりに営業
を独占する権利を認められる。 TEST

✖ 流通業…商業の発達とともに、品物の輸送を専門とする人々が活躍。

・馬借 …馬を利用して年貢などの物資を輸送した運送業者。
荷車を利用する 車借 も活動。

・間 （問丸）…港町などで、運送業と倉庫業の両方を営ん
だ業者。

(3) 民衆の団結と自立

室町時代の民衆

「自分たちの力で解決する」という考えが一般的。

✖ 一揆 …共通の利害を持つ人々が、平等の立場で神仏の前で誓い合って、
共に行動すること。

⚠ ○一揆　✖一気　✖一気

★ ・正長の土一揆
…1428年、近江国（滋賀県）の 馬借 が中心となり、室町幕府に借金を帳消しにす
る 徳政令 を求めた一揆。→ 多くの民衆が金融業者の土倉と酒屋を襲撃。

・山城の国一揆（山城国一揆）
…1485年、京都府南部の武士と農民が協力して、山城国の守護大名の畠山氏の軍を
追い払う。→ その後、8年間にわたって自治を行う。⚠

・加賀の一向一揆
…1488年、石川県で 浄土真宗 （一向宗） を信仰する武士や農民が、加賀国の
大名の富樫氏を滅ぼす。→ その後、100年間にわたって自治を行う。⚠

農村の自治

✖ 惣 （惣村）…室町時代の農村の自治組織。有力な農民などが運営。

・→ 領主に対して、 年貢 の納入をひとまとめに請け負ったり、軽減を要求したりした。

・寄合 …惣の会議。農村のさまざまなことを話し合った。

・村の おきて …寄合での話し合いで定められた農村の決まり。

都市の自治

京都や 堺 （大阪府）、 博多 （福岡市）などで行われる。

✖ 祇園祭 …応仁の乱によって中断した後、町衆の努力によって復興された京都の祭礼

---

(1) 室町幕府の弱体化

✖ 守護大名 …地方を支配し、管領など室町幕府の要職に任じられた武士。
→ 3代将軍 足利義満 の後、将軍の統制が及ばなくなる。

★ 応仁の乱 …8代将軍 足利義政 の後継者問題が原因で起こる。

◎ 1467年 有力な守護大名の細川氏と山名氏が、東西両軍に分かれて戦う。
→ 11年も続いた戦いによって 京都 が焼け野原になる。
→ 戦乱は地方にも広がり、幕府の影響力が衰える。

ゴロ
人の世のむなしさを伝
える応仁の乱

・下剋上
TEST …下の身分の者が上の身分の者を実力によって倒すこと。
→ 応仁の乱によって、全国にこの風潮が拡大。

(2) 戦乱の世の日本

✖ 戦国大名 …室町幕府から自立して国を支配し、国内の武士を家臣として従えた大名。
出身は守護大名やその家来、地方の有力武士、商人などさまざま。

✖ 戦国時代 …15世紀末〜16世紀末、戦国大名が互いに争った時代。

戦国大名の支配

・城下町 …戦国大名の本拠地である 城 の周辺に、家臣や商工業者を集めてつくった町。

EX 朝倉氏の 一乗谷 （福井県）
北条氏の 小田原 （神奈川県）

MEMO
戦国時代に関東地方を支配した北条氏
と、鎌倉時代に執権政治を行った北条
氏は無関係。

・分国法 …戦国大名がつくった独自の法律。

・武士や農民の統制…けんか両成敗や、他国との結婚（おくり物、手紙）の制限など。

・国内の支配の徹底…荘園領主の支配を否定。
→ 戦国大名に荘園を奪われた天皇、公家、寺社などが衰退。

・石見銀山 …島根県の銀山。戦国大名の保護下で博多の商人が開発。
→ 中国を経て世界各地に銀を輸出。

⚠ ○石見銀山　✖石見銀山

・武田信玄 …甲斐国（山梨県）などを支配した戦国大名。国内の発展のために治水工事を
行って 堤防 （信玄堤） をつくる。

(3) 室町文化

室町文化の特徴

TEST ・貴族（公家）の文化と 武士 （武家）の文化が混じり合う。

・室町幕府が保護した 禅 （臨済） 宗の影響を受ける。

✖ 北山文化 …3代将軍 足利義満 のころに
栄えた文化。

・金閣 …足利義満が京都の 北山 の別荘
に建てた建物。上層は禅宗寺院の建築様式、
下層は 寝殿造 。

・能 …足利義満が保護した 観阿弥 と
世阿弥 の親子が大成した芸能。

✖ 東山文化 …8代将軍 足利義政 のころに
栄えた文化。

・銀閣 …足利義政が京都の 東山 の別荘
に建てた建物。

・東求堂同仁斎…銀閣と同じ敷地にある足利義
政の書斎。ゆかに たたみ を敷き、仕切り
に ふすま （障子） を用いる

★ ・書院造 …採用。

・水墨画 …墨一色で表現する絵画。明で学
んだ禅僧の 雪舟 が帰国後に大成。

・枯山水 …砂や岩で自然を表現した庭園。

民衆の間に広がる文化

✖ 狂言 …能の合間に演じられたこっけいな喜劇。

✖ 御伽草子（お伽草子）
…民衆向けの絵入りの物語。「一寸法師」「浦
島太郎」「物ぐさ太郎」などは現代でも有名。

✖ 木綿 …それまでの主流だった麻に加えて、
15世紀後半から民衆の衣服の材
料として用いられるようになる。

平安時代〜室町時代

- 939 年 (平 将門)が関東地方で反乱を起こし、「新皇」と名乗る。
- 1086年 白河上皇が(院政)を始める。
- 1156年 崇徳上皇と後白河天皇が対立して(保元の乱)が起こる。
- 1159年 (平治の乱)が起こり、平清盛が源 義朝を破る。
- 1167年 平清盛が武士として初めて(太政大臣)に就任する。
- 1192年 (源頼朝)が征夷大将軍に就任する。
- 1206年 (チンギス・ハン)がモンゴル帝国を建てる。
- 1221年 (承久の乱)が起こり、後鳥羽上皇が鎌倉幕府の軍勢に敗れる。
- 1232年 鎌倉幕府の北条泰時が(御成敗式目 (貞永式目))を制定する。
- 1271 年 (フビライ・ハン)が国号を元に改める。
- 1274年 元軍が九州北部に侵攻して(文永の役)が起こる。
- 1281年 元軍が再び九州北部に侵攻して(弘安の役)が起こる。
- 1297年 鎌倉幕府が御家人の救済のために((永仁の) 徳政令)を出す。
- 1333年 (後醍醐天皇)の呼びかけに応じた悪党や御家人たちの攻撃によって、鎌倉幕府が滅ぶ。
- 1334年 (建武の新政)と呼ばれる天皇中心の政治が始まる。
  ➡ 足利尊氏の挙兵によって2年ほどで崩壊。
- 1392年 室町幕府の足利義満の仲介によって(南北朝)が統一される。
- 1404年 室町幕府の足利義満が、中国と(日明 (勘合))貿易を始める。
- 1428年 近江国の馬借が中心となって(正長の土一揆)を起こす。
  ➡ 民衆が室町幕府に徳政令を要求。
- 1429年 中山王の尚氏が沖縄島を統一して(琉球王国)を建てる。
- 1467年 室町幕府の足利義政の後継者問題が原因となって(応仁の乱)が始まる。
  ➡ (下剋上)の風潮が広まり、各地に戦国大名が登場。

確認テスト③　　/50点

次の問いに答えましょう（5点×10、(3)は完答）。

(1) 次の問いに答えなさい。
❶広島県にあり、日宋貿易を行った平清盛が貿易船の航海の安全を祈願した神社を何といいますか。　　　　　　　　　　(厳島神社)
❷鎌倉時代に浄土真宗を開いたのは誰ですか。　(親鸞)
❸室町時代に❷を信仰した武士や農民などが団結して、自分たちの要求を通すために立ち上がったことを何といいますか。　((加賀の)一向一揆)
❹戦国大名がつくった独自の法律を何といいますか。　(分国法)

★ (2) 鎌倉幕府と室町幕府の仕組みについて、次の問いに答えなさい。
❶鎌倉幕府の将軍が御家人に対して、以前から所有する領地を保護したり、新しい領地を与えたりしたことを何といいますか。　　(御恩)
❷室町幕府の将軍が軍事費の徴収などの強い権限を与えたため、一国を支配するようになった守護を何といいますか。　　(守護大名)
❸鎌倉幕府と室町幕府で、それぞれ将軍を補佐した役職を何といいますか。
鎌倉幕府(執権)室町幕府(管領)
❹鎌倉幕府が設置した六波羅探題の目的を、次のア〜エから選び、記号で答えなさい。
ア 東北地方の政治や軍事　イ 関東地方の支配
ウ 京都にある朝廷の監視　エ 九州地方の政治や防衛　(ウ)

★ (3) 次の❶〜❸をつくった人物とその場所をあとのア〜クからそれぞれ選び、記号で答えなさい。
❶金閣　❷中尊寺金色堂　❸金剛力士像

		人物	場所
ア 運慶・快慶	イ 奥州藤原氏		
ウ 足利義政	エ 足利義満	金閣(エ)(オ)	
オ 北山	カ 東大寺南大門	中尊寺金色堂(イ)(ク)	
キ 東山	ク 平泉	金剛力士像(ア)(カ)	

ここまでお疲れさま！ 武士が政治の中心になっていく流れを学んだけど、平氏政権、鎌倉幕府、室町幕府のちがいはしっかりおさえておこう。ちなみに、室町時代は茶の湯が広まった時代でもあるんだよ。

第3章

武家政権と世界の動き

(1) 中世ヨーロッパ世界の成立

- ✖ __ローマ__ 帝国…紀元前1世紀に共和政から帝政に移行。
  - ➡ 4世紀に分裂。
- ● __西ローマ__ 帝国…イタリア半島を中心に成立。5世紀に滅亡。
- ● 東ローマ帝国… __ビザンツ__ 帝国とも呼ばれる。__コンスタンティノープル__（現在のイスタンブール）を都として、領土を拡大。
- ✖ __キリスト教__ …4世紀末にローマ帝国の国教とされた。
  - ● __カトリック教会__ …西ヨーロッパに広がり、諸国の王を従える権威を持った教会。首長は __ローマ教皇（法王）__ 。
  - ● __正教会__ …ビザンツ帝国と結びついて、大きな勢力を持った教会。
- ✖ __十字軍__ …イスラム勢力に占領された聖地 __エルサレム__ を奪回するために送られた遠征軍。

> ◀MEMO▶
> 「十字」とは、キリスト教のシンボルである十字架のこと。

  - ➡ 11世紀末、__ローマ教皇（法王）__ の呼びかけで開始。
  - ● 西ヨーロッパ諸国の王や貴族が参加して、何度も遠征したが、聖地の奪回は失敗に終わる。
  - ➡ イスラム世界との交渉を通じて、中国起源の紙や火薬が伝来。⚠

十字軍

(2) イスラム世界の拡大

- ✖ __モンゴル__ 帝国…チンギス・ハンが建国。チンギスやその子孫が西アジアを征服し、13世紀半ばにイスラム世界を支配する。
- ✖ __オスマン__ 帝国…トルコ系の民族が建てたイスラム国家。
  - ➡ 15世紀半ばにビザンツ帝国を征服し、その都を __イスタンブール__ と改名。
- ✖ __ムガル__ 帝国…モンゴル系の民族が建てたイスラム国家。17世紀後半に __インド__ の大部分を征服。

(3) 中世から近世に移り変わるヨーロッパ

- ★ ✖ __ルネサンス__
  …14～16世紀の西ヨーロッパに広がった、人間の個性や自由を表現しようとする芸術活動。文芸復興とも呼ばれる。
  - ※ __ペスト__ …黒死病とも呼ばれる流行病。14世紀のヨーロッパで大流行。
    - ➡ 多くの死者が出て、生きる意味に関する新しい考えがめばえたことがルネサンスにつながる。
  - ● ルネサンスの理想…人間の生き生きした姿を描写した __キリスト教__ 以前の古代 __ギリシャ__ やローマの文化。
    - ex 「春」…ルネサンスの画家ボッティチェリの作品。ギリシャ・ローマ神話の三美神と女神ビーナスが描かれる。
  - ● __イタリア__ …ルネサンスが始まった地域。
    - ex __レオナルド・ダ・ビンチ__ …芸術や科学など多方面で業績を残したイタリアの人物。1人の女性がほほえむ様子をそのまま描いた「__モナ・リザ__」はとくに有名。

モナ

- ★ ✖ __宗教改革__
  …16世紀の西ヨーロッパで広がった、__キリスト教__ の改革運動。
  - ◎ 教皇がローマの大聖堂修築を計画。
    - ➡ 購入すれば罪が許される __免罪符__ を販売し、資金を集める。
  - ◎ 各地にプロテスタント（=教皇やカトリック教会に「抗議する者」という意味）が出現。
    - ● __ルター__ …ドイツで __聖書__ のみが信仰のよりどころと主張。⚠
    - ● __カルバン__ …スイスで神の救いを信じて職業に励むべきと主張。
  - ◎ 西ヨーロッパ諸国が2つの勢力に分かれて対立。宗教戦争も発生。
    - ● __イエズス会__ …カトリック教会がプロテスタントに対抗してつくった組織。海外で布教を行って勢力を拡大。

---

(1) 大航海時代

- ✖ ヨーロッパ人の海外進出の背景
  - ● 遠洋航海の実現
    …中国から伝わった羅針盤の実用化などに成功。
  - TEST ● __香辛料__ の需要
    …イスラム（ムスリム）商人から買うアジア産のこしょうなどが高価。

> ◀MEMO▶
> 「ムスリム」とはイスラム教徒を指す言葉。

    - ➡ 直接アジアに行って安価で入手する必要性があった。
  - ● __キリスト教__ の布教
    …15世紀後半、イベリア半島からイスラム勢力を追い払った __ポルトガル__ とスペインが、アジアに向かう新しい航路を開拓。
- ✖ 新航路の開拓⚠
  - ★ ● __コロンブス__
    …1492年、スペインの支援で大西洋を横断し __アメリカ__ 大陸付近の西インド諸島に到達。

> ◀MEMO▶
> ・コロンブス自身はアジアのインドに到達したと考えていた。
> ・マゼランは航海中にフィリピンで死亡した後、船隊の部下たちが世界一周をなしとげた。

    - ➡「新大陸」の発見につながる。
  - ● __バスコ・ダ・ガマ__
    …1498年、ポルトガルからアフリカ大陸南端の __喜望峰__ を経由して、インドに到達。
    - ➡ ヨーロッパから直接アジアに向かう航路の開拓に成功。
  - ● __マゼラン__
    …1522年、船隊が初めて世界一周に成功。
    - ➡ 地球が __球体__ であることが証明される。

大航海時代の航路

(2) ヨーロッパ人によるアメリカ大陸の征服

- ✖ __アステカ王国__
  …現在のメキシコ周辺で栄えた先住民の国。⚠
- ✖ __インカ帝国__
  …現在のペルー周辺で栄えた先住民の国。⚠
  - ● __マチュピチュ__ …高度な技術でつくられた石造建築のあとが残る、インカ帝国の遺跡。
- ◎ 16世紀前半 __スペイン__ が武力でアメリカ大陸の先住民の文明を滅ぼす。
- ◎ スペインやポルトガルが、アメリカ大陸に __植民地__ を築いて支配。
  - ● __プランテーション__ …ヨーロッパ人が開いた大農園。さとうきびなどをヨーロッパへ輸出。
  - ● __銀__ …ポトシ銀山（ボリビア）などで大量に採掘。
- ◎ 強制労働者やヨーロッパ人が持ちこんだ伝染病で先住民の人口が激減。
- TEST ◎ ヨーロッパ人がアフリカ大陸から連れてきた __奴隷__ を労働力として使用。

(3) ヨーロッパ諸国の繁栄

- ✖ ポルトガル
  …アジアとの貿易を展開。日本にも進出。
- ✖ スペイン
  …アメリカ大陸で得た大量の銀で繁栄。アメリカ大陸とアジアを結ぶ貿易も展開。
  - ➡ 16世紀後半にポルトガルを併合して「__太陽__ の沈まない帝国」と称される。（のちにポルトガルは独立を回復。）
- ✖ オランダ
  …16世紀末にスペインから独立。17世紀初めに東インド会社を設立。

大西洋の三角貿易

アメリカ大陸		ヨーロッ
	毛織物 →	
	← 銀・砂糖	

奴隷 ↗ ↘ 武器・雑貨
↖ 金・象牙

アフリカ

ヨーロッパ人がもたらしたもの

○ **16世紀半ば** ヨーロッパ人が中国をめぐる中継貿易に参入。

※マカオ…ポルトガルが明から居留を許された地域。

○ **1543年** 種子島 （鹿児島県）に中国人の船が漂着。

→ 船に乗っていた ポルトガル 人が日本に 鉄砲 を伝える。

→ 堺 （大阪府）や 国友 （滋賀県）で鉄砲を大量生産。⚠

→ 戦国大名 の戦い方や 城 の構造に大きな変化。

○ **1549年** イエズス会の宣教師★ （フランシスコ・）ザビエル が鹿児島に上陸。

→ 日本に初めて キリスト教 を布教。

→ ザビエルに続いて来日したイエズス会の宣教師たちが布教活動と並行し、学校（病院、孤児院）の建設などの慈善事業も行う。

→ 日本人の キリシタン （＝キリスト教の信者）が増加。

▶コロ◀
以後、予算を組んで鉄砲をつくるぞ
⚠ ○種子島 ×種ヶ島

▶コロ◀
ザビエル以後、よく広まったキリスト教

ザビエル

ヨーロッパ人との貿易

✖ 南蛮人 …来日したポルトガル人やスペイン人の呼び名。

✖ 南蛮貿易 …南蛮人が行った日本との貿易。

○ 日本の輸出品…おもに 銀 。⚠

○ 日本の輸入品…中継貿易を行う南蛮人から、各地の産物を購入。

・ 明の産物… 生糸 や絹織物など。

・ ヨーロッパの産物…鉄砲や 火薬 、時計、ガラス製品など。

✖ キリシタン大名 …南蛮貿易の利益を得るため、キリスト教の信者になった戦国大名。

・ 天正遣欧少年使節…九州のキリシタン大名が ローマ教皇 （法王）のもとへ派遣した使節。

(3) 織田信長の統一事業

○ **1560年** 桶狭間の戦い （愛知県）が起こる。

→ 尾張国 （愛知県）の戦国大名 織田信長 が駿河国（静岡県）の戦国大名 今川義元 を破る。★

・ 織田信長は「 天下布武 」（＝武力による天下統一）を掲げて勢力を拡大。

○ **1568年** 信長が京都に上り、足利義昭 を15代将軍に就任させる。

○ **1571年** 信長が 比叡山延暦寺 （京都府・滋賀県）を焼き討ちする。

○ **1573年** 信長が 室町幕府 を滅ぼす。

→ 対立した足利義昭を京都から追放。

○ **1575年** 長篠の戦い （愛知県）が起こる。★

→ 信長が、甲斐国（山梨県）の戦国大名 武田勝頼 を破る。

TEST ◆長篠の戦いでは、信長が三河国（愛知県）の戦国大名 徳川家康 と連合軍を組み、鉄砲 を有効に活用して戦った。

○ **1576年** 信長が本拠地として 安土城 （滋賀県）を琵琶湖のほとりに築く。

○ **1580年** 信長が 一向一揆 を屈服させる。

→ 一向一揆の本拠地だった 石山本願寺 （大阪府）が降伏。

○ **1582年** 本能寺の変 （京都府）が起こる。

→ 家臣の 明智光秀 の反乱によって、信長が自害。

▶コロ◀
○桶狭間の戦い ×桶峡間の戦い

▶コロ◀
室町幕府の滅亡以後、涙が止まらない義昭

⚠ ○長篠の戦い ×長篠の戦い

⚠ ○明智光秀 ×明知三秀

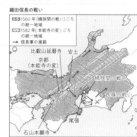
織田信長の戦い
1560（桶狭間の戦い）ごろの統一地域
1582（本能寺の変）ごろの統一地域
信長軍の進路
比叡山延暦寺　安土
京都（本能寺の変）
桶狭間の戦い
長篠の戦い
尾張
石山本願寺

織田信長の政策

✖ 関所 の廃止…交通を自由にして、商品の流通をさかんにした。

✖ 楽市・楽座 …市の税を免除し、特権を持っていた 座 を廃止。
※商工業を活発化する目的で、美濃（岐阜県）や安土（滋賀県）の 城下町 で実施。

✖ 自治都市の支配…京都や 堺 （大阪府）の自治権を取り上げて、経済力を強化。

✖ キリスト教 の保護…比叡山延暦寺や一向一揆などの 仏教 勢力への対抗と 南蛮貿易 による利益が目的。

豊臣秀吉の統一事業と桃山文化 （58~59ページの解答）

豊臣秀吉の統一事業

○ **1582年** 織田信長の家臣 豊臣秀吉 が、山崎の戦い（京都府）で、本能寺の変を起こした 明智光秀 を破る。★

○ **1583年** 秀吉が本拠地として 大阪城 （大阪府）を築く。

○ **1585年** 朝廷が秀吉を 関白 に任命する。

○ **1590年** 関東地方の戦国大名 北条氏 が降伏。

→ 秀吉による全国統一が完成。

→ その後、秀吉は海外進出を開始。

○ **1592~93年** 文禄 の役

→ 明 の征服を目指して 朝鮮（朝鮮国） に大軍を派遣。⚠

→ 首都の 漢城 （現在のソウル）を占領。

→ 明の援軍や朝鮮の民衆の抵抗運動のために苦戦。

◆ 李舜臣 …日本軍と戦った朝鮮の水軍の将軍。

○ **1597~98年** 慶長 の役

→ 明との講和が成立しなかったため、秀吉が再び大軍を派遣。

→ 各地で日本軍が苦戦。

→ 秀吉が死去したために撤退。

▶コロ◀
一国を丸くまとめた豊臣秀吉

⚠ ○文禄の役 ×文録の役

豊臣秀吉の政策

✖ 太閤検地 …統一的な基準で全国の田畑を調査。

・ 検地に使うものさしやますを統一。

・ 収穫高の予測を 石高 （＝米の体積）で示す。

・ 実際に耕作する百姓を 検地帳 に登録。

TEST → 百姓は土地を耕す権利を認められる代わりに、年貢 を納める義務を負う。

→ 荘園領主が持っていた土地の権利を否定。

→ 荘園 が消滅。

▶MEMO◀
「太閤」は関白を辞めた人のこと。豊臣秀吉はおいの秀次に関白をゆずったので「太閤」と称された。

検地の様子

検地に使われたます

★ ✖ 刀狩 …百姓や寺社から武器を没収。

▶史料◀
一 諸国の百姓が 刀 やわきざし、弓、やり、鉄砲 、その他の武具を持つことを固く禁止する。その理由は、不必要な武具をたくわえて、年貢 を納めなくなったり、一揆 を起こしたりした者が処罰されて田畑を耕す者がいなくなれば、土地がむだになるからである。
刀狩令（要約）

✖ 兵農分離 …太閤検地と刀狩によって、武士と百姓の身分の区別が明らかになったこと。

✖ バテレン追放令 …キリスト教の宣教師を国外に追放する命令。

・ 原因 九州のキリシタン大名が 長崎 をイエズス会に寄進したことなど。

→ キリスト教の布教と一体化していた 南蛮貿易 を禁止できなかったので、キリスト教の禁止は不徹底に。

▶MEMO◀
桃山は、豊臣秀吉が築いた伏見城（京都府）があった地名。

(2) 桃山文化

✖ 安土桃山時代 ◆織田信長と豊臣秀吉が活躍した時代。

✖ 桃山文化 ◆TEST◀
…安土桃山時代の文化。大名の権力と豪商の富を背景とした、壮大で豪華な文化。

・ 城…高い 天守 や巨大な石垣で支配者の権力を示す。 姫路城 （兵庫県）は世界文化遺産。

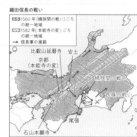
姫路城
提供：姫路市

・ 狩野永徳 …弟子の山楽とともに、城内のふすまや屏風に金ぱくを用いた絵を描く。

・ 茶の湯 …大名や豪商の交流に利用。信長や秀吉に仕えた堺出身の茶人の 千利休 がわび茶の作法を完成させて、茶道に高める。

✖ 民衆の生活と文化では、今を積極的に楽しむ風潮が広がる。

・ かぶき踊り …17世紀初め、出雲の阿国 という女性が始める。

✖ 南蛮文化
…来日したヨーロッパ人との交流から広まった文化。

・ 活版印刷術…『平家物語』など日本の書物をローマ字で印刷。

・ 言葉…ヨーロッパ人が使う単語を、日本語として使用。

(1) 徳川氏の武家政権

★ ✕ **徳川家康** …三河国（愛知県）の戦国大名。豊臣秀吉の死後、政治への影響力が強化。

✕ **石田三成** …豊臣政権を守るため、家康と戦うことを呼びかけた大名。

⚠ ○石田三成　✕石田光成

↓

○ **関ヶ原の戦い**（岐阜県）…1600年、家康が三成を破って全国を支配。

「ゴロ」
黒論さえ×て成立した
江戸幕府

↓

○ **江戸** 幕府…1603年、**征夷大将軍** に任命された家康が江戸（東京都）につくった武家政権。

↓

○ **大阪の陣** …1614～15年、2度にわたって大阪城を攻め、**豊臣** 氏を滅ぼす。

「MEMO」
大阪の陣の前、徳川家康は子の秀忠に将軍職をゆずり、豊臣氏の時代ではなくなったことを示した。

(2)江戸幕府の仕組み

幕府政治の分担

○ **老中** …将軍に任命され、幕府政治の中心となった役職。

○ **若年寄** …老中を補佐した役職。

○ **大老** …臨時に置かれる最高職。強い権限を持つ。⚠

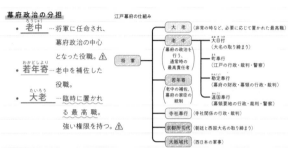

江戸幕府の仕組み

将軍 ─
- **大 老**（非常の時など、必要に応じて置かれた最高職）
- **老 中**（幕府の政治を行う、通常時の最高責任者）
  - **大目付**（大名の取り締まり）
  - **町奉行**（江戸の行政・裁判・警察）
  - **勘定奉行**（幕府の財政・幕領の行政・裁判）
- **若年寄**（老中の補佐、幕府の家臣の統制）
  - **遠国奉行**（幕領要地の行政・裁判・警察）
- **寺社奉行**（寺社関係の行政・裁判）
- **京都所司代**（朝廷と西国大名の取り締まり）
- **大阪城代**（西日本の軍事）

地方機関

○ **京都所司代** …朝廷・公家や西日本の大名の監視などを行う。

○ **大阪城代** …西日本の軍事や大名の監視などを行う。

将軍直属の家臣

○ **旗本** …将軍に直接会うことができた武士。
○ **御家人** …将軍に直接会うことができなかった武士。

} どちらも領地は1万石未満。

幕藩体制の確立

★ ✕ **幕藩体制**
…幕府と諸大名が全国の土地と人々を支配する体制。

- **幕領** …幕府が直接支配した土地。全国の石高のおよそ **4** 分の **1** 。

※大阪、京都、長崎などの重要な都市を支配して収入源とする。

→ **佐渡金山**（新潟県）や **石見銀山**（島根県）などの主要な鉱山を支配して収入源とする。

- **藩** …将軍から **1** 万石以上の領地を与えられた武士が **大名** として支配した土地や組織。

✕ 大名の区別

- **親藩** …徳川氏の一族。御三家が重要。
  - ❶ **尾張**（愛知県）
  - ❷ **紀伊**（和歌山県）
  - ❸ **水戸**（茨城県）

- **譜代大名** …古くから徳川氏に従っていた大名。幕府の重要な役職にも任命。

→ 領地は狭いが、江戸の近くや交通の要所などに配置。⚠

- **外様大名**
…関ヶ原の戦いのころから徳川氏に従った大名。

→ 領地は広いが、江戸から遠く離れた場所に配置。⚠

大名の種類と分布
□ 幕領
▨ 親藩：譜代大名と領地
□ 外様大名と領地
□ 御三家
（ ）の数字が石高（万石）

(3) 大名・朝廷の統制

★ ✕ **武家諸法度**
…幕府が大名の統制のために定めた法律。

- **参勤交代** …3代将軍 **徳川家光** が定めた制度。大名が原則 **1** 年おきに江戸と領地を往復することを義務づける。

✕ **禁中並公家諸法度**
…幕府が朝廷の統制のために定めた法律。

※ **天皇** の役割や朝廷の運営方法などを細かく規定。

「MEMO」
「禁中」は皇居や御所のこと。
⚠ ○諸法度　✕所法度

---

(1) 江戸時代の身分制社会

✕ **武士**
…政治を行う支配身分。主君に仕えて軍事的な義務を負う。領地や俸禄として与えられる **米** で生活。

※特権として、**名字（姓）** を公式に名乗ることや **帯刀**（＝日常的な武器の携帯）を認められる。

✕ **百姓**
…最も人口が多い身分。

- **本百姓** …土地を持ち、**年貢** を納める義務を負う。
- **水呑百姓（水のみ百姓）** …土地を持たず、小作を行う。

村の自治

- 村方三役…**庄屋（名主）・組頭・百姓代** の総称。有力な農民が村役人として自治を行う。

★ **五人組** …村の五軒の家をまとめて、年貢の納入や犯罪の防止などの **連帯責任** を負わせた制度。

✕ **町人** …商人と職人から成る身分。城下町などに住んで、**町** 役人による自治を行い、江戸幕府や藩に営業税を納めた。

江戸時代の人口割合

差別された人々 約1.5
公家、神官・僧侶、その他 約1.5
町人 約5
武士 約7
総人口 約3200万人（推定値）
百姓 約85%

(2)江戸幕府の外交政策の変化

✕ **朱印船貿易** …徳川家康が進めた東南アジアとの貿易。

- **朱印状** …幕府が大名や豪商に与えた渡航の許可証。
- **日本町** …東南アジアの各地につくられ、多くの日本人が住んだ町。

※ **山田長政** …アユタヤ（タイ）の日本町の長として活躍。

✕ 禁教と貿易統制

○ **1612年** 2代将軍 **徳川秀忠** が幕領に禁教令を出す。

※禁教令…**キリスト教** の禁止令。

○ **1613年** 幕府が禁教令を全国に拡大。

○ **1629年** キリスト像などの **踏絵** を人々に踏ませて、キリシタンを見つける **絵踏** が始まる。⚠

絵踏の様子

○ **1635年** 3代将軍 **徳川家光** が日本人の海外渡航と海外からの帰国を禁止。

→ **朱印船** 貿易の終わり。

○ **1637年** **島原・天草一揆** が起こる。

…キリシタンの迫害や重い年貢に苦しんだ島原（長崎県）と天草（熊本県）の人々が、**天草四郎（益田時貞）** が反乱を起こす。

→ 幕府が送った大軍によって鎮圧。

○ **1639年** 幕府が **ポルトガル** 船の来航を禁止。

○ **1640年** 幕府が **宗門改め（宗門改）** を強化。

○ **1641年** **オランダ** 商館を **平戸**（長崎県）から長崎の出島に移す。

★ **鎖国**（＝幕府による禁教・貿易統制・外交独占の体制）の完成。

(3)鎖国下の4つの窓口

✕ 長崎
…長崎奉行の管理のもとで2つの国と貿易。

- **オランダ** … **キリスト教** の布教を行わないため、**出島** での貿易を許された。幕府に海外の情勢を報告する **オランダ風説書** を提出。

- **清** …17世紀前半、中国で女真族（満州族）が建国。長崎の **唐人屋敷** に商人が滞在。

✕ **対馬藩**
…幕府と朝鮮との国交回復を仲介。朝鮮の釜山に置かれた倭館という居留地で貿易を行う。

- **朝鮮通信使** …将軍の代がわりなどに、朝鮮から日本に派遣された外交使節。

✕ **薩摩藩**
…17世紀初めに **琉球王国** を征服。中国との **朝貢** 貿易を続けさせて利益を得る。

- **琉球使節** …将軍、琉球王の代がわりごとに琉球から江戸に派遣。

✕ **松前藩**
…蝦夷地（北海道）南部を領地とし、**アイヌ** 民族（**アイヌ** の人々）との交易を独占。

- **シャクシャイン** …松前藩との交易に不満を持ち、17世紀後半に反乱を起こしたが、…

鎖国下の4つの窓口
□ 国内の窓口
○ 交易や交流のあった相手の国名や地域
↔ 交易や交流の関係

蝦夷地
松前藩
清
朝鮮
対馬藩
長崎
薩摩藩
オランダ
琉球王国

農業の発達

* ✖ 新田開発 …土地の干拓や用水路の建設などを行って農地を増やすこと。
  * → 18世紀初めに農地の面積が豊臣秀吉のころの約 **2** 倍に増加。⚠
* ✖ 新しい農具や効果が高い肥料の普及
  * ✦ 備中ぐわ（備中鍬）…刃の形を工夫して土を深く耕せるようにした農具。
  * ・ 千歯こき …多くの歯に稲の穂先をはさんで引くことで、効率的な脱穀が行える農具。
  * ・ 干鰯…干した いわし を原料とする肥料。
  * ・ 油かす… 菜種 の油をしぼった後のかす。肥料に利用。

  ↓
  生産力を高めた百姓は年貢米以外にも、地域の風土に合った特産物を栽培。
  * ・ 都市に売って貨幣を得る 商品作物 の生産が拡大。 **EX** 木綿、菜種

水産業の発達

* ✖ 九十九里浜 (千葉県)…地引き網によるいわし漁が行われる。
  * → 干鰯 という肥料に加工して各地に販売。
* ✖ 瀬戸内海沿岸…赤穂（兵庫県）などで塩田を利用した 塩 の生産が増加。
* ✖ 蝦夷地 (北海道) … にしん 漁やこんぶ漁が行われる。
  * → こんぶや 俵物 （＝干しあわび・なまこ・ふかひれ）を清に輸出。

鉱業の発達と貨幣の発行

* ✖ 鉱山の開発…採掘や精錬の技術が発達して生産が増加。
  * ・ 金… 佐渡金山 （新潟県）
  * ・ 銀… 石見銀山 （島根県）・ 生野銀山 （兵庫県）
  * ・ 銅… 別子銅山 （愛媛県）・ 足尾銅山 （栃木県）
* ✖ 貨幣の発行…幕府が発行権を独占。 金座 で金貨、 銀座 で銀貨を鋳造。
  * ・ 寛永通宝 …幕府がつくって全国に広めた銅銭。
    * → 中国から輸入された銅銭（明銭など）が使われなくなる。

(4) 陸上交通路の発達

* ✖ 五街道…幕府が整備した5つの陸上交通路の総称。起点は江戸の 日本橋 。
  * ・ 東海道 ・ 中山道 ・ 甲州道中 ・ 奥州道中 ・ 日光道中
  * ※ 日光東照宮 …徳川家康をまつる神社。
* ✖ 関所 …通行人の監視のために設けられた施設。
* ✖ 宿場町 …街道沿いに発達した町。宿泊施設や運送用の人や馬を備える。

（凡例）
— 五街道
-- 東廻り航路
-- 西廻り航路
-- 南海路
● おもな関所

(5) 海上交通路の発達

* ✖ 西廻り航路 …東北・北陸地方の産物を、日本海と瀬戸内海を通って大阪に輸送した海上交通路。⚠
  * ※ 北前船 …西廻り航路を利用して、蝦夷地の産物を大阪に運んだ船。
* ✖ 東廻り航路 …東北地方の産物を、太平洋を通って江戸に輸送した海上交通路。⚠
* ✖ 南海路 …大阪から江戸へ、日用品などを輸送した海上交通路。酒を運ぶ 樽廻船 や他の品物を運ぶ 菱垣廻船 が運航。

江戸時代の陸上交通路と海上交通路

(6) 都市や商業の繁栄

* ★✖ 三都 …江戸時代に大きく発展した、江戸・大阪・京都の総称。
  * ・ 江戸…「将軍のおひざもと」と称された政治の中心。
  * ・ 大阪…「 天下の台所 」と称された商業の中心。 **TEST**
    * ※ 蔵屋敷 …大阪で売るために諸藩が年貢米や特産物を運んだ施設。
  * ・ 京都…文化の中心。 西陣織 （清水焼、京焼）などの工芸品を生産。
* ✖ 商業…社会の安定や交通路の整備にともなって活発化。
  * ・ 株仲間 …商工業者の同業者組合。幕府や藩に税を納めて営業を独占。
  * ・ 両替商 …おもに東日本で使われた 金貨（金） と、西日本で使われた 銀貨（銀） を交換した商人。金融業も営む。

5代将軍の政治

* ✖ 徳川綱吉 …江戸幕府の5代将軍。社会の秩序を重視して、学問や礼節を重んじる文治政治に転換。
  * ・ 朱子学 …主君と家臣の主従関係や、父子の上下関係を重んじる儒学の一派。
    * ➡ 身分制の維持に役立ったので広く学ばれる。⚠
  * ・ 生類憐みの令（生類憐みの政策）…人々に慈悲の心を持たせるため、病人の保護や捨て子の禁止などを行わせた命令。
    * ➡ 極端な動物愛護を行うことも命じられたため、綱吉は「 犬公方 」と呼ばれて批判された。

  ⚠ ◯徳川綱吉 ✖徳川綱吉

  ▶ **MEMO** ◀
  「元禄」は17世紀末~18世紀初めにかけての元号。徳川綱吉の治世に当たる。

江戸時代前期の町人文化

* ✖ 元禄文化 … 上方 （＝京都・大阪）の町人をおもな担い手とする文化。

  ⚠ ◯元禄文化 ✖元録文化

◉ 文芸・芸能
  * ・ 井原西鶴 …武士や町人の生活や感情を 浮世草子 という小説に表現して人気を集める。
  * ・ 松尾芭蕉 …俳諧の芸術性を高める。東北地方の各地でよんだ句を収めた「奥の細道（おくのほそ道）」は紀行文学の傑作。
  * ・ 近松門左衛門 …町人の義理や人情などを題材とした人形浄瑠璃の脚本（台本）を書く。

◉ 絵画
  * ・ 装飾画…大和絵の伝統を生かして、「風神雷神図屏風」を描いた 俵屋宗達 や、華麗な蒔絵や屏風を制作した 尾形光琳 が活躍。
  * ★・ 浮世絵 …町人の姿や生活を描いた絵画。
    * ※ 菱川師宣 …「見返り美人図」などの美人画を描いた浮世絵の祖。

  見返り美人図

◉ 学問
  * ・ 徳川光圀 …水戸藩（茨城県）の藩主。多くの学者を集めて「大日本史」の編集を開始。
  * ・ 関孝和 …日本独自の数学である和算を研究。

(3) 6・7代将軍の政治

* ✖ 正徳の治 …18世紀初めの6代将軍と7代将軍が、儒学者の 新井白石 の意見を取り入れて行った政治。
  * ・ 財政政策…5代将軍綱吉が財政の改善のために 貨幣 の質を落とす。
    * → 物価が上昇。
    * ➡ 新井白石の意見で質を元にもどす。
  * ・ 長崎貿易の制限…金銀の（海外）流出をおさえるために実施。

(4) 8代将軍の政治

⚠ ◯享保の改革 ✖亨保の改革 ✖亨保の改革

* ✖ 徳川吉宗 …18世紀前半、紀伊藩（和歌山県）から8代将軍に就任。幕府の財政の立て直しのため、 享保の改革 （1716~45年）を行う。★
  * ・ 上米の制（上げ米の制）…大名が 参勤交代 で江戸に住む期間を短縮する代わりに、米を献上させる。⚠
  * ・ 公事方御定書 …裁判や刑罰の基準となる法律を制定。
  * ・ 目安箱 …庶民の意見を幕府政治に取り入れるために設置。 **TEST**
  * ・ 町火消し …火災が多い江戸に設けられた消防組織。
  * ・ 輸入の緩和… キリスト教 と関係がない洋書の輸入制限を緩和。

  ゴロ
  いーな─、ヒーロー 吉宗が進める享保の改革

(5) 18~19世紀の工業と農村

* ✖ 工業の発達
  * ・ 問屋制家内工業 …問屋が資金や道具を貸した後、農家がつくった製品を買い取る方式。18世紀ごろから広がる。
  * ・ 工場制手工業 …商人や地主がつくった作業所（工場）に雇った人を集めて、分業（マニュファクチュア）で製品をつくる方式。 **TEST**
* ✖ 農村の変化
  * ・ 貧富の格差…豊かになった農民は、土地を集めて地主に成長。
    * ➡ 貧しくなった農民は、地主から土地を借りて耕す 小作人（小作） として生活。

(1) 農村・都市の動揺

* **✕ 百姓一揆** …年貢の軽減や不正な役人の交代などを求めて、
  城下におし寄せた百姓たちの集団行動。

  * **傘連判状（からかさ連判状）** …一揆の参加者の連帯
    責任を示す文書。
    ※一揆の中心人物が分からないようにするため円形に署名。

* **✕ 打ちこわし** …都市の貧しい人々などの集団行動。米を買
  い占めた商人の店や住宅を破壊した。
  ↓
* TEST 百姓一揆や打ちこわしの件数はききんの発生時に急増。

(2) 田沼意次の政治

* **✕ 田沼意次** …18世紀後半に **老中** となって幕府政治を行う。
  商工業の発展に注目して、その利益による幕府の財政の立て直しを目指す。

  * **株仲間** …商工業者の同業者組合。
    ➡意次は、積極的に結成をすすめて特権を与える代わりに
    税（営業税） を納めさせた。⚠

  * **銅** …オランダなどへ輸出。
    金銀に代わる輸出品として、幕府が専売。

  * **俵物** …清へ輸出された海産物。干しあわび・なまこ・ふかひれなどを、たわらにつめて
    送った。

  * **印旛沼** …年貢の増加を目指して、意次が干拓を進めた千葉県の沼。
    ➡利根川のはんらんの発生などで失敗。

田沼意次の失脚

* **わいろ** の横行…地位や特権を求めるための不正なおくり物が横行。
* **天明** のききん…18世紀後半に起こった東北地方の冷害や浅間山の噴火などによって、
  全国的に食料が不足。
  ↓
百姓一揆や打ちこわしが多発したため、意次は老中を辞職。

(3) 松平定信の政治

* **✕ 松平定信** …18世紀後半、白河藩（福島県）から老中に就任。

* **★ 徳川吉宗の政治を理想とする 寛政の改革** (1787～93年) を行う。

  * 農村の立て直し…出かせぎに来た農民を農村へ帰し、木綿や菜種などの **商品作物**
    培を制限して米の生産を奨励。

  * ききん対策…各地で米を倉にたくわえさせる。⚠

  * 借金対策…旗本や御家人が商人から借りていた金を帳消しにする。

  * 学問の統制…幕府の学校で **朱子学** 以外の儒学を教えることを禁止。

  政治批判の禁止や出版物の統制の厳しさが批判され、定信は老中を辞職。

  > ▼資料
  > 「白河の 清きに魚の すみかねて 元のにごりの 田沼こいしき」
  > （松平定信の政治は清らかすぎて魚が住めない程に厳しいので、わいろが横行
  > していても住みやすかった田沼意次の政治の方がなつかしい）
  > 田沼意次と松平定信を比べた狂歌 ※白河＝松平定信のこと

ロシアへの対応

* 1792年 ロシアの使節 **ラクスマン** が蝦夷地の **根室** に来航。
  ➡日本人漂流民を送り返すとともに通商を要求。

* 1804年 ロシアの使節 **レザノフ** が長崎に来航し、再び
  通商を要求。
  ➡幕府はロシアと交渉を行うことを拒否。
  ➡ロシアの動きを警戒した幕府は、蝦夷地の調
  査を拡大。

  * **間宮林蔵** …幕府の命令に従って北方の探検を行った
    結果、**樺太（サハリン）** が島であることを確認。

ロシアの接近

(4) 諸藩の藩政改革

* **✕ 米沢藩**（山形県）…藩主の上杉治憲（上杉鷹山）が質素・倹約を掲げ、商品作物の栽
  織物業の導入により藩の収入を増やす。

---

(1) 江戸時代後期の町人文化

* **★ ✕ 化政文化** … **江戸** の町人をおもな担い手とする文化。

  > ◆MEMO
  > 「化政」は、19世紀前半の元
  > 号の「文化」と「文政」から
  > 1字ずつ取ってつくられた言葉。

  * ◇文芸
    * 小説… **十返舎一九** が旅行を題材にしたこっけい小説の「東海道中膝栗毛」、
      曲亭馬琴（滝沢馬琴） が「南総里見八犬伝」という長編小説を著す。
    * 俳諧（俳句）… **与謝蕪村** が情景を巧みに表現した絵画的な句をよみ、
      小林一茶 が農民の感情を取り入れた句をよむ。
    * 風刺文学…幕府政治や世相に対する皮肉をこめて、和歌の形式でよむ **狂歌** や俳諧の
      形式でよむ **川柳** が流行。

  * ◇絵画
    * **錦絵** …多色刷りの版画になった浮世絵。
    * 役者絵… **東洲斎写楽** が歌舞伎の
      人気役者を描く。
    * 風景画… **葛飾北斎** が「富嶽三十六景」
      など、**歌川広重（安藤広重）**
      が「東海道五十三次」などを描く。

「富嶽三十六景 神奈川沖浪裏」

(2) 新しい学問と教育の広がり

* **★ ✕ 国学** …古典の研究などを通じて、仏教や儒教が伝わる前の日本人の考え方などを明らか
  にしようとする学問。
  ➡江戸時代末期の **尊王攘夷** 運動に大きな影響を与える。⚠

  * **本居宣長** …18世紀後半に「**古事記伝**」を著す。

* **★ 蘭学** …オランダ語を通じて、ヨーロッパの学術や文化を学ぶ学問。

  * 「**解体新書**」… **杉田玄白** や前野良沢などの医師が集まって、オランダ語の解剖
    書を日本語に訳した物。

  * **シーボルト** …長崎で日本人を教えた、オランダ商館のドイツ人医師。

  * **伊能忠敬** …蘭学を学んだ後、ヨーロッパの測量術を活用し、正確な日本地図を作成。

* **✕ 藩校** …諸藩が武士の子弟の教育のためにつくった学校。

* **✕ 寺子屋** …町人や百姓の子弟のための教育施設。

(3) 19世紀前半の日本の情勢

* 1825年 **異国船打払令** が出される。
  ➡幕府が日本に近づく外国船を実力で追い払う方針を示す。

* 1830年代 **天保** のききんが広がる。
  ➡食料が不足し、百姓一揆や打ちこわしが多く発生。

* 1837年 大阪町奉行所の元役人 **大塩平八郎** が反乱を起こす。
  ➡ききんに苦しむ人々を救うために商人などをおそう。
  ➡わずか1日で鎮圧されたが、幕府に大きな衝撃。

(4) 水野忠邦の政治

* **✕ 水野忠邦** …19世紀前半、**老中** に就任。
  ➡享保・寛政の改革を参考にして、
  天保の改革 (1841～43年) を行う。

  * 物価対策…営業の独占が物価の上昇につながっているとして、**株仲間** の解散を命令。
  * 農村対策…年貢を確保するため、出かせぎの農民を農村に帰す。
  * 外国船対策…異国船打払令をやめて、薪水給与令を出す。
    TEST **アヘン戦争** で清がイギリスに敗れたことを知った忠邦が、日本に
    く外国船に燃料の **まき** や水を与えて、平和なうちに退去させる方
    転換。
  * 海防対策…江戸や大阪の周辺を幕領にする上知令を出す。
    ➡大名や旗本が強く反対したために取り消し。

  わずか2年ほどで天保の改革は失敗に終わる。

江戸の三大改革まとめ

改革名	享保の改革	寛政の改革	天保の改革
年代	1716～1745年	1787～1793年	1841～1843年
行った人物	徳川吉宗	松平定信	水野忠邦
おもな政策	公事方御定書・目安箱・上米の制	米の貯蔵・借金帳消し・朱子学奨励	株仲間解散・上知令出かせぎ農民を帰す

～ロッパの変革～江戸時代

- ◎1492年　（ コロンブス ）が大西洋を横断して西インド諸島に到達する。
- ◎1517年　ドイツのルターがカトリック教会に抗議する。
　➡ （ 宗教改革 ）が始まる。
- ◎1543年　種子島に漂着したポルトガル人が、日本に（ 鉄砲 ）を伝える。
- ◎1549年　イエズス会の宣教師（（フランシスコ・） ザビエル）が、日本で初めてキリスト教の布教を行う。
- ◎1573年　織田信長が京都から足利義昭を追放する。➡（ 室町幕府 ）が滅ぶ。
- ◎1576年　織田信長が安土城を築き、城下町で（ 楽市・楽座 ）の政策を行う。
- ◎1588年　豊臣秀吉が百姓や寺社の武器を没収する（ 刀狩（刀狩令） ）を行う。
- ◎1600年　徳川家康が（ 関ヶ原の戦い ）で石田三成ら豊臣方の大名を破る。
- ◎1603年　徳川家康が征夷大将軍に任じられ、（ 江戸幕府 ）を開く。
- ◎1615年　2代将軍徳川秀忠の治世で、大名の統制のために（ 武家諸法度 ）を定める。
- ◎1635年　3代将軍徳川家光が、大名に1年おきに江戸と領地を往復することを義務づける（ 参勤交代 ）の制度を定める。
- ◎1637年　九州地方で（ 島原・天草一揆 ）が起こるが、幕府に鎮圧される。
- ◎1641年　オランダの商館が長崎の出島に移される。➡ このころ、幕府による禁教・貿易統制・外交独占の体制である（ 鎖国 ）が完成。
- ◎1716年　徳川吉宗が8代将軍に就任し、（ 享保の改革 ）を始める。（～1745年）
- ◎1772年　（ 田沼意次 ）が老中に就任し、財政の立て直しを行う。
- ◎1787年　松平定信が老中に就任し、（ 寛政の改革 ）を始める。（～1793年）
- ◎1825年　接近する外国船を実力で追い払う（ 異国船打払令 ）が出される。
- ◎1837年　大阪町奉行所の元役人の（ 大塩平八郎 ）が反乱を起こす。
- ◎1841年　老中の水野忠邦が、（ 天保の改革 ）を始める。（～1843年）

確認テスト④　　　／50点

次の問いに答えましょう（5点×10、⑵❷は完答、⑶は順不同）。

⑴ 次の問いに答えなさい。

❶ 14世紀の西ヨーロッパで始まった、人間の個性や自由を表現しようとする芸術活動を何といいますか。　　（ ルネサンス（文芸復興） ）

❷ 徳川家康が進めた貿易を何といいますか。　（ 朱印船貿易 ）

❸ 商業の中心となった大阪は何と呼ばれましたか。（ 天下の台所 ）

❹ 老中の田沼意次が積極的に結成をすすめ、同じく老中の水野忠邦が物価対策のために解散を命じたのは何ですか。　　（ 株仲間 ）

★ ⑵ 江戸時代の改革に関する文章A～Cを読んで、あとの問いに答えなさい。

A 松平定信は、ききんや凶作の対策として米をたくわえることを命じ、木綿や菜種などの商品作物の栽培を制限した。また、幕府の学校で教える儒学を朱子学のみに限定して学問の統制をはかった。

B 水野忠邦は、出かせぎの農民を農村に帰したり、町人のぜいたくを禁止したりして政治を引き締めた。また、アヘン戦争で明がイギリスに敗れたことを知ると、外国船への対応をおだやかにする薪水給与令を出した。

C 徳川吉宗は、上米の制によって大名に米を献上させ、御成敗式目を定めて裁判や刑罰の基準を示した。また、庶民の意見を採用するために目安箱を江戸などに置いた。

❶ A～Cにそれぞれ3か所ある下線部の内容に誤りがない場合は○を、誤りがある場合は正しい語句を書きなさい。
A（　○　）B（　清　）C（公事方御定書）

❷ A～Cを年代の古い順に並べかえて、記号で答えなさい。
（ C ）→（ A ）→（ B ）

★ ⑶ 次のア～エのうち、化政文化のころに活躍した人物を2人選び、記号で答えなさい。なお、残りの2人は元禄文化のころに活躍した人物です。
ア 葛飾北斎　イ 小林一茶　ウ 菱川師宣　エ 松尾芭蕉
（ ア ）（ イ ）

このころからヨーロッパ人の海外進出がさかんになって、日本とも関わりを持つようになったんだよ。そうそう、江戸時代は鎖国していたけど、オランダや清からゾウやラクダなどの珍しい動物が日本に来たんだって。いろいろな動物を見ているといやされるよね。

第4章

近代国家への歩みと現代の日本

(1) イギリスの議会政治

○ 13世紀 **マグナ・カルタ（大憲章）** が定められ、イギリスの議会政治の基礎ができる。

○ 17世紀 **ピューリタン（清教徒）**（=プロテスタントの一派）の地主や商工業者がイギリス議会に進出。

➡ 国王が議会を無視して専制を行い、ピューリタンを弾圧。

➡ **ピューリタン革命**（1640~60年）が起こる。
- 議会派が国王を処刑して共和政を行う。
- 独裁政治を行った議会派のクロムウェルの死後、王政が復活。⚠
➡ 新しい国王も専制を行ったため、議会との対立が深まる。

★ **名誉革命**（1688~89年）が起こる。
- 専制を行った国王が追放され、議会を尊重する国王が迎え入れられる。

★ **権利（の）章典** が制定され、法律の停止や新しい課税に **議会** の承認が必要になる。
➡ イギリスで **立憲君主制（立憲君主政）** と議会政治が確立。

> **MEMO**
> 国王派と議会派の内戦に発展したピューリタン革命とちがって、平和なうちに革命が成功したことをほこって「名誉革命」と呼ばれる。

(2) アメリカの独立

○ 17~18世紀 北アメリカで、イギリス人移民が13の **植民地** を形成。
➡ フランスとの戦争が長引いて財政が悪化したイギリスが、植民地に課税。

○ **アメリカ独立戦争**（1775~83年）が起こる。
- イギリスが、植民地の人々の課税への反対運動を弾圧したことがきっかけ。
- 1776年に、植民地の人々が（**アメリカ**）**独立宣言** を発表。

○ 植民地の人々がイギリスに勝利し、**アメリカ合衆国** を建国。
- 三権分立や人民主権を基本原則とする、合衆国憲法を制定。
- 植民地軍の司令官 **ワシントン** が初代大統領に就任。

(3) フランス革命とその拡大

革命前のフランスの
聖職者
貴族
平民

✖ **絶対王政** …国王がすべての権力をにぎる政治体制。

✖ 身分制社会…革命前のフランスは、絶対王政のもとで、第一身分の **聖職者** ・第二身分の **貴族** が税を免除される特権を持ち、第三身分の **平民** が重税を課される社会。⚠

○ 1789年 **フランス革命** が始まる。
- 革命派の人々が（**フランス**）**人権宣言** を発表。
- 王政を廃止して共和政を行い、徴兵制を敷いて軍事力を強化。

○ 1804年 軍人の **ナポレオン** がフランス皇帝に即位。
- フランス革命の成果を取り入れた **民法（ナポレオン法典）** を制定。

(4) 欧米諸国の革命を支えた思想

✖ 啓蒙思想…基本的人権を尊重する政治や社会を求める思想。
- **ロック** …社会契約説と抵抗権を主張したイギリスの思想家。
- **ルソー** …社会契約説と人民主権を主張したフランスの思想家。
- **モンテスキュー** …三権分立を主張したフランスの思想家。

> **MEMO**
> 社会契約説は、基本的人権を持つ個人どうしが契約することで社会が成立したという考え。

(5) 欧米諸国の社会の変化

★✖ **産業** 革命… **蒸気機関** を動力にする機械の導入によって、工業中心の社会となり経済や交通の仕組みが大きく変わること。
➡ 18世紀後半に綿織物の大量生産を初めてなしとげた **イギリス** は「**世界の工場**」と呼ばれる。

✖ **資本** 主義…工場や機械を持つ **資本家** が **労働者** を雇い、利益を目的として、生産活動を行う経済の仕組み。
➡ 労働者が団結して **労働組合** をつくる動きが進む。

※ **社会** 主義…工場や土地を社会の共有にして、労働者中心の平等な社会をつくろうとする

---

(1) ロシアの領土の拡大

○ 17世紀 ロシアに新しい王朝が成立し、皇帝による専制政治が行われる。

○ 19世紀~ 不凍港などを求めて領土を南方に広げる南下政策を推進。

(2) アメリカの内戦

○ 19世紀半ば アメリカが大西洋岸から太平洋岸まで、領土を拡大。

※ 涙の道（涙の旅路）…領土拡大にともなって、合衆国政府から移住を強制された **先住民** の多くが移動中に死亡。

北部と南部の対立 ⚠

	求める貿易の形	奴隷制への対応
北部の州	（**保護貿易**）	商工業が発展しているので（**反対**）
南部の州	（**自由貿易**）	綿花栽培で働かせるために（**賛成**）

○ 1861年 **南北戦争** が起こる。（~1865年）
- 北部の **リンカン** 大統領が **奴隷解放宣言** を発表。
➡ 国内外の支持を得る。➡ 北部が勝利して、アメリカが再統一。
➡ 戦後に経済が大きく発展。

> **資料**
> 「人民の、人民による、人民のための **政治** 」
> ゲティスバーグの演説（リンカンが示した民主主義の原則）

(3) ヨーロッパの統一国家の出現

✖ ドイツ…中世以降、多くの国々に分裂。

○ 1862年 **ビスマルク** がプロイセン王国（ドイツ北部）の首相に就任。
➡ 経済力と軍事力を強化して「**鉄血宰相**」と呼ばれる。

○ 1871年 **ドイツ帝国** が成立。
- オーストリアやフランスとの戦争に勝利した **プロイセン** がドイツを統一。
➡ プロイセン国王がドイツ皇帝に即位。

(4) インドの植民地化

○ 17世紀 **イギリス** がインドの港を支配地として確保。

○ 18~19世紀 イギリスの支配地がインドの内陸部へ拡大。
- イギリスの工場で大量に生産された安い **綿織物（綿製品）** がインドに流入。

○ 1857年 **インド大反乱** が起こる。（~1859年）
- イギリスに対するインド人兵士の反乱がきっかけ。
- イギリス軍が鎮圧し、反乱軍に支持された皇帝を退位させる。
➡ **ムガル帝国** の滅亡。

○ 1877年 **インド帝国** が成立。
- イギリス国王がインド皇帝を兼任。➡ イギリスがインドを直接支配。

(5) 中国の弱体化とイギリスの進出

○ 18世紀 清が欧米諸国との貿易を広州1港に限定。
➡ 清から茶などを多く輸入したイギリスは、支払い用の **銀** が不足。

TEST ➡ 植民地のインドで栽培させた麻薬の **アヘン** を清に密輸して利益を得る **三角貿易** を開始。

イギリス ─茶・絹→
銀
工業製品・綿織物
インド
銀
銀
アヘ

○ 1840年 **アヘン戦争** が起こる。
- 中毒者の増加になやむ清が、アヘンを厳しく取り締まったことがきっかけ。

○ 1842年 **南京条約** を結ぶ。
- 清に勝利したイギリスが **香港（香港島）** や賠償金を獲得。
- 清は広州のほか上海など5港を開いて、自由貿易を行うことを認める。

清の帆船
アヘン戦争の
イギリス蒸気船

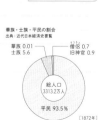

アメリカの動きと日本の開国

- 1853年 アメリカの東インド艦隊司令長官 ペリー が、4隻の軍艦を率いて 浦賀 （神奈川県）に来航し、江戸幕府に大統領の国書を提出。
  - ➡ 東アジアと行き来する貿易船や、太平洋で活動する捕鯨船が立ち寄る 港 を必要とするアメリカは、日本の開国を要求。⚠

- 1854年 再び日本に来航したペリーと 日米和親条約 を結んで開国。

  ペリー

  【 史料 】
  第2条 伊豆の 下田 （静岡県）、松前の 函館 （北海道）の両港は、アメリカ船が不足している品物を、日本で調達することに限って、入港を許可する。 日米和親条約（要約）

不平等条約の締結

- 1856年 アメリカ総領事として ハリス が着任。
  - ➡ 江戸幕府に対して自由貿易を要求。

  ⚠ ○日米修好通商条約 ✕日米通商修好条約

- 1858年 アメリカと日米修好通商条約を結ぶ。
  - 幕府の大老 井伊直弼 が朝廷の許可が得られないまま通商条約を締結。
  - EST 函館、新潟、神奈川（横浜）、兵庫（神戸）、長崎 の5港を開く。
  - アメリカに 領事裁判権（治外法権） を認める。
    …アメリカ人が日本で事件を起こした場合、アメリカの領事が裁判を行う。
  - 日本に 関税自主権 がない。
    …日本の輸出入品に課す関税の税率は、アメリカと相談して決める。

  ■日米和親条約で開いた港
  ■日米修好通商条約で開いた港
  開港地

  函館
  新潟
  神奈川（横浜）
  長崎
  兵庫（神戸）
  下田
  浦賀

(3) 開港や貿易の影響

幕末の日本の輸出入
出典：梅村又次ほか編「日本経済史3 開港と維新」

［1865年］		
輸入	毛織物 47.6% ／ 綿織物 36.8 ／ 武器 7.6 ／ その他 8.0	1407.7万ドル
輸出	生糸 84.2% ／ 茶 10.5 ／ ＊2 ／ 5.3	1849.1万ドル

※1 繭糸をふくむ。
※2 まゆ・蚕卵紙をふくむ。

0　500　1000　1500　2000万ドル

- ✕ 江戸時代末期の自由貿易
  - 最大の貿易港… 横浜 ⚠
  - 最大の貿易相手国… イギリス ⚠
    ※アメリカは 南北戦争 のために貿易が不振。
  - 最大の輸出品… 生糸

- ✕ 国内への影響
  - 輸入の影響… 安くて良質の 綿織物 を大量に輸入。➡ 国内の生産地に大きな打撃。
  - 輸出の影響… 生糸など多くの品物を輸出。➡ 国内で品不足が発生。➡ 生活に必要な品物もふくめて 物価 が上昇。➡ 人々の生活が苦しくなる。
  - 金の流出…日本と外国の金銀の交換比率のちがいを利用して、外国の商人が金銀の貨幣を両替。➡ 大量の金貨（小判）が外国に流出。

(4) 幕府政治への批判

- ✕ 尊王論… 天皇 を尊ぶ考え。 ─┐
- ✕ 攘夷論… 外国 の勢力を追い払って、 鎖国 体制を守ろうとする考え。 ─┘─ 一体化

- 幕府政治を批判する 尊王攘夷運動 に発展。◄─
- ○ 安政の大獄 …1858～59年、大老の井伊直弼が反対派を弾圧。
  - 幕府の外交や政策を批判した大名や公家などを、厳しく処罰。
  - 吉田松陰 …長州藩（山口県）で松下村塾を開いた思想家。多くの人材を育てたが、幕府を批判したために処刑される。
  - 桜田門外の変 …1860年、井伊直弼が水戸藩（茨城県）などの元藩士たちに暗殺された事件。
    ➡ 大老の暗殺により幕府の権威が大きく低下。
  - 公武合体策 …桜田門外の変の後、朝廷を利用して幕府の権威を回復しようとした政策。
    ➡ 14代将軍徳川家茂の夫人に、孝明天皇の妹を迎え入れる。

  ■ MEMO
  桜田門は、江戸城の南にある城門の名前。

  公武合体の「公」は朝廷、「武」は幕府を表す。

倒幕に向かう雄藩

- ✕ 長州藩 （山口県）…尊王攘夷運動の中心になった藩。
  - ➡ 1863年、攘夷を行うために関門海峡を通る外国船を砲撃。
    - ➡ 1864年、イギリス・フランス・アメリカ・オランダの連合艦隊から報復攻撃を受け、 下関 の砲台を占領される。
      - ➡ 木戸孝允 や高杉晋作が、藩の軍備などを強化。
- ✕ 薩摩藩 （鹿児島県）…幕府に協力して長州藩と戦った藩。
  - ➡ 1862年、藩士がイギリス人を殺害する 生麦事件 が発生。
    - ➡ 1863年、イギリスが鹿児島を攻撃する 薩英戦争 が起こる。
      - ➡ 西郷隆盛 や 大久保利通 の主導で藩政を改革。

  ⚠ ○大久保利通 ✕大久保利道

- 欧米の強さを実感した長州藩と薩摩藩は、幕府を倒す方針に転換。

江戸幕府の滅亡と新政府の成立

- 1866年 薩長同盟 が結ばれる。
  - …土佐藩（高知県）出身の 坂本龍馬 が仲立ちした。
- 1867年 15代将軍 徳川慶喜 が 大政奉還 を行う。
  - …将軍が政権を朝廷に返すことを表明。
    - ➡ 260 年余り続いた江戸幕府が滅亡。

- ★ 王政復古の大号令 が出される。
  - EST …天皇を中心とする新政府をつくる宣言。
    ※建白書を新政府に参加させたくない公家の 岩倉具視 や薩摩藩の働きかけから。

- 1868～69年 戊辰戦争 が起こる。
  - 旧幕府軍VS新政府（薩長）軍
  - 最初は 鳥羽・伏見の戦い （京都市）で新政府軍が勝利。
  - 新政府軍の西郷隆盛は、幕府側の 勝海舟 と話し合って 江戸城 を明けわたさせる。⚠
  - 最後は函館の 五稜郭 （北海道）で旧幕府軍が降伏。

  戊辰戦争
  五稜郭の戦い（函館・1869年）
  会津の戦い（会津若松・1868年）
  鳥羽・伏見の戦い（京都・1868年）
  江戸城の明けわたし（1868年）

  ➡ 新政府軍のおもな進路
  ➡ 旧幕府軍のおもな進路
  ✕ おもな戦い（戦地・年）

民衆の動揺

- 「世直し」 …手放した土地の返還などを求める、民衆の一揆や打ちこわし。
- 「ええじゃないか」 …不安になった人々が熱狂して踊り歩いた騒ぎ。

(3) 新政府のさまざまな改革

- ✕ 五箇条の御誓文 …1868年、明治天皇が神に誓う形で出した政治の方針。
  - ※ 五榜の掲示 …新政府が民衆に向けて掲げた5つの高札。内容は一揆やキリスト教の禁止など。
    - ➡ のちに撤去。

- ✕ 明治維新 …江戸時代末期～明治時代の、幕藩体制から近代国家に移行する過程で行われた、政治・経済・社会の変革のこと。
  ※新政府や人々は、期待をこめて「御一新」と呼んだ。

  - 遷都…江戸が 東京 に改称され、京都から明治天皇が移る。
  - 太政官制…古代の仕組みにならって定められた政治制度。
    ➡ 倒幕の中心だった長州・薩摩・土佐・ 佐賀（肥前） の4藩の出身者や公家が重要な役職を占めたため、 藩閥政府（藩閥政治） と呼ばれる。

- ★ 版籍奉還 …1869年、各藩の藩主が土地と人民を新政府に返す。
- ★ 廃藩置県 …1871年、すべての藩を廃止して府や県を設置。
  - ➡ 新政府から府を治める府知事、県を治める県令（のちに県知事）を派遣。 TEST
  - ➡ 新政府による中央集権化が進む。

  ■ MEMO
  ⚠ ○版籍奉還 ✕藩籍奉還
  「版」は版図のことで領地を表し、「籍」は戸籍のことで人民を表す。

- ✕ 身分制度の廃止…明治時代は 皇族 以外の人々がすべて平等になる。⚠
  - ★ 華族 …江戸時代の公家・大名。
  - ★ 士族 …江戸時代の武士。
  - ★ 平民 …江戸時代の農民・町人。
  - ☆ 「解放令」 …江戸時代に差別された人々の呼び名を廃止して、平民と同じにあつかうとした新政府の布告。
    ➡ 実際には差別が根強く残る。

  華族・士族・平民の割合
  出典：近代日本経済史要覧

区分	割合
華族 0.01	
士族 5.6	
僧侶 0.7	
旧神官 0.9	
平民 93.5%	

  総人口 3313.2万人

  ［1872年］

(1) 欧米に対抗できる国づくり

- ✘ <u>富国強兵</u> …国を豊かにして軍隊を強くすること。
- ✘ <u>殖産興業</u> …近代的な産業を育てること。そのためにさまざまな政策が行われる。
  - ⚠ ○殖産興業 ✘殖産工業
- ◎ 1872年
  - ★ <u>富岡製糸場</u>（群馬県）を建設。

富岡製糸場

  - ➡ 政府がつくった近代的工場の手本である
<u>官営模範工場</u>の1つ。
  - TEST ➡ <u>鉄道</u>の開通…<u>新橋</u>（東京都）～<u>横浜</u>（神奈川県）間で初めて開業。

出典：富岡市立美術博物館・福沢一郎記念美術館 所蔵

- ◎ 1873年
  - ・ <u>徴兵令</u> …満 <u>20</u> 歳の男子に兵役の義務。➡ 西洋式の軍隊を編制。
  - ・ <u>地租改正</u> …土地の所有者に <u>地券</u> を発行し、<u>地価</u>（＝土地の価格）の <u>3</u> ％を <u>地租</u>（＝地税）として <u>現金</u> で納めさせる税制を開始。
    - ⚠ ○地租改正 ✘地祖改正
    - ➡ 江戸時代と負担がほぼ同じだったため、各地で反対の一揆が発生。
    - ➡ 政府は地租の税率を地価の <u>2.5</u> ％に引き下げ。⚠
  - TEST ➡ 米の収穫高による税収の変化がなくなり、政府の財政が安定。

(2) 文明開化と学校制度

- ★✘ <u>文明開化</u> …西洋の文化の流入によって、都市や開港地を中心に、日本人の生活や考え方が大きく変わっていったこと。
  - ・衣食住の変化… <u>洋服</u> を着ることや <u>牛鍋</u> などの西洋料理を食べることが流行。東京などでは <u>ランプ（ガス灯）</u> のような照明や <u>れんが</u> づくりの建物が増加。
  - ・ <u>太陽暦</u> の導入…1日は24時間、1週間は7日と定められる。
  - ・西洋の思想の影響… <u>福沢諭吉</u> が『学問のすゝめ』を著し、<u>中江兆民</u> がルソーの思想を紹介。
    - 〖MEMO〗
    - ⚠ ○福沢諭吉 ✘福沢論吉
    - 福沢諭吉は『天は人の上に人をつくらず、人の下に人をつくらず』という言葉で、人間の平等を説いた。
- ✘ <u>学制</u> …1872年、近代的な学校制度をつくるために出された法令。
  - ➡ 満 <u>6</u> 歳になった男女を、小学校に通わせることを義務化。
  - ➡ 最初は保護者が授業料を負担する必要があったため、就学率が低かったが、徐々に上昇。

(3) 明治時代初期の外交

欧米諸国との外交
- ◎ 1871年 新政府が <u>岩倉使節団</u> を欧米諸国に派遣。
  - 〖コロ〗イヤな人たちではないぞ、岩倉使節団
  - ➡ 全権大使は <u>岩倉具視</u> 。7歳の女子留学生 <u>津田梅子</u> も参加。
  - ➡ 江戸幕府が結んだ <u>不平等条約</u> の改正を求めたが、欧米諸国は日本の近代化が遅れているという理由で拒否。⚠

中国・朝鮮との外交
- ◎ 1871年 <u>日清修好条規</u> …中国の清と対等な立場で国交を結ぶ。
  - ➡ 清に朝貢する朝鮮は鎖国を理由にして、日本との国交を拒否。
- ◎ 1873年 政府で <u>征韓論</u>（＝武力で朝鮮を開国させる主張）が高まる。
  - ➡ 欧米諸国の視察から帰国した岩倉や大久保たちが反対。
  - TEST ➡ 征韓論が受け入れられなかったため <u>西郷隆盛</u>（薩摩藩出身）や <u>板垣退助</u>（土佐藩出身）たちが政府を去る。
- ◎ 1875年 朝鮮の沿海で <u>江華島</u> 事件が起こる。
  - …測量中の日本の軍艦が、朝鮮によって攻撃される。
  - ➡ この事件を口実にして、日本は朝鮮との交渉を進める。
- ◎ 1876年 <u>日朝修好条規</u> …朝鮮が開国して、日本と国交を結ぶ。

※日本だけが領事裁判権を持つことなどを認めた不平等条約。

日本の国境の確定
- ◎ 1875年 <u>樺太・千島交換条約</u> を結ぶ。
  - ➡ 樺太（サハリン）をロシア領とし、<u>千島列島</u> を日本領と定める。
- ◎ 1876年 日本が <u>小笠原諸島</u> の領有を宣言。
- ◎ 1895年 <u>尖閣諸島</u> を沖縄県に編入することを内閣で決定。
- ◎ 1905年 <u>竹島</u> を島根県に編入することを内閣で決定。

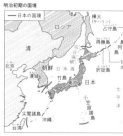
明治初期の国境

---

(1) 日本の領土の確定

- ✘ <u>蝦夷地</u> …1869年、政府が北海道に改称。
  - ➡ 北海道の行政や開拓を担当する <u>開拓使</u> を設置。
- 開拓の主力は、農業を行いながら北海道の防衛を担う <u>屯田兵</u> 。
  - ➡ 北海道の開拓が進む一方、<u>アイヌ</u> 民族（<u>アイヌ</u> の人々）は土地を失う。

※北海道旧土人保護法…1899年に制定。アイヌ民族の生活の保護を目的としたが、効果は少なかった。

- ✘ <u>琉球王国</u> …江戸時代は日本（<u>薩摩藩</u>）と <u>清</u> の両方に属する関係。
  - ◎ 1872年 政府が <u>琉球藩</u> を置く。
    - ➡ 国王の尚泰を藩王とする。
  - ◎ 1879年 政府が琉球藩を廃止して、<u>沖縄県</u> を置く。
    - ➡ 日本領になった後も、しばらくは琉球王国時代の制度を温存。
    - ➡ 20世紀初めに地租改正が行われ、日本への同化政策が進む。

※琉球処分…琉球王国が日本の領土に編入されるまでの一連の流れ。

(2) 士族の反乱

- ✘「<u>不平士族</u>」…江戸時代の武士の特権だった <u>帯刀</u> の禁止や給与の廃止などが行われて、政府に大きな不満を持った士族のこと。
  - ➡ 1870年代、西日本を中心に士族の反乱が相次ぐ。

士族の反乱
おもな士族の反乱が起こった場所
秋月の乱 1876年
萩の乱 1876年
神風連の乱 1876年
佐賀の乱 1874年
西南戦争 1877年

- ✘ <u>西南戦争</u> …1877年に <u>西郷隆盛</u> とともに鹿児島の士族が起こす。
  - ➡ 最大の士族の反乱となったが、<u>徴兵令</u> で集められた平民主体の近代的な政府軍に鎮圧される。

(3) 自由民権運動の広がり

- ◎ 1874年 <u>板垣退助</u> たちが <u>民撰議院設立（の）建白書</u> を政府に提出。
  - ➡ <u>大久保利通</u> が中心となった政府を専制政治と批判。
  - 〖コロ〗国会開設はいい話だよと言った板垣退助
  - ➡ 国民の意見を政治に反映させるために国会開設を要求。
- TEST 国民が政治に参加する権利を求める <u>自由民権運動</u> が始まる。
- ◎ 1878年 府・県に議会を設置。
  - ➡ 議員になった豪農（＝地域で強い発言力を持つ有力な農民、地主）や商工業者が政治への意識を高めて、自由民権運動に参加。
- ◎ 1880年 <u>国会期成同盟</u> を結成。
  - ➡ 自由民権運動の代表者が大阪に集まって、国会開設の請願書を提出。
  - ➡ 政府は受け取りを拒否。
- ・ <u>五日市憲法</u> …多摩地方（東京都）の人々がつくった憲法草案。基本的人権の保□、地方自治などを定める。このように、自主的に憲法草案をつくる□が進む。
- ◎ 1881年 北海道の <u>開拓使</u> の施設の払い下げが明らかになる。
  - ➡ 政府との関係が深い商人に安く売りわたそうとしたため、民権派の人々が政府を非難。
  - ➡ 政府の中心の <u>伊藤博文</u> は、民権派とのつながりがあるとして、官僚の <u>大隈重信</u>（肥前藩出身）を政府から追放。
  - ➡ <u>国会開設の勅諭</u> を出して、<u>10</u> 年後に国会を開くことを約束。
  - 〖MEMO〗西南戦争の翌年、大久保利通は「不平士族」に暗殺された。その後は、長州藩出身の伊藤博文が政府の中心になった。
  - ⚠ ○板垣退助 ✘板垣退助介 ○大隈重信 ✘大隈重信
- 国会の開設に備えて、2つの政党が結成。
  - ・ <u>自由党</u> …1881年に結成。板垣退助が党首。
  - ・ <u>立憲改進党</u> …1882年に結成。大隈重信が党首。
- ◎ 1884年 <u>秩父事件</u> が起こる。
  - …埼玉県で自由党の党員が、生活に苦しむ農民と暴動を起こす。
  - ➡ 政府の弾圧が強化されたため、自由民権運動が衰退。

憲法の制定

✘ 伊藤博文…国会開設の勅諭が出された後、ヨーロッパに行って各国の憲法を調査。

\TEST/
➡ 帰国後、君主権が強い<u>ドイツ（プロイセン）</u>の憲法を参考にして、憲法草案の作成に着手。

伊藤博文

✘ 内閣制度…1885年、太政官制を廃止してつくられた政治制度。

➡ 伊藤博文が初代の<u>内閣総理大臣（首相）</u>に就任。

立憲（制）国家の成立

✘ 大日本帝国憲法…1889年2月11日に発布された近代的な憲法。

ゴロ
東アジアでいち早くつくられた大日本帝国憲法

✧ 欽定憲法…君主が定めた憲法のこと。大日本帝国憲法は、天皇が国民に与える形式で発布。

史料
第1条 大日本帝国ハ万世一系ノ天皇之ヲ統治ス
✧天皇が<u>主権</u>を持ち、国の元首として日本を治めることを規定。
第3条 天皇ハ神聖ニシテ侵スベカラズ
第11条 天皇ハ陸海軍ヲ統帥ス
※天皇が陸軍・海軍を率いる権限を持つことを規定。
第29条 日本<u>臣民</u>（＝天皇の臣下としての国民）ハ<u>法律ノ範囲内</u>ニ於テ言論著作印行（＝印刷・発行）集会及結社／自由ヲ有ス
※議会が定める法律の範囲内であれば、言論の自由などの権利が認められることを規定。⚠
大日本帝国憲法

✘ 教育勅語…1890年に政府が示した、国民の教育に関する方針。
➡「<u>忠君愛国</u>」（＝天皇への忠誠や国家への貢献）と、親への「孝」を教育や道徳の柱に定める。

✘ 民法…家族や財産など、生活に関することを定めた法律。
※明治時代の民法は、一家の長である戸主が家族を支配する「家（家制度）」を重視。

✘ 帝国議会…1890年に開かれた二院制の国会。
○ 貴族院…皇族、華族、天皇が任命した議員などで構成。
○ 衆議院…国民の<u>選挙</u>で選ばれた議員で構成。

第1回衆議院議員総選挙

・選挙権…直接国税を<u>15</u>円以上納める、満<u>25</u>歳以上の<u>男子（男性）</u>に与えられる。
※有権者は総人口の約<u>1.1</u>％。
➡ <u>自由民権運動</u>の流れをくむ政党（＝民党）が多くの議席を獲得。

(3) 欧米諸国の世界分割

✘ <u>列強</u>…資本主義の発展によって大きな力を持った欧米の国々。
✘ <u>帝国</u>主義…生産に必要な資源や製品を売る市場を求めて、欧米の列強が世界中に<u>植民地</u>を広げた動きのこと。

(4) 条約改正の達成

◦ <u>1883</u>年 東京で<u>鹿鳴館</u>が完成。
➡ 外務卿（＝外務大臣）の井上馨が舞踏会を開く。
➡ 条約改正につながらず。

◦ <u>1886</u>年 <u>ノルマントン号事件</u>が起こる。
…和歌山県の近海でイギリス船が沈没し、日本人の乗客が全員水死。
➡ 不平等条約のため、イギリスの領事裁判は船長に軽い罰のみを与える判決を下す。
➡ <u>領事裁判権（治外法権）</u>の撤廃を求める世論が高まる。

ノルマントン号事件

◦ <u>1894</u>年 <u>日英通商航海条約</u>が結ばれる。
…日清戦争の直前、外務大臣<u>陸奥宗光</u>がイギリスと交渉して、領事裁判権の撤廃と関税自主権の一部回復を実現。⚠

MEMO
⚠ ○陸奥宗光 ✗陸奥宗三
条約改正が進んだ背景には、憲法発布などで日本の近代化が進んだと欧米諸国に評価されたことがある。

◦ <u>1911</u>年 外務大臣<u>小村寿太郎</u>がアメリカと交渉して<u>関税自主権</u>の完全回復を実現。⚠
➡ 日本は50年以上かけて条約改正を達成。

日清の対立と開戦

◦ <u>1876</u>年 朝鮮が<u>日朝修好条規</u>を結んで開国する。
➡ 朝鮮に勢力を広げようとする日本と清が対立。

◦ <u>1894</u>年 <u>甲午農民戦争</u>が起こる。
➡ 東学を信仰する農民が、朝鮮半島南部で反乱を起こす。

MEMO
東学は、朝鮮の民間信仰を基にした新興宗教。キリスト教を「西学」と呼び、朝鮮から追い払おうとした。

★ <u>日清戦争</u>が始まる。（〜1895年）
…朝鮮に送られた日本と清の軍隊が衝突。➡ 日本軍が勝利。

◦ <u>1895</u>年 日清戦争の講和条約として<u>下関条約</u>が結ばれる。
・清は朝鮮の<u>独立</u>を認める。⚠
・清は<u>台湾</u>、<u>澎湖諸島</u>、<u>遼東半島</u>を日本にゆずる。
・清は、日本に<u>2億両</u>（＝当時の日本の国家予算の約3.6倍）の賠償金を払う。

ゴロ
日清の人々が一泊ご宿泊してきたよ。下関条約

台湾・澎湖諸島・遼東半島・南樺太の位置

南樺太
（遼東半島）
澎湖諸島
（台湾）

TEST ◦ ロシアが、ドイツ・フランスとともに行った<u>三国干渉</u>によって、日本は清に<u>遼東半島</u>を返還。
➡ 日本でロシアへの対抗心が高まる。

日清戦争後の展開

✘ 朝鮮…清から独立し、1897年に国名を<u>大韓帝国（韓国）</u>に変更。

✘ 中国分割…日清戦争の敗北に乗じて、欧米列強や日本がそれぞれ勢力を広げる。

・ロシア…日本が清に返した遼東半島にある<u>旅順・大連</u>を<u>租借</u>（＝期限つきで外国の領土を借りて支配すること）し、<u>鉄道（東清鉄道）</u>を敷く権利を獲得。

中国分割
ロシア
韓国
清
日本
□ ロシアの勢力範囲
□ ドイツの勢力範囲
■ イギリスの勢力範囲
□ フランスの勢力範囲
□ 日本の勢力範囲
フランス領インドシナ

✘ 台湾…日本が台湾総督府を置いて植民地支配や近代化を進める。

✘ 日本…軍備拡張などを行うため、藩閥政府と政党の協力が進む。

◦ <u>立憲政友会</u>…1900年に伊藤博文が政党政治に備えて結成。

(3) 日露の対立と開戦

◦ <u>1900</u>年 中国で<u>義和団事件</u>が起こる。
…外国勢力に反対する義和団の勢力が、北京にある各国の公使館を包囲し、清が列強に宣戦布告。
➡ 日本をふくむ列強の連合軍が義和団を鎮圧。清は謝罪。

◦ ロシアは義和団事件で<u>満州</u>（中国東北部）に送った大軍の駐留を継続。⚠

◦ <u>1902</u>年 <u>日英同盟</u>が結ばれる。
…ロシアの動きを警戒する日本と<u>イギリス</u>の利害が一致。
➡ 新聞などで、ロシアとの開戦を支持する世論が高まる。
➡ 社会主義者の<u>幸徳秋水</u>や、キリスト教徒の<u>内村鑑三</u>が開戦に反対するが受け入れられず。

TEST ◦ <u>1904</u>年 <u>日露戦争</u>が始まる。（〜1905年）

史料
あゝをとうとよ君を泣く
君死にたまふことなかれ
歌人が日露戦争を批判した詩（部分）

⚠ ○与謝野晶子 ✗与謝野晶子

日本海海戦（1905年）で<u>東郷平八郎</u>率いる日本海軍がロシアのバルチック艦隊に勝利した後、<u>アメリカ</u>が両国を仲介。

◦ <u>1905</u>年 日露戦争の講和条約として<u>ポーツマス条約</u>が結ばれる。
・韓国における日本の<u>優越権</u>を認める。
・ロシアは<u>旅順・大連</u>の租借権や、長春以南の<u>鉄道</u>の権利を日本にゆずる。⚠
・ロシアは北緯50度以南の<u>樺太（サハリン）</u>を日本にゆずる。

ゴロ
お金がもらえないのでひどくおこられてしまったポーツマス条約

日露戦争・日清戦争の比較

		日清戦争	日露戦争
死者		約1.4	約8.5（10万人）
戦費		約2.3	約18.3（20億円）
賠償金		3.1	0（4億円）

（「日本長期統計総覧」他より作成）

東京で<u>日比谷焼き打ち事件</u>が起こる。
TEST ➡ ロシアから賠償金が得られなかったことが原因。

(1) 日本の大陸進出

✕ 韓国の植民地化

…ポーツマス条約で日本の優越権が認められたため。

- **1905年** 日本が韓国の外交権を奪って **保護国** とする。
  - ➡ **韓国統監府** を置いて、初代統監に **伊藤博文** が就任。
- **1907年** 日本が韓国の内政権を奪って軍隊を解散させる。
- **1909年** 満州のハルビン駅で、前統監の伊藤博文が暗殺される。
  ※犯人は韓国人の義兵運動家だった **安重根**。
- ★ **1910年** **韓国併合** が行われる。
  - ➡ 韓国は朝鮮、首都の漢城（ソウル）は京城に改名。
  - ➡ 日本は **朝鮮総督府** を置いて、植民地支配や同化政策を進める。

> **ゴロ**
> 韓国併合でいくと
> 決めた明治の日本

✕ 満州南部への進出

…ポーツマス条約で **ロシア** から権利を獲得したため。

- **南満州鉄道株式会社** …半官半民の企業として設立。略称は満鉄。
  鉄道だけでなく、炭鉱や製鉄所なども経営。

満州への進出をうかがっていた **アメリカ** と日本の対立が深まる。

(2) 中国の革命運動

- **✕ 孫文** …清の打倒と近代国家の建設を目指す、革命運動の中心人物。
  ※三民主義…孫文が唱えた革命の指導理論。
- **✕ 中華民国** …1912年に成立した、アジアで最初の共和国。
  - ➡ 首都は **南京**。孫文が臨時大総統に就任。
  - ➡ 孫文は、清の皇帝を退位させる。
  - ➡ ※ **辛亥革命** …中華民国の成立と清の滅亡がなしとげられた革命。

孫文から臨時大総統の地位をゆずられた袁世凱は、首都を **北京** に移転。
- ➡ 袁世凱は革命運動を弾圧し、議会を無視して独裁政治を行う。

(3) 資本主義の発展と社会問題の発生

✕ 日本の産業革命…1880年代から **軽工業** が、1900年代から **重工業（重化学工業** が大きく発展。

- **紡績業**…綿をつむいで **綿糸** をつくるなどの軽工業。
  ※おもな輸出先は **アジア** の国々。
- **製糸業**…蚕のまゆから **生糸** をつくる軽工業。
  日露 戦争の後、日本が世界最大の生糸輸出国となる。
  ※おもな輸出先は **アメリカ**。
- **鉄鋼業**…鉄をつくる重工業。**日清戦争** の賠償金を使ってつくられた **八幡製鉄所**（福岡県）が **1901** 年に操業を始めたことから発展。
- **財閥** …産業革命の進展とともにさまざまな業種に進出して、日本の経済を支配した家。**EX** 三井、三菱、住友、安田

綿糸の生産と貿易

（千t）
- ▪ 輸出量
- ▪ 輸入量
- ◆ 国内生産量

1885 1888 1891 1894 1897

《近代日本経済史要覧》から作

✕ 社会問題の発生

- **田中正造** … **足尾銅山** の鉱毒事件の解決を訴えた、栃木県の政治家。
- **大逆事件** …1910年、社会主義者の **幸徳秋水** などが処刑された事件。

(4) 近代文化と学校教育の普及

夏目漱石

✕ 美術
- **黒田清輝** …印象派を学んだ洋画家。
- 日本画… **横山大観** や狩野芳崖。伝統美術の見直し。

✕ 音楽
- **滝廉太郎** …唱歌をつくる。

✕ 学校教育
- **日露** 戦争の後、男女とも就学90%を超える。

✕ 文学…小説が口語（口語体）で書かれる。
- **夏目漱石** …「吾輩は猫である」「坊っちゃん」
- **森鷗外** …「舞姫」
- **樋口一葉** …「たけくらべ」
- **正岡子規** …短歌や俳句に「写生」を導入。

✕ 自然科学の発展
- **北里柴三郎** …ペスト菌や破傷血清療法を発見
- **志賀潔** …赤痢菌を発見。
- **野口英世** …黄熱病を研究。

年表にまとめよう！ 欧米諸国の近代化～明治時代／確認テスト⑤ （92～93ページの解答）

欧米諸国の近代化～明治時代

- **1689年** イギリスで（権利（の）章典）が制定される。
- **1776年** 北アメリカの13の植民地が（（アメリカ）独立宣言）を発表する。
- **1789年** フランス革命が始まり、（（フランス）人権宣言）が発表される。
- **1840～42年** （アヘン戦争）が起こり、清がイギリスに敗れる。
- **1853年** アメリカの（ペリー）が浦賀に来航して、日本の開国を求める。
- **1854年** 江戸幕府が（日米和親条約）を結んで、日本が開国する。
- **1858年** 江戸幕府が（日米修好通商条約）を結んで、自由貿易を始める。
- **1860年** （桜田門外の変）が起こり、大老の井伊直弼が暗殺される。
- **1866年** 江戸幕府を倒そうとする雄藩が（薩長同盟）を結んで協力する。
- **1867年** 15代将軍徳川慶喜が（大政奉還）を行って、政権を朝廷に返す。
- **1868年** 元号が慶応から明治に改められる。
- **1869年** 各藩の藩主が（版籍奉還）を行って、土地と人民を政府に返す。
- **1871年** 政府が（廃藩置県）を行って、地方の直接統治を始める。
- **1874年** 板垣退助らが（民撰議院設立（の）建白書）を政府に提出する。
- **1877年** 西郷隆盛と鹿児島の士族が（西南戦争）を起こし敗れる。
- **1885年** 内閣制度がつくられ、（伊藤博文）が初代内閣総理大臣に就任する。
- **1889年** （大日本帝国憲法）が発布され、日本が立憲制国家となる。
- **1894年** 外務大臣の（陸奥宗光）が領事裁判権の撤廃などを実現する。
  朝鮮をめぐる対立から（日清戦争）が始まる。（～1895年）
- **1901年** 福岡県で（八幡製鉄所）が操業を始める。
- **1902年** ロシアに対する利害が一致したため、（日英同盟）が結ばれる。
- **1904年** 日本で開戦論が高まり、（日露戦争）が始まる。（～1905年）
- **1910年** 日本が（韓国併合）を行って、朝鮮総督府を設置する。

確認テスト⑤ 　/50点

次の問いに答えましょう（5点×10）。

(1) 次の問いに答えなさい。
- ❶イギリスで始まり、明治時代の日本でも起こった、工業中心への社会の移行とそれにともなう社会の大変化を何といいますか。（ 産業革命 ）
- ❷❶によって広まった経済の仕組みを何といいますか。（ 資本主義 ）
- ❸殖産興業を進めるため、政府が群馬県につくった官営模範工場を何といいますか。（ 富岡製糸場 ）

★ (2) 次の史料は、1868年に出された政治の方針の一部を要約したものです。これを読んで、あとの問いに答えなさい。
一 <u>A 広く会議を開いて、B 政治のすべてを人々の話し合いによって決めよう</u>
一 <u>C 知識を世界に求めて、天皇中心の政治の基礎を振るい起こそう</u>

- ❶下線部Aについて、1890年に開かれた帝国議会は二院制を採用しました。衆議院と、何という議院で構成されていましたか。（ 貴族院 ）
- ❷下線部Bについて、国民の意見を政治に反映させるため、国会の開設を求めた運動を何といいますか。（ 自由民権運動 ）
- ❸下線部Cについて、西洋の思想を日本に紹介し、『学問のすゝめ』を著したのは誰ですか。（ 福沢諭吉 ）
- ❹この史料は何と呼ばれていますか。（ 五箇条の御誓文 ）

★ (3) 次の❶～❸の説明に当てはまる都市や地域を、右の地図中のア～オから1つずつ選び、記号で答えなさい。
- ❶江戸時代末期の開港地であり、戊辰戦争が終結した都市。
- ❷下関条約で日本が獲得したが、三国干渉によって清に返還した地域。
- ❸ポーツマス条約で日本が獲得した地域。
  - ❶（ オ ）❷（ イ ）❸（ ア ）

> ここまでよくがんばったね！ 江戸時代の末期から明治時代、外国との関わりが増えていく中で、日本の政治や社会の仕組みが変わっていったことは理解できたかな？
> 時系列でおさえることも大事だから、まとめの年表で確認しておこう。
> ついでにテストもやっちゃおうね♪

第一次世界大戦とアジアの民族運動 （94〜95ページの解答）

ヨーロッパの情勢

- ＊ <u>三国同盟</u>…19世紀末から軍備を強化した <u>ドイツ</u> とオーストリア・イタリアの3か国の同盟関係。
- ＊ <u>三国協商</u>…ドイツに対抗しようとする <u>イギリス</u> とフランス・ロシアの3か国の協力関係。
  - ※ロシアの動き <u>日露戦争</u> に敗れた後、イギリスや日本との関係に改善。
- ＊ <u>バルカン</u> 半島…この地域を支配する <u>オスマン</u> 帝国（ <u>トルコ</u> ）が衰退したため、スラブ民族の独立運動が活発化。
  - ➡ スラブ民族を支援するロシア（スラブ系国家）と、バルカン半島に勢力を広げたいオーストリア（ゲルマン系国家）が対立。⚠
    - ➡ バルカン半島が「ヨーロッパの火薬庫」と呼ばれる緊張状態に！

第一次世界大戦時の国際関係

第一次世界大戦の開始と展開

- ● 1914年 バルカン半島で <u>サラエボ</u> 事件が起こる。
  - ※ <u>セルビア</u> 人（スラブ系1）が <u>オーストリア</u> の皇位継承者夫妻を暗殺。
  - 国を挙げて戦争に行く意志で始まった第一次世界大戦
  ↓
- ＊ <u>第一次世界大戦</u>が始まる。
  - ・<u>同盟国</u> …三国同盟を中心とする国々。 ・<u>連合国</u> …三国協商を中心とする国々。
  - TEST ※日本の動き <u>日英同盟</u> を理由にして <u>連合国</u> 側に参戦。
    - ➡ 中国や太平洋の <u>ドイツ</u> の支配地を占領。
    - ➡ 中国政府に <u>二十一か条の要求</u>（1915年）を出して、日本が <u>山東省</u> の権益をドイツから引き継ぐことなどを認めさせる。
- ● 1917年 <u>アメリカ</u> が連合国側で参戦。
  - ➡ 連合国が優勢となる。
- ● 1918年 <u>ドイツ</u> が連合国に降伏。
  - ➡ 第一次世界大戦が終結。

第一次世界大戦中のヨーロッパ
連合国／同盟国／中立国

(3) ロシア革命とソ連の成立

- ＊ <u>ソビエト</u> …戦争や、皇帝の専制に不満をいだく労働者や兵士による代表会議。
- ＊ <u>レーニン</u> …戦争を続ける臨時政府を倒す運動を起こした社会主義者。
  - ★・<u>ロシア</u> 革命…1917年、レーニンの指導によって、世界で初めてソビエト中心の社会主義政府が成立したこと。革命後、ロシアは <u>ドイツ</u> と単独で講和を結んで第一次世界大戦から離脱。
- ＊ <u>シベリア</u> 出兵…社会主義の波及や、革命の拡大を警戒するアメリカや日本などの国々が行った軍事干渉（1918〜22年）。
- ＊ソビエト社会主義共和国連邦…シベリア出兵を退けたロシアが中心となって、1922年に成立させた国家。略称は <u>ソ連</u> 。
  - ※共産主義…あらゆるものを共有することで完全な平等を達成しようとする考え。
  - ロシア革命の指導政党が <u>共産党</u> に改名。

(4) 第一次世界大戦後の欧米とアジア

- ● 1919年 <u>パリ</u> で第一次世界大戦の講和会議が開かれる。
  - ・敗戦国ドイツに厳しい内容の <u>ベルサイユ条約</u> を結ぶ。
    - ➡ 共和国となったドイツは民主的な <u>ワイマール憲法</u> を制定。
  - ・アメリカの <u>ウィルソン</u> 大統領が、さまざまな提案を行う。
    - ➡ <u>民族自決</u> の考えに従って、東ヨーロッパで多くの国が独立。
      - ➡ アジアやアフリカには適用されず、植民地支配が続く。⚠
  - ・朝鮮…日本に対する <u>三・一独立運動</u> が起こる。
  - ・中国…反日・反帝国主義の <u>五・四運動</u> が北京から各地に広がり、孫文が <u>中国国民党（国民党）</u>を結成。
  - ・インド… <u>ガンディー</u> の指導で非暴力・不服従の抵抗運動が広がり、イギリスに完全な自治を要求。
- ★● 1920年 <u>国際連盟</u> が発足する。
  - ・ウィルソン大統領の提案でつくられた、世界平和のための機関。
  - ・スイスの <u>ジュネーブ</u> に本部を設置。
  - ・日本は常任理事国となり、<u>新渡戸稲造</u> が事務局の次長に就任。
    - ⚠〇新渡戸稲造 ×新渡辺稲三 ×新戸部稲造
  - TEST <u>アメリカ</u> は議会の反対で不参加。

護憲運動と政党政治 （96〜97ページの解答）

藩閥政治と民主主義

- ● 1912年 天皇が代がわりして、元号が <u>大正</u> に改められる。
  - ➡ この年、藩閥や陸軍の後押しで <u>桂太郎</u> 内閣が成立。
  ↓
- 憲法にもとづく政治を守ろうとする <u>護憲運動（第一次護憲運動）</u> が起こる。
  ↓
- ● 1913年 民衆が護憲運動を支持したため、桂内閣が退陣する。
  - ＊<u>大正デモクラシー</u>…民主主義を強く求めた大正時代の風潮。
    - ・<u>民本主義</u> …天皇主権のもとで、民衆の意向を反映した政治を行う考え。政治学者の <u>吉野作造</u> が主張。
    - ・天皇機関説…天皇は国家の最高機関であり、憲法に従って統治すべきとする考え。

第一次世界大戦と政党内閣の成立

- ＊ <u>大戦景気</u> …第一次世界大戦の間、輸出額が輸入額を上回る好景気となり、日本の <u>重工業（重化学工業）</u>が成長した。
  - ・<u>成金</u> …大戦景気で、にわかに金持ちになった人の呼び名。
  - ★・<u>米騒動</u> …1918年、米の安売りを求める騒ぎが <u>富山</u> 県から全国に拡大。⚠
    - 米騒動の原因
    - ❶大戦景気で <u>物価</u> が上がったので、民衆の生活が苦しくなっていた。
    - TEST ❷シベリア出兵を見こした商人の買い占めによって、米の値段が大幅に上がった。
      - ➡ 藩閥の寺内正毅内閣は軍隊を出動させて鎮圧した後、責任を取って退陣。
  - ・<u>原敬</u> …寺内内閣の退陣後、後任の首相になった立憲政友会の総裁。
    - 原内閣の特徴
    - TEST ・<u>本格的な政党内閣</u> …ほとんどの大臣が <u>衆議院</u> で第一党の立憲政友会の党員。
    - ・「 <u>平民宰相</u> 」…華族の出身ではなく、藩閥にも属さなかった原首相の呼び名。
    - ・有権者の拡大…選挙権に必要な <u>納税額</u> を引き下げる。普通選挙の実現には消極的。

原敬

MEMO
明治時代、大隈重信が最初の政党内閣を組織したが短命に終わった。一方、原敬の政党内閣は首相自身が暗殺されるまでのおよそ3年間続いた。

(3) 大正時代の社会運動と男子普通選挙

- ＊労働運動…労働者が待遇の改善などを求める <u>労働</u> 争議を起こした。
- ＊農民運動…地主に小作料の軽減などを求める <u>小作</u> 争議が起こった。
- ＊社会主義運動… <u>ロシア</u> 革命の影響で広がる。
  - ・日本共産党…1922年、非合法に結成された政党。
- ＊解放運動…差別に苦しむ人々が起こした運動。
  - ・<u>全国水平社</u> …1922年、部落解放運動の全国組織として結成。
- ＊女性運動…青鞜社を設立した <u>平塚らいてう</u> が中心。
  - ・新婦人協会…平塚と <u>市川房枝</u> たちが、女性の政治参加を求めて結成。
- ＊護憲運動…1924年、第二次護憲運動に支持された憲政会の党首 <u>加藤高明</u> が首相に就任。連立の政党内閣を組織。
- ★● 1925年 加藤内閣が <u>普通選挙法</u> を成立させる。
  - TEST ➡ 満 <u>25</u> 歳以上のすべての <u>男子（男性）</u> に選挙権が与えられる。
    - ➡ 同じ年に社会主義運動を取り締まる <u>治安維持法</u> を制定。

平塚らいてう

ゴロ
普通選挙法と治安維持法は持法で行く(2個セットで制定した。

(4) 大正時代の生活と文化

- ＊都市の生活…和風と洋風を組み合わせた建築の「文化住宅」が流行。
  - ・サラリーマン …給料を得るために働く人。
  - ・「職業婦人」 …電話交換手やバスの車掌などとして働く女性の呼び名。
- ★＊ <u>関東大震災</u> …1923年、東京や横浜をふくむ地域で起こった大規模な災害。
  - ➡ 震災後、都市改造が行われて近代化が進む。
- ★＊ <u>ラジオ放送</u> …1925年に開始。新聞と並んで、全国的な情報源となる。
- ＊大衆文化（文化の大衆化）…一般の人々に向けた文化が生まれる。
  - ・<u>芥川龍之介</u> …古典を題材にした「羅生門」や子ども向けの「蜘蛛の糸」など多くの短編小説を発表。
  - ・<u>小林多喜二</u> …労働者の生活などを題材とするプロレタリア文学の作家として活躍。「蟹工船」などを発表。

芥川龍之介

(1) 世界恐慌と各国の動き

〈ゴロ〉
不景気の風がひどく吹く
世界恐慌

★ ※ <u>世界恐慌</u>…1929年、アメリカの <u>ニューヨーク</u> で株価が大暴落したことがきっかけ。
  ➡ 世界経済の中心のアメリカから、各国に不景気が拡大。

各国の対策や影響

※ アメリカ
  …1933年から <u>ローズベルト</u> 大統領が <u>ニューディール（新規まき直し）</u> 政策を実施。
  ➡ ダム建設などの <u>公共事業</u> で失業者を雇用。

※ イギリス・フランス
TEST …本国と植民地の貿易をさかんにして、外国から
  の輸入品に高い関税をかけて締め出す
  <u>ブロック経済</u> を実施。
  ➡ 自国の経済回復を優先したため、国際協調
    が後回しになる。

おもな国の鉱工業生産指数を表したグラフ

*1929年の指数を100とする

出典 明治以降 本邦主要経済統計

※ ソ連
  … <u>スターリン</u> が指導した「<u>五か年計画</u>」
  によって計画経済が行われたため、世界恐慌の
  影響を受けず。

※ 日本
  …関東大震災の影響などによる金融恐慌（1927年）で銀行の休業・倒産が増えた後、世界恐
  慌の打撃を受けて <u>昭和恐慌</u>（1930年）が発生。
  ➡ 労働者や農民の生活が苦しくなる。⚠
  ※ <u>昭和</u> …1926年、天皇の代がわりによって改められた元号。

(2) ファシズムの台頭

※ <u>ファシズム</u> …議会制民主主義を否定する、独裁的な政治体制。
  ・イタリア…第一次世界大戦後、ファシスト党を率いる <u>ムッソリーニ</u> が政権をにぎる。
    ➡ アフリカの <u>エチオピア</u> を侵略。
  ・ドイツ…ベルサイユ条約で課された多額の賠償金などで経済が混乱する中、
    <u>ナチ党（ナチス）</u> を率いる <u>ヒトラー</u> が政権をにぎる。
    ➡ ほかの政党の解散や軍備増強を行い、<u>ユダヤ</u> 人を迫害。

(3) 中国の国民政府と日本

※ <u>蔣介石</u> …孫文の死後、中国国民党の指導者となる。
  ➡ 南京に国民政府をつくって各地の軍閥を打倒。
    国民政府が満州の軍閥も従えたため、中国がほぼ統一される。

〈MEMO〉
関東軍は、満州に置かれた日本軍のこと。日本の租借地が「関東州」と呼ばれたことによる。

(4) 政党政治の終わりと軍部の強大化

○ 1931年 満州で <u>柳条湖事件</u> が起こる。
  … <u>奉天</u>（現在の瀋陽）の郊外で、関東軍が南
  満州鉄道の線路を爆破。
  ➡ 中国側が爆破したとして、関東軍が攻撃を
  開始。➡ <u>満州事変</u> が始まる。

満州国の位置

○ 1932年 <u>満州国</u> の建国を宣言。
  …満州の主要部を占領した関東軍が、清の最後
  の皇帝だった <u>溥儀</u> を元首とする国をつくる。
  首都は新京（現在の長春）。
  ➡ 満州国の実権は日本がにぎる。

〈MEMO〉
⚠ ○犬養毅 ×犬飼毅
将校…指揮官クラスの軍人。
軍部…軍人による政治勢力。

★ 日本で <u>五・一五事件</u> が起こる。
  …海軍の青年将校たちが <u>犬養毅</u> 首相を暗殺。
    ➡ <u>政党政治</u> が行われなくなり、おもに軍人出身の人物が首相に就任するように
    なる。

○ 1933年 日本が <u>国際連盟（の）脱退</u> を通告する。
  …中国の訴えに基づいて、国際連盟が <u>リットン調査団</u> を派遣して満州事変を調査。
TEST ➡ 調査の結果、国際連盟は <u>満州国</u> を承認せず、占領地からの日本軍の撤兵（引き上
  げ）を勧告。
  ➡ 勧告に反発して国際連盟を脱退した日本は、国際的に孤立。

○ 1936年 東京で <u>二・二六事件</u> が起こる。

---

(1) 日中戦争と戦時体制の形成

○ 1937年 北京の郊外で <u>盧溝橋事件</u> が起こる。
  …中国北部で日本軍と中国軍が衝突。➡ <u>日中戦争</u> に発展。
    ┌→ 日本軍が各地を攻撃し、首都の <u>南京</u> を占領。
    └→ 国民政府は、それまで戦っていた中国共産党と協力することを決めた。

○ 1938年 近衛文麿内閣が <u>国家総動員法</u> を制定。
  TEST ※政府が議会の承認なしに国民や物資を動員できる法律。

○ 1940年 近衛首相の主導で、<u>大政翼賛会</u> を結成。

日本の戦時体制

  <u>配給制</u> …政府が生活に必要な物資を統制して、国民に割り当てる制度。
  <u>隣組</u> …住民の相互監視のためにつくられた組織。
  ・国民学校…小学校（尋常小学校）を改名。軍国主義的な教育を行う。
  ・皇民化政策…植民地で行われた、日本語の使用や神社参拝の強要などの政策。
    朝鮮では日本式の姓名にする <u>創氏改名</u> も実施。

(2) 第二次世界大戦の開始

○ 1939年 <u>独ソ不可侵条約</u> が結ばれる。
  ➡ ソ連との対立を解消した <u>ドイツ</u> が <u>ポーランド</u> に侵攻。
    ➡ ポーランドを支援するイギリスやフランスが、ドイツに宣戦布告。
    ★➡ <u>第二次世界大戦</u> が始まる。

○ 1940年 ドイツがパリを占領し、<u>フランス</u> が降伏。
  ➡ <u>イタリア</u> がドイツ側で参戦。
    ➡ 日本はドイツ・イタリアとの関係を深
    めて <u>日独伊三国同盟</u> を結ぶ。

〈ゴロ〉
どの国も戦で苦しい
第二次世界大戦

第二次世界大戦中のヨーロッパ

ドイツは占領地で住民の弾圧や物資を徴発し、ユ
ダヤ人を <u>アウシュビッツ</u>（ポーランド）などの
強制収容所に送って殺害。
  ➡ ヨーロッパ各地にレジスタンスと呼ばれる抵抗運
    動が拡大。

○ 1941年 アメリカとイギリスが大西洋憲章を発表。
  …アメリカの <u>ローズベルト</u> 大統領と、イギリスの <u>チャーチル</u> 首相が、
  主義を守る意思や戦後の平和構想を示す。
  ➡ ファシズムに反対する <u>連合国</u> と、ファシズムを広げようとする <u>枢軸国</u>
    が対立する構図が明確化。

(3) 日本の南進と新たな戦争

○ 1941年
  ・4月 <u>日ソ中立条約</u> を結ぶ。
    …南進を目指す日本が、北方の安全を確保。
    ※南進… <u>資源</u> の獲得や、中国への支援の妨害を目的に、武力によって東南アジアに進出する政策。
    ➡ 1940年のフランスの降伏後、<u>フランス領インドシナ</u>（現在のベトナム・カンボジア・ラオス）の北部に続いて南部にも進軍。

  ・7月 「<u>ABCD</u> 包囲陣（包囲網）」の形成。
    … <u>石油</u> などの輸出禁止を実施。
    ※アメリカなどの国々が、日本を経済的に圧迫。
    ↓
    日本とアメリカとの交渉が決裂。
    ↓
    <u>東条英機</u> 内閣と軍部はアメ
    リカとの開戦を決定。

太平洋戦争当時の国際関係

TEST ・12月 日本軍がハワイの <u>真珠湾</u> にあ
    るアメリカ軍基地を攻撃し、イギリ
    ス領の <u>マレー半島</u> に上陸。
    ★➡ <u>太平洋戦争（アジア・太平洋戦争）</u> が始まる。
    ➡ 日本は、欧米の植民地支配を打ち破ってアジアの民族
      だけで栄える「<u>大東亜共栄圏</u>」の建設を目標に掲げ、
      この戦争を「<u>大東亜戦争</u>」と呼んだ。
      ➡ ドイツとイタリアもアメリカに宣戦布告したため、第二次世界大戦の
        が拡大。

〈ゴロ〉
⚠ ○東条英機
  ×東条栄機
戦地に行く用意をし
始めた太平洋戦争

戦局の転換

- 1941～42年 日本軍が、東南アジアから太平洋までの広大な地域を占領。

  ↓

- 1942年 ハワイの西方で**ミッドウェー海戦**が行われる。
  - ➡ 日本軍がアメリカ軍に大敗。
    - ➡ 日本軍の攻勢が止まり、戦況が大きく悪化。
      - ➡ 東南アジアや太平洋の島々では、日本軍の占領政策に反発する人々による抵抗運動（抗日運動）が発生。

- 1943年
  - 2月 不可侵条約を破って侵攻した**ドイツ**軍をソ連軍が撃退。
    日本軍がガダルカナル島から撤退。
    - ➡ アメリカ軍との戦いに敗れ、太平洋南部の拠点を失う。
  - 9月 **イタリア**が連合国に降伏。
    - ➡ ムッソリーニは失脚。

- 1944年
  - 7月 太平洋の**サイパン**島が陥落。
    - ➡ 太平洋中部の拠点を失い、アメリカ軍による日本本土への**空襲**が始まる。
    - ➡ 東条内閣は退陣。

太平洋戦争の様子

学徒出陣の様子 出典：アフロ

強まる戦時体制

- **学徒出陣**…徴兵を猶予されていた文科系の**大学生**を軍隊に召集。
- **勤労動員**…労働力不足を補うため、中学生や女学生が軍需工場などで働く。
- **学童疎開（集団疎開）**…空襲を避けて、都市の**小学生**が農村に移動。

(2) 日本の敗戦

- 1944年 連合国軍がフランスの**パリ**を解放。
  - ➡ 枢軸国であるドイツ本国への攻撃が強まる。

- 1945年
  - 2月 連合国が**ヤルタ会談**を行う。
    …黒海沿岸でアメリカ・イギリス・ソ連の首脳が会談。
    - ➡ **ソ連**が対日参戦を行い、見返りとして南樺太や千島列島を領土にする秘密協定が結ばれる。

  - 3月 **東京大空襲**によって10万人以上が死亡。
    - ➡ 東京以外の主要都市も、アメリカ軍の焼夷弾による無差別爆撃を受けたため、数十万人が犠牲になる。

  - 4月 アメリカ軍の沖縄本島への上陸によって**沖縄戦**が始まる。
    ※ひめゆり学徒隊…沖縄戦で動員された女学生の部隊、兵士の看護などを行ったが、多くが命を落とした。

  - 5月 **ドイツ**が連合国に降伏。➡ **ヒトラー**は自殺（4月）。

  - ★ 7月 連合国が**ポツダム宣言**を発表する。
    - ➡ 政府は宣言を受け入れないまま、黙殺を続ける。

  > ■史料■
  > 8 日本の**主権**が及ぶのは、本州・北海道・九州・四国と、連合国が決める島に限る。
  > 10 すべての戦争犯罪人に厳罰を加える。日本政府は、国民の**民主主義**的傾向を復活・強化させ、言論・宗教・思想の自由と**基本的人権**の尊重を確立するべきである。
  > 13 われらは日本政府が軍隊の**無条件降伏**を宣言することを求める。これ以外の選択は迅速で完全な壊滅があるのみとなる。
  > ポツダム宣言（部分要約）

  ↓

  - 8月6日 アメリカ軍が**広島**に**原子爆弾（原爆）**を投下。
  - 8日 ソ連が**日ソ中立条約**を破り、日本に宣戦布告。
  - 9日 アメリカ軍が**長崎**に原子爆弾を投下。
    ソ連が満州や南樺太、千島列島などに侵攻を開始。
  - 14日 政府が、ポツダム宣言を受け入れて降伏することを決定
  - 15日 昭和天皇がラジオを通じて**玉音放送**を行い、国民に日本の降伏を知らせる。

連合国軍による占領

- ✖ 降伏後の日本…アメリカ軍を主力とする連合国軍に占領される。
  - ➡ 連合国は**マッカーサー**を最高司令官とする**連合国軍（最高司令官）総司令部（GHQ）**を設置。

GHQによる戦後改革

- ✖ 日本の軍国主義の排除
  - 日本の非軍事化…**軍隊**を解散。
  - **極東国際軍事裁判（東京裁判）**…戦争犯罪人とみなした人たちを裁く。
  - 昭和天皇の「人間宣言」…天皇を**神（神の子孫）**とする考え方を否定。

- ✖ 日本の民主化
  - 政治活動の自由…**治安維持法**を廃止し、選挙法を改正して満**20**歳以上の**男女**に選挙権を与える。**政党**も復活。 [TEST]
  - 経済の民主化
    - ❶ **財閥解体**…日本の経済を支配してきた大資本家を解体する。
    - ❷ **農地改革** [TEST]…政府が地主の土地を買い上げて小作人に安く売り渡すことで、多くの自作農をつくり出した。
    - ❸ 労働組合法の制定…労働者の**団結（団結権）**を認める。

  農地改革による農地・農民の変化
  ●自作地・小作地の割合

1941年	自作地 53.8%	小作地 46.2
1949年	86.9%	13.1

  ●自作農・小作農の割合

1941年	自作農 27.5%	自作兼小作農 41.0	小作農 28.0
1949年	55.0%	35.1	7.8

  その他 3.5
  その他 2.1
  出典：農地改革顛末概要

  - 新憲法の制定…GHQがつくった草案をもとにして、1946年11月3日に**日本国憲法**を公布し、1947年5月3日から施行。
    ※三大原理は❶ **国民**主権・❷ **基本的人権**の尊重・❸ **平和主義**の3つ。
    天皇は日本国と国民統合の**象徴**となる。
  - 教育の民主化…1947年に**教育基本法**を制定。教育勅語は失効。

敗戦直後の社会

- ✖ 人口の急増…占領地などから約600万人の軍人や民間人が引きあげ。
- シベリア抑留…満州などに侵攻したソ連軍に捕らえられた日本人。強制労働などで多くの犠牲者が出た。

(2) 第二次世界大戦後の世界

- ✖ 国際連合（国連）
  …1945年10月に設立。本部はアメリカのニューヨーク。
  世界の平和と安全を守る**安全保障理事会**が設けられ、アメリカ・イギリス・フランス・ソ連・中国（国民政府）が常任理事国に。

- ★ ✖ 冷戦（冷たい戦争）…第二次世界大戦後の対立の構図。
  - 西側陣営…アメリカを中心とする資本主義の国々。1949年に軍事同盟の**北大西洋条約機構（NATO）**を結成。
  - 東側陣営…ソ連を中心とする社会主義（共産主義）の国々。1955年に軍事同盟の**ワルシャワ条約機構**を結成。

- ✖ 大戦後のドイツ
  …西側をアメリカ・イギリス・フランス、東側をソ連が占領。➡ 1949年、西側に**ドイツ連邦共和国（西ドイツ）**、東側に**ドイツ民主共和国（東ドイツ）**が成立。
  ※「**ベルリンの壁**」…ベルリンを東西に分断する建造物。冷戦の象徴。

  冷戦による東西の対立（1946～1955年ごろ）

  北大西洋条約機構（NATO）加盟国 ／ ワルシャワ条約機構加盟国 ／ その他のアメリカ合衆国の同盟国・地域 ／ その他の社会主義国

- ✖ 大戦後の中国
  …国民政府との内戦に勝利した中国共産党が、1949年に**中華人民共和国**を建国。主席は毛沢東。➡ 敗れた国民政府の蔣介石は**台湾**に逃走。

- ✖ 大戦後の朝鮮半島
  …北緯**38**度線を境に、南半分をアメリカ、北半分をソ連が占領。
  - ➡ 1948年、南側に**大韓民国（韓国）**、北側に**朝鮮民主主義人民共和国（北朝鮮）**が成立。➡ 1950年、北朝鮮の侵攻によって**朝鮮戦争**が開始。➡ アメリカ中心の国連軍が韓国を、中国の義勇軍が北朝鮮を支援し、戦争が長期化。⚠ ➡ 1953年に板門店で休戦協定を結ぶ。

- ✖ 植民地支配からの解放…大戦後、アジアやアフリカで多くの独立国が誕生。
  - **アジア・アフリカ会議**…1955年、インドネシアの**バンドン**で開かれた国際会議。参加国が植民地支配への反対や平和共存などを確認。
  - アフリカの年…1960年、アフリカ大陸で17か国が独立を達成。

(1) 1950～60年代の日本の政治や外交

- ✘ 警察予備隊 …1950年に朝鮮戦争が始まった後、GHQの指令でつくられた治安維持のための組織。現在の 自衛隊 の前身。⚠

- ✘ 特需 景気…朝鮮戦争に参戦するため、在日アメリカ軍も出動。
  - ➡ アメリカ軍の軍需物資を大量に生産したため、日本の経済が好況となって復興が加速。

- ★✘ サンフランシスコ平和条約 …1951年に日本がアメリカなど48か国と結んだ講和条約。日本からは 吉田茂 首相が出席して調印。
  - ➡ 翌年、日本は 独立（主権） を回復。

サンフランシスコ平和条約の調印式
【ゴロ】
西側陣営に行く合意にするぞ
サンフランシスコ平和条約
出典：AP／アフロ

- ✘ 日米安全保障条約（日米安保条約） …サンフランシスコ平和条約と同時に、日本がアメリカと結んだ条約。
  - ➡ 占領終結後も、日本国内に アメリカ軍 の基地を置くことを認める。⚠

- ✘ 55年体制 …1955年から、保守勢力の 自由民主党（自民党） が与党、革新勢力の 日本社会党（社会党） が主要野党となる。

- ✘ 日ソ共同宣言 …1956年に 鳩山一郎 内閣が調印。
  - ➡ 北方領土 の問題が未解決のまま、ソ連との国交を回復。シベリア抑留の日本人が全員帰国。

- ✘ 国際連合 への加盟…1956年に行われ、日本が国際社会に復帰。
  TEST ❖日ソ共同宣言の調印によって、ソ連が日本の加盟反対を取り下げたために実現。

- ✘ 安保闘争 …1960年に起こった、日米安全保障条約の改定への大規模な反対運動。デモ隊が国会議事堂を包囲。
  - ➡ 自民党の 岸信介 内閣は社会党などの反対をおさえて、衆議院で批准（＝条約の承認）を強行採択。

(2) 1960～70年代の世界の動き

- ✘ キューバ危機 …カリブ海の島国 キューバ で成立した社会主義政権が、東側陣営に入ったことがきっかけ。
  - ➡ 1962年、ソ連 がキューバにミサイル基地を建設。
  - ➡ アメリカ が海上封鎖を行い、核戦争の危機。

- ✘ ベトナム戦争 …1965年、アメリカ が南ベトナムを支援するため、北ベトナムへの激しい攻撃を行ったことから激化する。
  - ➡ 1976年、北ベトナムが南ベトナムを占領して統一。
  - ➡ ベトナム社会主義共和国が成立。

(3) 1960～70年代の日本の外交

田中角栄

- ○ 1965年 佐藤栄作 内閣が 日韓基本条約 を結ぶ。
  - ➡ 大韓民国（韓国） を朝鮮半島で唯一の政府として承認。
- ○ 1972年 田中角栄 内閣が 日中共同声明 に調印して国交を正常化。
  - ➡ 中華人民共和国を中国で唯一の政府として承認。
  - ➡ 台湾の 中華民国 との国交を停止。
- ○ 1978年 福田赳夫 内閣が 日中平和友好条約 を結ぶ。

⚠ ○日中平和友好条約
✘日中友好平和

(4) 日本の領土の返還

- ✘ アメリカとの交渉… サンフランシスコ平和条約 の発効後も、アメリカの統治下に置かれた領土の返還を目指して、歴代内閣が交渉を続ける。

  ↓

- ○ 1953年 奄美群島 （鹿児島県）が日本に復帰。
- ○ 1968年 小笠原諸島 （東京都）が日本に復帰。
- ○ 1972年 沖縄 が日本に復帰。
  - ➡ 佐藤栄作内閣はアメリカと交渉する過程で、核兵器を「 持たず 、 つくらず 、 持ちこませず（持ちこまさず） 」の 非核三原則 を確認。

---

(1) 1950～80年代の日本の経済と社会

経済の復興
特需 景気を経て、1950年代半ばまでに戦前の水準を回復。

- ★✘ 高度経済成長 …1950年代後半～70年代前半まで、経済成長率が年平均 10 ％程度の高さを維持。
  - ÷「 所得倍増 」計画－1960年に 池田勇人 内閣が決定。国民の収入を増やすために経済成長を促進。

  ⚠ ○池田勇人 ✘池田隼人

- ○ 1964年 東京オリンピック・パラリンピック を開催。
  ※開催に合わせて （東海道） 新幹線 や高速道路が開通。
- ○ 1968年 日本の国民総生産（GNP）が、資本主義国の中で 2 位になる。
  …アメリカに次ぐ経済力を持つ国に発展。⚠
- ○ 1970年 大阪で 日本万国博覧会 を開催。
- ★○ 1973年 石油危機（オイル・ショック） が発生。
  TEST ―第四次 中東 戦争の影響で石油の価格が大きく上昇。

  【ゴロ】
  引く波のように経済が悪化してしまった石油危機

国民の生活の変化

- ✘「 三種の神器 」…高度経済成長期に普及した、3つの家庭電化製品。
  - （電気） 洗濯機 ・（電気） 冷蔵庫 ・（白黒） テレビ

- ✘ 公害 …経済成長を優先したために深刻化した、自然や人体への被害。
  - ○ 1967年 公害対策基本法 を制定。
  - ○ 1971年 環境庁 （現在は環境省）を設置。

- ✘「 経済大国 」…石油危機を乗りこえた日本は、工業製品の輸出が増加。
  - 貿易摩擦 …輸出増によって貿易黒字が拡大する日本と、輸入増になやむ相手国との対立。1980年代は自動車などの輸出をめぐり、アメリカ との対立が深刻化。
  - バブル経済 …1980年代後半から1990年代初めにかけて、地価や株価が異常に値上がりしたため、不健全な好況が発生。

川端康成

(2) 戦後の文化

- 高い水準の科学技術…戦後の経済発展に貢献。多くのノーベル賞の受賞者を輩出。
  - 湯川秀樹 …1949年、ノーベル物理学賞を受賞。日本人で初めての受賞者となる。
  - 川端康成 …ノーベル文学賞を受賞。代表作は『伊豆の踊子』『雪国』。

- ✘ マスメディアの発達…1953年に放送が始まった テレビ など。

(3) 冷戦終結後の世界と日本

冷戦（冷たい戦争）の終結

- ○ 1985年 ゴルバチョフ がソ連の指導者になって改革を始める。
  - ➡ 東ヨーロッパ諸国で民主化運動が高まる。
- ○ 1989年 冷戦の象徴の「 ベルリンの壁 」が崩壊。

  ↓

  マルタ会談 が行われ、アメリカとソ連の首脳が冷戦の終結を宣言。
- ○ 1990年 東西 ドイツ が統一。
- ○ 1991年 ソ連が 解体 。 ➡ ロシアやウクライナなどの共和国が独立。

冷戦終結後の世界の課題

- ✘ 地域紛争 …世界各地で民族・宗教などをめぐる対立やテロリズムが発生。
  - 東ヨーロッパの ユーゴスラビア は内戦で分裂。
  - アメリカは 湾岸戦争 （1991年）、同時多発テロ 事件（2001年9月11日）、イラク戦争 （2003年～2011年）を経験。
  - ➡ 国連の平和維持活動（PKO）や、民間の非政府組織（NGO）が紛争の防止や解決に努力。

  おもな紛争

- ✘ 国際協調
  - 主要国首脳会議 （サミット）（1975年開始）など。
  - ヨーロッパでは ヨーロッパ 連合（ EU ）による地域協力を強化。

冷戦終結後の日本の課題

- 平成不況 …1991年にバブル経済が崩壊して不況が発生。 ➡ 2008年の世界金融危機 （世界同時不況）の影響などで不況が長期化。
- 政治の安定…1993年に 55年体制 が終わり、政権交代が時々発生。
- 相次ぐ自然災害…1995年に 阪神・淡路大震災 、2011年に 東日本大震災 など。ボランティア活動や防災教育の重要性が認識される。

大正時代〜昭和時代〜平成時代

- **1914年** （ サラエボ ）事件が起こる。➡ 第一次世界大戦が始まる。
- **1917年** ロシア革命が起こる。➡ 日本やアメリカが（ シベリア出兵 ）による軍事干渉を行う。
- **1919年** 第一次世界大戦に敗れたドイツが（ ベルサイユ条約 ）を結ぶ。
  朝鮮で（ 三・一独立 ）運動が起こる。
  中国で（ 五・四 ）運動が起こる。
- **1920年** アメリカのウィルソン大統領の提案にもとづき（ 国際連盟 ）が発足。
- **1925年** 普通選挙法が制定される。
  社会主義運動を取り締まる（ 治安維持法 ）が制定される。
- **1929年** ニューヨークでの株価大暴落から（ 世界恐慌 ）が始まる。
- **1931年** 柳条湖事件をきっかけにして（ 満州事変 ）が始まる。
- **1932年** 犬養毅首相が暗殺される（ 五・一五事件 ）が起こる。
- **1937年** 盧溝橋事件をきっかけにして（ 日中戦争 ）が始まる。
- **1938年** 政府が議会の承認なしに国民や物資を戦争に動員できる（ 国家総動員法 ）が制定される。
- **1939年** ドイツがポーランドに侵攻する。➡（ 第二次世界大戦 ）が始まる。
- **1945年** 日本が（ ポツダム宣言 ）を受け入れて連合国に降伏する。
- **1946年** （ 連合国軍（最高司令官）総司令部（GHQ） ）の草案をもとにした日本国憲法が公布。
- **1950年** 朝鮮戦争が始まる。➡ 自衛隊の前身である（ 警察予備隊 ）が結成。
- **1951年** 日本がアメリカと（ 日米安全保障条約（日米安保条約） ）を結ぶ。
- **1956年** 日本がソ連との国交を回復した後、（ 国際連合 ）に加盟する。
- **1973年** 中東で戦争が起こり、（ 石油危機（オイル・ショック） ）が発生する。
- **1989年** マルタ会談で、米ソの首脳が（ 冷戦（冷たい戦争） ）の終結を宣言。

確認テスト⑥　　／50点

次の問いに答えましょう（5点×10、⑵❷は完答）。

⑴ 右の図は、第一次世界大戦が始まる前の国際関係を表しています。次の問いに答えなさい。

❶ A〜Dに当てはまる語句や国名の組み合わせとして正しいものを、次のア〜エから1つ選びなさい。　　　　　　　（ ウ ）

　ア　A−三国同盟　B−三国協商
　　　C−イギリス　D−ドイツ

　イ　A−三国同盟　B−三国協商　C−ドイツ　D−イギリス

　ウ　A−三国協商　B−三国同盟　C−イギリス　D−ドイツ

　エ　A−三国協商　B−三国同盟　C−ドイツ　D−イギリス

❷ 図のバルカン半島は、民族運動や列強の対立のために緊張状態が高まったことから何と呼ばれていましたか。　　（ ヨーロッパの火薬庫 ）

❸ 図のロシアは、第一次世界大戦中の革命を経て、何という国になりましたか。正式国名を書きなさい。
（ ソビエト社会主義共和国連邦 ）

⑵ 次のA〜Fは大正・昭和時代に成立した内閣です。あとの問いに答えなさい。

A 加藤高明内閣…満（ 　 ）歳以上のすべての男子に選挙権を与えた。
B 田中角栄内閣…（ 　 ）に調印して、中国との国交を正常化した。
C 東条英機内閣…ハワイの真珠湾などを攻撃して（ 　 ）を始めた。
D 鳩山一郎内閣…（ 　 ）に調印したが、北方領土問題は解決しなかった。
E 原敬内閣…（ 　 ）が鎮圧された後、本格的な政党内閣を組織した。
F 吉田茂内閣…（ 　 ）に調印して、日本の独立を回復した。

❶ A〜Fの（ 　 ）に当てはまる数字や語句をそれぞれ書きなさい。
A（ 25 ）　B（ 日中共同声明 ）　C（ 太平洋戦争（アジア・太平洋戦争） ）
D（ 日ソ共同宣言 ）　E（ 米騒動 ）　F（ サンフランシスコ平和条約 ）

❷ A〜Fを年代の古い順に並べかえたとき、2番目と5番目に来るものを、それぞれ記号で答えなさい。
2番目（ A ）　5番目（ D ）

> よくがんばったね。これで歴史の学習は終わり！
> 歴史では過去のいろいろなできごとを学んだけど、それらのできごと
> がどうして起こったかをおさえておくことが大事なんだよ。そうすれば、
> 歴史の流れがつかめるからね。さあ、ゆっくり休んで疲れをいやそう！

確 認 テ ス ト　点 数 記 録 表